儒家文明协同创新中心后期资助项目

意志与真知

——学庸之异

邹晓东 著

齊魯書社

图书在版编目(CIP)数据

意志与真知——学庸之异 / 邹晓东著. —济南:齐鲁书社,2018.9

ISBN 978-7-5333-3887-9

Ⅰ. ①意… Ⅱ. ①邹… Ⅲ. ①儒家②《大学》—研究③《中庸》—研究 Ⅳ. ①B222.15

中国版本图书馆 CIP 数据核字(2017)第 297671 号

意志与真知——学庸之异

YIZHI YU ZHENZHI XUEYONG ZHI YI

邹晓东 著

主管单位	山东出版传媒股份有限公司
出版发行	齊魯書社
社址	济南市英雄山路 189 号
邮编	250002
网址	www.qlss.com.cn
电子邮箱	qilupress@126.com
营销中心	(0531)82098521 82098519
印刷	山东德州新华印务有限责任公司
开本	880mm×1230mm 1/32
印张	12.5
插页	3
字数	257 千
版次	2018 年 9 月第 1 版
印次	2018 年 9 月第 1 次印刷
印数	1–1000
标准书号	ISBN 978-7-5333-3887-9
定价	**56.00 元**

儒家文明协同创新中心
学 术 委 员 会 组 成 名 单

激活真理意识

谢文郁

中国思想史上的真理意识一直在淡化。这应该是一个难以否定的思想史事实。1978 年那年,中国思想界有一场“实践是检验真理的标准”的大讨论。不过,还没有深入到要害之处,这场讨论就紧急刹车,令人嗟嘘!环视当今中国思想界,谁愿意去谈论真理问题呢!不过,这也不足为怪。柏拉图在“人皆求善”论证中唤起了人们的真理意识。但是,古希腊哲学在追求真理的过程中很快就深深地陷入怀疑主义泥潭而无法自拔。在中国古代思想史上,庄子的《齐物论》给出了“辩无胜”的论证,完全否定真理标准的存在,这对当时思想界的真道之争或是非之争无疑是一记闷棍,人们的真理意识从此慢慢地消泯了。单单从这个角度看,真理问题是一个死胡同。

然而,真理问题却是生存中的实实在在的问题。当我们面对一件事而出现两种对立的意见或观点时,我们就会自发地问:究竟孰对孰错?逻辑上,它们可能都是错的,但它们不可能都对。真理是唯一的。有人认为,既然真理问题是一个死胡同,我们就应该淡化真理意识。然而,不解决真理问题,我们在生存上就会总是作错误的决定,损害自己的生存。放弃真理问题等于逃避生存。实际上,任何接地气的思想界都不可能放弃真理问题。在西方,古希腊的怀疑主义思潮碰上了基督教的恩典真理论。基督教把真理问题归结为人的思想结构更新改变的问题,从而开辟了真理问题的一种新的讨论方式,继续维持并引导着思想界追求真理的情结。中国思想界自五四新文化运动以来朦朦胧胧地感受到了这个真理情结,不过人们只是停留在"吾爱吾师,但更爱真理"这种口号式的感受中。人们似乎更关心宣扬某种观念或主义,而不是在深层意义上体验并培养真理情结。在百年来的西学引介过程中,真理情结与中国思想界总是格格不入,无法成为中国思想界的思想动力。更为不幸的是,在西化思潮中,中国思想界进入了一种与中国传统思想若即若离的状态,区隔了当代中国思想家和中国传统思想的联结。于是,当代中国思想家没有兴趣去体验古人关于真理问题的思考和处理,因而也就无法从中吸取教训和养分。

追踪中国思想史关于真理问题的思考,我们需要回到《大学》和《中庸》这两个文本。我们知道,《齐物论》用"儒墨之是非"的说法深刻地表达了先秦思想界在真理问题上所陷入的困境。但是,如果真理问题是生存问题,我们就必须寻找一条摆脱困境的途径。《中庸》在敬天情感中认为,人之本性乃天所命定;认识、把握并遵循天命之性,人就走在正道上。这"正道"当然就是真理之道。人之所以犯错,乃是人用各种善恶观念掩盖了天命本性。天命本性是生生不息的过程,在不同时期有不同的冲动。当人把在过去生活中积累起来的关于天命本性的认识(观念)用于当下情境时,他的所有判断选择就被他的现有观念完全束缚,而他的天命本性就淹没在他的现有观念之中。《中庸》进一步指出,应该摆脱人的观念的束缚(内在的或外在的),在一种不受干扰的状态中呈现天命本性所引导的生存倾向,即在“诚”这种内向性情感中认识并顺从天命本性之冲动,这便是所谓的“率性之谓道”。这种走在正道上的人便是君子。君子能够“率性而行”,进而则要成为社会的带领者。同时,社会上还有另外一种人,他们被自己的现有观念完全束缚住,无法在诚中呈现并顺从天命本性。在僵化的观念中,他们不断地破坏自己的生存,进而破坏社会秩序和宇宙秩序。这种人也就是所谓的小人。因为他们没有走在正道上,他们需要通过别人的教化才能走上正道。《大学》为此提出了“修身、齐家、治国、平天下”的说法,认为任何健康的社会秩序都是在君子的带领下形成的。《中庸》则认为,在君子大行其道的社会中,人人都能够率性而行,并行不悖,和而不同,天人合一。《大学》《中庸》的上述思路合起来可以称为“修身养性,教化天下”。

不难发现,在儒家看来,“修身养性”乃是君子在诚中认识天命本性的过程,或者说,是通过在诚中呈现天命本性而不断改变自己的善观念并规范自己的行为的过程。能够正确地认识并把握天命本性是君子能否做好修身养性的关键。然而,人在任何一个时刻都可能把自己的善观念当作对自己的天命本性的最后把握,从此以后就自得其乐地生活在自己的善观念中，掩盖天命本性的冲动，成为小人。真理就在天命本性中。但是，缺乏真理意识，这个陷阱就在前面等着我们坠入。换句话说，君子和小人只有一步之遥。然而，在“修身养性”的说法中，在“辩无胜”的论证中，人们不去谈论真理问题。对于中国思想界来说，真理意识缺乏乃是一场悲剧。我们不要继续这场悲剧了！

邹晓东博士的这本关于《大学》《中庸》的研究，深深地触及了其中的真理问题。它企图终止中国思想史上的这场悲剧，唤起当代中国思想界的真理意识。这是一部充满激情且具有扎实的文本分析和生存分析功底的著作。愿读者一起来分享邹晓东博士的这份激情！一起进入《大学》《中庸》的深层生存关注！一起呼唤真理意识！

走出四书学的经典诠释和儒学理解

陈　明

不知从什么时候开始,四书成了儒学的代名词。

朱子在《语类》中给出的四书阅读建议是:先《大学》定规模,次《论语》立根本,次《孟子》观发越,最后《中庸》尽精微。显然,这是一个基于个体人格养成的学习方案。由于影响广泛深远——其成败得失及其所以然之姑置不论,《大学》和《中庸》的阅读理解也被这样一个方案系统定位桎梏,从义蕴到结构都被遮蔽扭曲。所以,看到晓东的文章和书稿带有某种批判超越的意识或追求,发表、写序都一口应承。走出四书学的经典诠释和儒学理解在今天十分有必要。宋代儒学在公共领域地位稳固,其主要工作在应对佛教冲击和进行社会教化,所以比较注重向内用力,成为所谓心性之学。近代以来中国深受西方冲击,东西方文化比较又在自我特征的确认和辩护中强化了这一伦理特征,在所谓"旧内圣开出新外王"的努力和纠结中失却了"为天地立心,为生民立命"的气魄和格局。

晓东不满《大学》《中庸》的"道统论解释学"(以及诂学

的“片断论”)：不满其《大学》诠释把“明德”讲成“天命之性”，把关注焦点从“教—学”转移至“格物致知”；不满其《中庸》诠释将《中庸》原有的“性—道—教”结构扭曲为“教—道—性”，使“性”被“教”遮蔽，故而推崇乃师谢文郁的“本性之善”。区分本性之善与经验中的行为之善确实大有必要，但需要强调的是，这种本性之善乃是对生命本身的肯定，所谓“生，好物也”。朱子思想最大的问题就是以“理”代“天”，将伦理学中的道德原则提升到本体论层面而建立起自己的“天理”论述，所谓“太极一理”“未有天地万物之前毕竟先有是理”等，好处是现实的道德被极大强化，恶果则是鸠占鹊巢，以生生为德、以生物为仁的“天”从此被彻底放逐！我想，晓东写作的信心和冲动，应该都是基于对这样一种理论形态及其后果的感觉与诊断吧？

我用“感觉”一词，是因为在阅读书稿的过程中我认为，晓东发现了问题，但解决得并不是很叫人满意。原因，一是可能过于偏向义理，而对经典文本本身的研究措意不够，显得飘忽；二是在对《大学》《中庸》研读的时候，仍然是依据朱熹的那个框架，《大学》在前，《中庸》在后，有点进退失据。后者才是最关键的，他甚至试图寻找“从《大学》到《中庸》的历史逻辑”，提出了所谓的“从意志软弱到真知问题”的思想史叙事。但是，作为儒家整个思想系统拱心石似的经典，被削足适履地强塞进一个发展心理学的教程中，不对系统本身加以突破，又怎么能够将其思想逻辑和文化能量很好地理顺并释放出来？

“天命之谓性”，《中庸》以“天”开头，“性—道—教”的结构堂堂正正,严整工稳;《大学》的“大学之道,在明明德”则是以作为受教者的诸生为视角,设立三纲领八条目。可是,没有“维天之命,於穆不已”何来“天命之性”?没有“天命之性”又何来“明德”以明之?“君子务本,本立而道生。”儒学由天而人的逻辑关系与理论次第一目了然,晓东明足以察秋毫之末而不见舆薪,是当初读四书时形成的第一印象太过深刻,还是后来读《周易》时对《易传》的“大哉乾元,万物资始”缺乏体会,抑或是最终跟着朱子的《周易本义》“殊途同归”?

朱子自以为高明所补缀的那段传文,“所谓致知在格物者,言欲致吾之知,在即物而穷其理也。盖人心之灵莫不有知,而天下之物莫不有理。惟于理有未穷,故其知有不尽也……”其对两个动词的理解都存在错误:“格”被解为“至”,“致”被解为“推极”。于是,“格物”被解为“即物”,靠近事(物被解为事);“致知”被解为“推及吾之知识,欲其所知无不尽”,翻成大白话就是,“扩充自己的知识面或认知力,使其无限大”——你感觉怎么样?我真是不知所云!

儒家经典的正确顺序应是讲天道的《易传》在前,然后是讲天人之际的《中庸》,然后是讲生命之现实展开的《大学》。这不仅使“性—道—教”框架获得“天”的奠基,“格物致知”也有了源头活水:物乃天地所生,而霜雪雨露无非教。“格”是感通;“致”是获致。“格物”就是于自然万物体会上天生生之德,感悟物我一体之仁;“致知”则是将这种体认内化于心,成为人格的信念和行动的目标,这就是“正心诚意”,就是“修身”,就是“齐家治国平天下”的根据和动力。《罗马书》说“神性是明明可知的，虽是眼不能见，但藉着所造之物就可以晓得。”“格物”之“格”实际上颇接近ASV（美国标准版）译本中的perceive，孔子说“天何言哉，四时行焉，百物生焉”，“天”和“物”的关系都可以对上，“格”应该也庶几吧。基督教，晓东比我熟得多，打住。

康有为是主张儒教说的。他也很重视《中庸》，但十分遗憾，他只是把它作为“心法”加以定位，因为其学“根柢于宋明”，尽管后来“以为此等著述无益，悉焚其稿”，但“天”的重建工作一直付诸阙如。在这一点上，倒是章太炎似乎比他更加有得于心，说“《中庸》者，天学也”，原因很可能就在于他对宋明理学有反思。今天，这一问题不仅依然存在，而且可以说已经成为理论上的当务之急。由于走不出宋学框架，牟宗三先生把《中庸》《大学》分别划入所谓纵贯的系统和横摄的系统，虽然有在朱子、五峰之间加以抑扬褒贬之意，客观效果却是儒家思想整体被碎片化，得失之间殊难言之。吾侪所学关天意，新的世纪，再也不能这样小打小闹下去了！

书稿《后记》载有晓东初到北京时我跟他说的一段话：原以为天塌下来会有高个子顶着，社科院、北大的博士、教授就是高个子，但到了这里才发现，自己才是高个子——谁愿意去顶，谁就是高个子。梁启超给康有为作传说：“凡先时人物不可缺之德性有三端：一曰理想，二曰热诚，三曰胆气。三者为本，其余则皆枝叶焉耳。”现在正是这样的过渡时期，我把它抄在这里，再次与晓东及学界年轻朋友共勉！

是为序。

目　录

导言　与宋明范式角力

本书是五篇相对独立的学术论文(内容略有重叠,但中心议题互不相同,较最初发表样态有或多或少的修改)外加三篇附论之合集。自从写硕士论文以来,笔者已断断续续从事学庸哲学研究近十年,这五篇论文中的最后一篇(也即本书第五章)集中反映了笔者的研究心得,本应以此为基础全面重构笔者所理解的"学庸哲学史叙事"。然而,时不我待,断续的持久战亦使我对此课题心生倦意,遂决定结集出版相对成熟的五篇论文,以暂时告别这段研究生活。借此导言,我想厚着脸皮抒发一下本研究的基本旨趣。

《大学》《中庸》本是《礼记》中的两篇,但在今人看来却更像是宋明儒学之书。宋明儒者曾本着鲜明的"性善论"取向与强烈的"道统论"信念,将此二篇打通为一,使之成为他们心目中的"道统一贯之真理"的经书载体。较之宋明儒学,清学更擅长名物制度考据,并全面复兴了礼学。尽管如此,作为清代礼学标志性成果,孙希旦的《礼记集解》与朱彬的《礼记训纂》,在《大学》《中庸》二篇的解读问题上,却仍旧完全唯朱熹《大学章句》《中庸章句》马首是瞻。就此而言,宋明儒学的

“学庸一体”解读范式，在有清一代并未崩塌。时至今日，宋明儒家的学庸解读思路，仍然渗透性地影响着当下的学庸研究。笔者提供的这本小册子，则试图与之正大光明地角力。

宋明儒者笃信“正统经典一以贯之，承载同一个道统真理，也即最佳义理”，概括为公式即“文本本义 = 道统真理 = 最佳义理”。其中，追求最佳义理（以道统真理之名义），是宋明儒者研读经典的基本动力；预设文本本义，则体现了尊重文本、追求文本解释的客观性的初衷。对于解释者来说，发掘“文本本义”是有待完成的任务。一旦在“最佳义理”与“文本本义”之间画上等号，原本就动力十足的“最佳义理”追求，便会顺理成章地成为追求“文本解释的客观性”的主要途径。由此而来的效应就是：解释者一再将所认定的“最佳义理”，“读进”不同的正典文本，坐实为现成的“正典本义”。在这种模式下，文本解释过于直接地服务于义理之争，大大丧失了自我回旋的余地。其中，一个非常重要的表现就是，解释者无心或不敢深究历史地形成的不同文本（正典）之间可能存在着的思路差异，而满足于在尊奉既定之“义理取向”的前提下，对不同的“正典”文本采取“一以贯之”的道统论解读。这是一种“读入”压倒了“读出”的文本解释模式，对于既定的义理取向的服膺，从根本上压倒了对于文本的历史主体性的尊重。

讲求“历史感”，是现代学术不容动摇的基本精神之一，现当代的中国古典学术研究亦莫能外。作为共和国人文学术奠基者之一，郭沫若曾著《先秦天道观之进展》一书，这在信奉“天不变，道亦不变”的传统时代乃是不可想象之事。实际上，胡适的《中国哲学史大纲》、冯友兰的《中国哲学史》（上、下册），也是以“述学”而非以维护特定的“道统”为其目标。经过这些奠基者们的耕耘，“历史演变”的意识已然在汉语学界腹地扎根。但在哲学史研究中具体如何安放这种“历史感”，则是一个难度较大的方法论问题。

出于对宋明儒学之哲学（理论）气质的抵触心理，有一种史家（承清代考据学之余绪，复受现代西方自然科学精神鼓荡）对系统性思维心有余悸。他们倾向于认为，只有将文本整体打碎成片断，而后不是通过深究文本固有的上下文与思想脉络，而是必须诉诸与其他同时代（或相近时代）文本之相似片断的比附，才能得出符合历史实情的文本释读。我们称之为“片断性历史考据”。将整体篇章打碎为尽可能小的片断，然后在同时代（或相近时代）的文献中搜罗各种相似片断，是这种研究路数追求“文本解释的客观性”的基本功。但问题在于，真正有创意的哲学（思想）文本，最大的价值与特点恰恰在于它能够突破关键概念的既定用法，以搜罗“相似片断”为务的考据研究路数，无法有效顾及“哲学（思想）”文本往往试图独树一帜的创造力。由此可见，哲学史研究需要一种既具有历史感，又不排斥理论追求的文本研究理念。

为此，本书第一章提出了一种“在‘文本—研究者本人—所有其他读者’的三方互动中彰显‘文本的可阅读理解性’”的解释学理念，并进而基于“三方互动的畅通性”重新界定了“文本研究的客观性”。这是一种“主体间”的文本解释学。它一方面摆脱了道统论解释学的“独断论”窠臼，另一方面，亦有助于克服伽达默尔解释学的"相对主义"误区。除此之外,笔者还在进行研究之初,为自己暗暗定下了一个附加原则:除非"历史演变"的考察有助于揭示被遮蔽了的思想硬核,否则,绝不以"历史考据"之名义挑战宋明范式。也就是说,如果无助于重新发现令人激动的哲学洞见,我宁愿放弃研究一个文本的权利;单纯的历史钩沉或历史还原,绝非本书的写作动机!在相对充分地进行"三方互动"的基础上,本书试图提供一种既具有"理论(哲学)"追求又不失"历史感"的"从《大学》到《中庸》的哲学史叙事"。而为了能与"宋明道统论叙事"有效博弈,本书提供的"学庸哲学史叙事"还将适当涉及殷墟卜辞、《尚书》、《左传》、《论语》等相关文本,在最低限度上显示我们另有"一套"。

这种"哲学史"叙事只要能够满足以下三个要求,则本书与宋明范式角力的尝试就算小有所成:(1)通过具体而微的文本分析,表明《大学》《中庸》具有不同的旨趣;(2)将二者旨趣进行对比与串联,展示出一种前后相继的历史逻辑;(3)本书给出的这种"不同的旨趣—历史逻辑"的叙事,能够揭示或暗示一个或一系列有潜力的哲学议题。其中,(1)与(2)盖为现代学术史研究的基本要求,(3)则意味着本研究是更专门、更直接的哲学研究的预备环节,目的是使将来的哲学研究能够站在巨人的肩膀上。能够做到这三点,则历史感与哲学(理论)性便可兼得,哲学史研究因而也就不再是故纸堆中的爬虫,而是有效地成为哲学研究的历史基础。

为了实现这种效果,本研究特别注重把握文本的"主导性问题意识”。对于思想者来说,问题的提法,常常隐含着如何回答该问题的线索;善于提问的人,往往也擅长回答自己所提出的问题。《大学》《中庸》的作者正是这种既善于提问又善于回答的人。就“主导性问题意识”而言,道统一贯论者可谓相信《大学》《中庸》提出了相同或等价的问题,进而相信二者在共同的问题意识基础上阐述了一以贯之的义理方案。相应地,要挑战这种一贯论解读范式,最有效的方式莫过于:表明《大学》《中庸》实际上具有不同的“主导性问题意识”,进而顺理成章地论证二者提出了实质有别的义理方案。

以上,是本研究的基本策略。以下,是本书的主要论点:

首先,本书将表明,“知而不行”或“意志软弱”才是《大学》最迫切关注的核心问题。这一论点,和广为流传的《大学》文本缺乏朱熹所谓的“格物致知传”这一学术公案息息相关。传统读者受“欲……先……/……而后……”句式诱导,而认为:“致知”“格物”既然位居所谓的八条目之最“先”,便理应作为最基要的“本”与“始”被大谈特谈。就此而言,《大学》无“格物致知传”不合情理;而好在根据字面,读者们约略可以揣摩出此两条目盖涉及“知识—理解”问题。于是,如何解决这个问题,即如何获得正确的“知识—理解”,遂成为朱熹“补传”与王阳明《大学问》的关注焦点。与之相反,本研究则采取逆向思维,基于《礼记·大学》原文追问:《大学》既然已经触及了“知识—理解”问题,却为什么不对这个问题进行专论呢?这是否意味着“知识—理解”问题对于《大学》作者来说不甚重要或不成问题呢?沿此思路,我们可以继续追问:

究竟是什么原因淡化了《大学》作者的此一问题意识呢？联系“大学”之“学”字，笔者认为：《大学》秉持一种根深蒂固的“教—学”意识，故在很大程度上将“知识—理解”视为可以通过“教—学”授受或传承的现成之物；而面对现成的应然之知，能否切实践行，便成为摆在教师与学生面前的突出问题。这便是所谓的“知而不行—意志软弱”问题在《大学》中得以凸显的基本逻辑。与此相应，旨在对治“知而不行—意志软弱”问题的“所谓诚其意者”章，接下来，遂独占鳌头地耗费了《大学》全文约三分之一篇幅。这样，通过置换主导性问题意识——将“知识—理解”问题置换为“知而不行—意志软弱”问题，本书提出了一种迥异于宋明范式的新的《大学》解释方案。

与此相关，还有一个重要的辅助性环节，那就是：必须切断《大学》“明德”与《中庸》“天命之性”之间的等价关系。《大学》“明德”即《中庸》之“性”，这是朱熹、王阳明的共识（尽管二人在更深层次的问题上思路相左），实为“学庸一贯”之宋明解读范式的基石。在论述《大学》的主导性问题意识之前，我们会先行处置此一问题（见本书第二章）。

其次，本书进而提出如下问题：既然在《大学》这样的思想系统中，“天命之性”概念并不具有起点性的基要地位，那么，《中庸》为什么会大张旗鼓地以“天命之谓性”和“率性之谓道”开其篇呢？换而言之，是什么样的问题意识，促成了“天命之性”概念在《中庸》中的地位升级？可以设想，促成“天命之性”概念地位上升的问题意识，应该就是《中庸》的主导性问题意识。

细心解析《中庸》所编辑的论述“过之”“不及”的孔子语录，我们发现：《中庸》作者（这些孔子语录的选编者）意识到，“知识—理解”问题才是“道不行”的总根源。其中，“愚者”不能行“道”或不能“中庸”（“不及”），“知识—理解”问题显然难辞其咎。而“知者”“贤者”之所以“过之”，按照孔子语录的提示，则是因为他们把穷高极远的“知识—理解”，误当作关于“道”或“中庸”的正确之“知”；信誓旦旦、热情洋溢地服膺这些偏颇之“知”的“知者”“贤者”，自然将因此“知识—理解”上的偏差而偏离真正的“道”或“中庸”。至于“知而不行”的“不肖者”，“知识—理解”对他来说看似已经不成问题，但“（人皆曰予知，驱而纳诸罟擭陷阱之中，而莫之知辟也，）人皆曰予知，择乎中庸，而不能期月守也”的孔子语录，却向他们提出了质疑：这无力践行的所谓的“予知”，究竟算什么“知”？！换言之，“知而不行”不算“真知”——知而不行者对其宣称的“中庸/道”之“知”，在骨子里缺乏真切之认同；实际上，他的“知识—理解”倾向于同真正的“中庸/道”相左的另一些“知”。反而言之，真知自然真行；严格来讲，并不存在所谓的“知而不行”。如此一来，如何真切地体知“道/中庸”，就成为必须解决的核心问题。这正是《中庸》的主导性问题意识，我们称之为“真知”问题。考虑到孔子是《中庸》作者心目中最优秀的教师，而正是孔子语录通过对“过之”“不及”现象进行抱怨性解析提示出了“真知”问题，可以说，教师（包括教材）是无法单方面解决这个问题的。这个问题如果还有解决的余地,那么,最大的希望只能是存在于学生自己身上。换言之,学生自己必须承担起解决“真知”问题的主要责任(无论如何,理解只能是当事人亲自地理解)。但学生凭什么担得起如此重任呢?“天命之性”概念,正是在这个节骨眼上被寄予厚望的。《中庸》将《论语》所罕言的“性”与“天命”整合为“天命之谓性”提法,预设每一个生存者都天生固有绝对可靠的内在向导。这样一来,生存者就可以通过自觉体察此内在向导的指引,源源不断地获得适切处境的“真知”了。总之,正是由于“真知”问题意识的深刻主导和推动,《中庸》才不得不将“天命之性”概念设定为自己的首要基石。

特别值得一提的是,宋儒将《易传》“宇宙论—体用论”思维与《中庸》首章相融通的理论抱负,妨碍了他们对于上述生存问题的把握。“宇宙论—体用论”论述难免给人造成这样一种印象:先贤似乎不是在问题意识的驱动下探索解决方案,而是在“明体见性”的基础上平铺直叙其义理洞见。而缺少了有感染力的问题意识作为引子,当代哲学史研究的最高目标似乎就沦为只不过是用当代话语复述一遍先贤们现成的义理论述而已。这是造成当代中国哲学史研究缺乏哲学锐气的重要症结所在。至于古典文本当初为什么要引入特定的基要概念,为什么要如此这般地架构其义理系统,对于它们的问题提法与解决方案,我们能否提出更胜一筹的事关全局的建设性批判?具有此等气度的追问与抱负,在当代中国哲学史学科中始终难成气候,上述“复述论”的压抑效应难辞其咎!缺乏“主导性问题意识”的“复述”,实际上是放弃了与经典文本同步思考、深度切磋的机会，我们因而更无法指望这样的复述者在“问题的提法”层面与经典展开对话。前面指出，“问题的提法隐含着回答的线索”，就此而言，在问题的提法层面同哲学经典进行对话，才是哲学史研究的最高境界或灵魂所在。而为了抵制《中庸》解读中的“宇宙论—体用论”复述对于活生生的生存问题的遮蔽，本书将在金景芳、倪培民等相关研究的基础上，专门针对《中庸》首章提出一种“功夫论”或“生存论”解读（参见第四章）。

本研究的最后一个重要观点是：“真知”问题的棘手性，在很大程度上超出了《中庸》作者的料想。尽管《中庸》设定了“天命之性”，作为修身者体认“真知”的生而固有的内在向导，但问题在于，如何利用好这种内在资源？“知者”与“贤者”坚定地执着于自己的识见，外人凭什么断定这种执着是偏执的“过之”，而非是在顺从内在向导（“天命之性”）的指引？作为体认内在向导指引的心法，“戒慎乎其所不睹，恐惧乎其所不闻”具体如何操作？特别地，活泼泼的“向导指引（性之发见）”常与人伦常识高度一致，而未必总是充满新奇，那么，究竟如何区分“成见执念”与“内在向导的即时指引”？归根结底，这里的问题就是：什么是真正的“率性”，如何做到真正的“率性”？“率性（体察内在向导指引）”原本是为化解“真知”问题而设，但如今，在具体操作层面“率性”本身也遇到了“真知”问题。将“真知”问题反加诸“率性”，“率性”遂从设想中的“真知起点”，一下子倒退为有待澄清、有待达至的“目标”或“终点”——解决“何为真正的率性/如何达至真正的率性”问题的起点又何在？在触及上述问题意识之后，《中庸》后半篇进而引入了堪称“神师”的“至圣—至诚—君子”之“化”（我们称之为“教—化”或“感—化”），试图以之作为摆平问题的最后依托。但这个带有宗教色彩的方案，在《中庸》中远未充分展开。对于相关宗教性议题，本书最后附录的关于古“德”字、《诗经·商颂》、《荀子·礼论》的三篇论文，可略供读者进一步参考。

最后，不得不坦白地承认：由于无法在“朴学”意义上确定《大学》《中庸》文本在历史上的产生次序，更无从得知《大学》作者、《中庸》作者的具体师承以及交游情况（特别地，《中庸》作者是否曾经读过《大学》？），上述研究成果无法坐实为严格的“历史演变”图像。最终，本书只能从思想逻辑的角度界定“《大学》《中庸》的哲学史关系”：《中庸》突破了《大学》式的“知而不行—意志软弱”问题意识，从孔子语录中体贴出普遍的“知识—理解”或“真知”问题，并进而设立“天命之性—率性”意识与神师“教—化”，作为解决问题的基本抓手。但尽管如此，从根本上讲，解决“真知”问题，对《中庸》来说仍是一桩未竟的事业。

第一章　解释史批判与方法论反思

第一节　学庸研究的十大问题

自北宋始,《大学》《中庸》在儒门中的地位急剧上升。一方面,以朱熹、王阳明为代表的道统论解释范式日益稳固;另一方面,反对声音不时有之,并最终在近代以来中国社会、学术的大变局中全面翻身,而成为新的主流倾向。虽然如此,凭借深刻的生存体验与精微的义理编织,宋明道统论所专注的论题、所使用的核心概念、所开拓出来的基本思路,始终都在范导着或渗透性地影响着现当代的学庸研究。以下,我们先行列出学庸研究的十大问题,然后再简要指出这些问题与宋明道统论的渊源:

(一)《大学》《中庸》的作者问题。

(二)《大学》《中庸》的成书年代,或者至少是二者的相对时序问题。

(三)《大学》《中庸》的文献结构,即《大学》是否错乱、阙文,《中庸》是否分为两篇的问题。

(四)《大学》《中庸》的学派归属或主旨异同问题。

（五）《大学》“明德”是否等价于《中庸》“天命之性”？

（六）究竟是《大学》“格物致知”传文阙失，还是另有隐情导致《大学》无意进一步解说“格物致知”？

（七）究竟能否在《中庸》语录体部分与议论体部分之间建立起严谨的思想关联？

（八）如果说“性”与“天命”在原始孔门（《论语》）并非基础性概念，而《大学》文本在很大程度上印证了这一印象的话，那么，是什么原因导致了“天命之性”概念的地位在《中庸》中的急剧上升？

（九）《大学》“慎其独”与《中庸》“慎其独”是同还是异？

（十）《大学》“诚其意”“意诚”与《中庸》之“诚”“诚之”“至诚”是同还是异？

其中，前三个问题看似朴学考据问题，旨在钩沉历史事实，但宋明以来，提问者提这三个问题的动机，却无不系于问题（四）。实际上，朴学考据从来都无法回答（四）这样的问题，因为：即便史料足征，足以定论《大学》《中庸》分别于某时某地成于某（些）人之手，我们也还是无法直接根据这些事件意义上的事实，定论文本的思想主旨。关于这一点，只要考虑一下人的思想的易变性，以及特别是同一个哲学家在不同时期（乃至同一时期）可能会在不同意义上使用同一个术语，哲学史研究便应该摆脱对历史考据的崇拜与迷信。在宋明以来的学庸研究史上，问题（一）至（三）所指向的问题（四），本质上是哲学文本的解读问题，（五）至（十）则是这一问题具体涉及的一些重要方面。反而言之，关于问题（一）至（三）的任何回答方案，根本上都与回答者对《大学》《中庸》文本的特定解读息息相关。严格来讲：历史考据并非文本解读的前提，实际情况反而是：历史考据从来都是在文本解读中进行。

以下，我们通过考察朱熹、王阳明、冯友兰、郭沫若、牟宗三、郭沂、梁涛等对于上述问题的不同见解与相关争论，抽绎展示研究者所持有的各种文本解读理念（他们的方法论原则）。在此基础上，我们还将探讨更合理的解释学理念，作为本研究与各种现有解释商榷切磋的方法论基石。

第二节　宋明道统论的解释学原则

（一）从韩愈到朱熹：学庸一体信念与道统论的解释学预设

唐宋之际是儒家觉醒并复兴的时代，也是儒家性善论急剧确立其正统地位的时代。这种基于性善论信念的儒学复兴，与佛教尤其是禅宗的挑激密切相关。张新民先生指出，"从佛教的整体历史发展看，南北朝时期佛教从'般若学'到'涅槃学'学术发展路径的历史性转向，实即从本体论折入心性论，从而不断扩大或深化其思想体征或言说范围的过程，最终则产生了以'明心见性'为根本旨趣的完全中国化的禅宗"，"其中最值得注意的是，自禅宗六祖慧能（638—713）以后，举凡禅门宗匠言心性，便多舍'佛性'而径称'自性''本性'或'自心''本心'，特别强调'直指人心，见性成佛'，极大地凸显了绝对的主体性及自证自悟功夫的重要,直下贞定人人均有通向圣域的本体善根”[①]。另有学者指出,在漫长的汉唐时代,孟学及其性善论义理并非儒学之主流[②];中国佛教的心性论转向,因而不宜视为孟派性善论直接渗透的结果。禅宗心性论转向之所以成立并传之久远,根本上讲,是因为这种心性论的义理优势能够不断获得后来者的生存体验支持,从而能够保持其活泼泼的姿态[③]。唐宋之际,儒者们在出入佛教的过程中,自然会对这种义理的相关优势有所体会。这种由佛教尤其是禅宗转出的体会,反过来或为他们在孟荀之间取孟舍荀的基本动力;而且,在刚开始,这种取舍在学理上做得并不彻底。

作为宋明道统论的近源,韩愈《原道》是《大学》地位上升的关键推手,其《原性》则是试图复兴儒家性善论的草创之作。《原道》推崇孟子而有“柯之死,不得其传焉”“荀与杨也,择焉而不精,语焉而不详”[④]等语,《读荀子》亦道出了“始吾读

① 张新民:《儒释之间:唐宋时期中国哲学思想的发展特征——以儒学的佛化与佛教的儒化为中心》,《文史哲》2016 年第 6 期。

② 参考方朝晖:《人性善恶与民主、专制关系的再认识》,《文史哲》2016 年第 1 期。此外,周炽成则提出了一种“性朴论”的思想史考察,认为孔子、荀子、董仲舒皆持“性朴论”立场。参见氏著:《儒家性朴论:以孔子、荀子、董仲舒为中心》,《社会科学》2014 年第 10 期。

③ 禅宗以“活泼泼地”形容真心本性的充实性与能动性,讲求真心本性与现实生活打成一片,也即真心本性应该在现实生活中表现出充分的效用。参考杨少涵:《“活泼泼地”发微》,《中国哲学史》2016 年第 3 期。

④ [唐]韩愈著,刘真伦、岳珍校注:《韩愈文集汇校笺注》卷一《原道》,北京:中华书局,2010 年,第 4 页。

孟轲书，然后知圣人之道尊，圣人之道易行，王易王，霸易霸也”[①]的感受。此“易”字所标举的正是对于性善论义理优势的体认。在《原性》中，韩愈甚至曰：“性也者，与生俱生也”，“其所以为性者五：曰仁，曰义，曰礼，曰信，曰智”[②]。这是在孟子即“四端之心”言“性”的基础上，又加上了“信”这一端，或可称之为“五常之性”。尽管有如此明确的“性善”意识，但在进一步论述的过程中，韩愈却又引入了“性之品”概念而自乱方寸。本来，“与生俱生”意味着五常之性是当下可用的现成资源，“性之品”概念的引入却使它仅仅沦为一种潜在的可能性——即便“上之性”，也需要“就学而愈明”。“上之性，就学而愈明”[③]的提法意味着，“性”本身存在一个“明”或“不明”的问题；所固定不变的，只是作为可能性（“可就学而愈明”）的“品”[④]，这种“品”化了的“性”并非当下可用的生存出发点。这种预设五常之性却又不以之作为出发点的义理架构意味着：韩愈骨子里最为倾心的还是儒家的“教—学”传统，

---

① ［唐］韩愈著，刘真伦、岳珍校注：《韩愈文集汇校笺注》卷一《读荀子》，第111页。

② ［唐］韩愈著，刘真伦、岳珍校注：《韩愈文集汇校笺注》卷一《原性》，第47页。

③ ［唐］韩愈著，刘真伦、岳珍校注：《韩愈文集汇校笺注》卷一《原性》，第48页。另据刘真伦、岳珍笺注，“《河南程氏遗书》卷十八：‘《原性》等文皆少年时作。’”（《韩愈文集汇校笺注》卷一《原性》，第55页）撇开考据意义上的成书时间问题不论，“少年时作”意味着义理架构上的草创与淆乱，这一判断符合我们在正文中的考察。

④ ［唐］韩愈著，刘真伦、岳珍校注：《韩愈文集汇校笺注》卷一《原性》，第48页。

“教—学”意义上的“学”才是韩愈切实认可的修身成德的出发点。这在一定程度上能够印证我们前面所说的儒家性善论在唐宋之际的复兴，乃是受到佛教尤其是禅宗“自性/本性/自心/本心”论挑激从中转出而尚不精粹的观点。在此性善论全面复兴或崛起之前，儒家更注重通过“教—学”传承传统伦理道德。总的来说这种伦理道德是一套异于佛老的价值观，韩愈基本上是站在这种伦理价值之争的立场上排佛抑老的。《原道》谓“仁与义为定名，道与德为虚位”[①]，义即“道”与“德”这等最高级术语在内容上是空洞的，崇儒抑佛（包括老）必须落实为崇尚“仁”“义”而鄙弃“虚”“空”。《原道》之所以推崇《大学》，正是因为《大学》从不脱离“修身”“齐家”“治国”“平天下”的社会伦理关怀，从不支持基于“清净寂灭”的旨趣谈论“正心”“诚意”[②]。

不容否认，推崇“仁”“义”“礼”“信”“智”等伦理价值，乃原始儒学的基本特征。四端之性或五常之性的提出，除了意味着“性善论”意识冉冉升起，还折射出这些伦理价值观念在儒家传统中根深蒂固。尽管直接以“仁义礼信智”对抗“清净寂灭”有儒家传统作支持，但在“儒门淡薄，收拾不住”[③]的情势下，直接祭出“仁义礼信智”等伦理主张反而会被讥讽为“迷执”。以

---

① ［唐］韩愈著，刘真伦、岳珍校注：《韩愈文集汇校笺注》卷一《原道》，第1页。

② ［唐］韩愈著，刘真伦、岳珍校注：《韩愈文集汇校笺注》卷一《原道》，第3页。

③ ［宋］志磐撰，释道法校注：《佛祖统纪校注》，上海：上海古籍出版社，2012年，下册，第1091页。

《中庸》《孟子》为代表的儒家性善论文本正是在这种背景下被重新发现,并首先与《易传》的宇宙论—本体论思维(由天道、阴阳、五行、德、性、气等概念组成)相参伍,而欲与强大的佛老之道争夺话语权。通过这种宇宙论—本体论—性善论建构,儒家至周、张、二程时代已然具备抗衡佛老的底气[①]。较之韩愈《读荀子》认为荀子“大醇而小疵”[②],程子则针锋相对地指责荀子:“荀、杨性已不识,更说甚道”,“荀子极偏驳,只一句性恶,大本已失!”[③]要知道,作为先秦最后一位儒学大师,荀子曾尖锐地批评子思、孟子“略法先王,而不知其统”(《荀子·非十二子》),并针对孟子的“今之学者其性善”“今人之性善”观点,极力诉诸经验观察论证“人之性恶明矣,其善者伪也”(《荀子·性恶》)。考虑到后来儒者多出荀门,而汉唐期间性善论之于儒家始终在低谷徘徊,可以说,荀子对孟派性善论的批评在很长一段时间内确立了“性恶—教学”思路在儒门中的正统地位。就此而言,继韩愈之后,以二程为代表的北宋儒家大张旗鼓地拥孟贬荀,着实是在重新确立(或重新发现)一种新的正统。这是朱熹作《大学章句》的首要背景。

---

① 参考陈来:《朱子哲学研究》,上海:华东师范大学出版社,2000 年,第 4 ~ 7 页。

② [唐]韩愈著,刘真伦、岳珍校注:《韩愈文集汇校笺注》卷一《读荀子》,第 112 页。其又曰:“考其辞,时若不醇粹;要其归,与孔子异者鲜。”(第 111 页)

③ [宋]程颢、程颐撰,王孝鱼点校:《二程集》,北京:中华书局,1981 年,第 255、262 页。

现在的情况是：一方面，“性善论”是儒学内部冉冉升起的正统义理；另一方面，作为排佛抑老的有力资源，《大学》急剧地从《礼记》四十九篇中脱颖而出，成为儒门正统经典中的正统；然而，终《大学》全篇，“性”字仅一见，其位置几近全篇之末，根本不具备所谓的“三纲领”或“八条目”[①]式地位。于是，问题就来了：正统经典可以自外于正统义理吗？任何真诚的门内人士，恐怕都无法接受正统经典冷淡正统义理冷淡，乃至与之相矛盾的局面——正统经典，按其定义即正统义理的文字载体。如此一来，出路只有三条：或者是根据所认定的正统经典，也即鲜言“性”与“性善”的《大学》，修正正统义理，即转而主张“性善论”并非正统义理；或者是根据所认定的正统义理重新厘定正统经典，将《大学》视为不合格者予以排除；再或者(如果做得到的话)就是本着正统义理的精神，重新解释看似立场暧昧的正统经典，赋予《大学》文本以一种“性善论”本位的解释。由于“性善论”和《大学》文本的正统地位已然确立，朱子自然不会取前两个选项，《大学章句序》与《大学章句》遂旗帜鲜明地追求将“性善”概念读进《大学》。

其中，《大学章句序》开篇第二句便是：“盖自天降生民，

① “三纲领”“八条目”的提法取自朱熹《大学章句》，对于本书来说，这只是一种约定俗成的指称，并不代表笔者接受朱熹关于《大学》的文本处理与解读。本书导言已明言，本书乃是“与宋明范式角力”之作，朱熹《大学章句》自然是我们最主要的博弈对象之一。李纪祥考察了《四书·大学》与《礼记·大学》之间的差异问题，可参考氏著：《〈四书〉本〈大学〉与〈礼记·大学〉：两种文本的比较》，《文史哲》2016年第4期。

则既莫不与之以仁义礼智之性矣。”①正如韩愈的“仁义礼信智之性”提法是在“自性/本性/自心/本心”语境下为了推崇儒家伦理价值条目而造出的概念一样，朱熹的“盖自天降生民，则既莫不与之以仁义礼智之性矣”提法是为已然确立起新正统地位的“性善”与“仁义礼智之性”概念赋予了一层宇宙生成论方面的权威。我们知道，“天命之谓性”是《中庸》的开篇首句，而“仁义礼智之性”则是对孟子“性善—四端之心”提法的化用。站在道统论“正典一体—以经解经”的立场上看，《大学章句序》的上述遣词造句不可谓无据。站在文本分析的角度，读者却不免会追问：《大学》中的“仁义礼智之性”概念何在？对此，《大学章句》在解释《大学》开篇的“大学之道在明明德”之“明德”时，不容分说地这样写道：“明德者，人之所得乎天，而虚灵不昧，以具众理而应万事者也。……然其本体之明，则有未尝息者。”②通过这种巧妙的等价（将《大学》“明德”与《中庸》“天命之性”等同起来），《大学》《中庸》文本（包括与《中庸》在思路上密切相关的《孟子》）被切实地视为一体而互诠互释。这种一体化的解释方案，反过来又进一步强化了“性善论”的道统真理地位，使得既定的正统义理又增加了一篇至关重要的正统经典文本支持。

“正统义理”是一种饱含情感的意识。在道统论情结中，“正统义理”意味着“真理”或“最佳义理”。类似地，“正统经

① ［宋］朱熹撰：《四书章句集注》，北京：中华书局，1983 年，第 1 页。
② ［宋］朱熹撰：《四书章句集注》，第 3 页。

典"意识同样也有着强烈的情感支撑,这种情感一方面要求读者准确把握正典文本的意义(往往被设定为"正典本义"),另一方面当然认为这种意义非同小可。在尊崇正统经典的情感中,"经典本义"即"正统义理",二者合起来,正是道统论的解释学基本预设:正典本义 = 道统真理 = 最佳义理①。这一公式中自然蕴含着"正典一体"的信念:"真理"必然是"最佳"的,不可能是差异而多样的;正典的内涵(正典本义)因而不应相互龃龉,所有正典被认为必然承载相同的义理,即正统义理/道统真理/最佳义理。在"正典一体"信念下,对正典进行跨文本解释非但不受指摘,反而会被认为是融会贯通的"醇熟"之举。这样一来,文本之间的固有界限——篇与篇在阅读理解上的相对独立性——就变得无足轻重乃至被彻底取消。至于从正典行文中的蛛丝马迹,揣摩出诸如"孔子→曾子→子思"这样的正统作者谱系②,则是为上述"正典一体,一以贯之"信念进一步背书,以一种"强强联合"的方式进一步强化"道统"的威望。这种将文本与作者设想为一脉相承绝无二致的信念,实际上取消了儒家哲学不断突破而发展的历史性。

然而,反讽的是,无论从韩愈到朱熹,还是从朱熹到王阳

① 蔡方鹿指出:"在通经明本义的基础上,朱熹进而提出以义理为标准来诠释儒家经典。""朱熹要求学者解经不要仅停留在'萌芽'状态,即不满足于解字释文的阶段,要在弄懂经文原义的基础上,进一步去推阐发明义理,把求经文本义与以义理解经结合起来,而不是互相脱节。"(见氏著:《朱熹经典诠释学之我见》,《文史哲》2003 年第 2 期)总的来说,这是一种考据与训诂相结合,而以揭示或把握最佳义理(道统真理)为旨趣的经典解释之学。

② 参考[宋]朱熹撰:《四书章句集注》,第 1 ~ 3、14 ~ 17 页。

明,道统论解释文本的具体方案,始终在历史地演变着的。变动不居或历史性十足的解释力(理解力),怎么可能把握得住预设中的永恒不变的真理(道统本义——假设其有)呢?在变幻不定的解释方案之间,究竟何者代表文本本义与道统真理呢?本义与真理的标准又是什么呢?

(二)“最佳义理”细辨与王阳明《大学》新解

前已指出,在“性善”之外,儒家还有另一重要维度,那就是“教—学”。两者之间存在着紧张的关系。朱子在很大程度上和韩愈类似,同时认定了“性善”与“教—学”皆为儒学正统义理的组成部分,其文本解释与义理阐发因而不得不试图兼顾两者。实际上,《大学》内含着深刻的“教—学”意识,乃至以“教—学”意识作为其底色(对此我们将在第三章中专门论述)。朱子对此并不排斥,亦无意用彻底的性善论逻辑对之进行实质性改造(后来的王派学者毛奇龄则专门提出了一种“实字”之“学”概念,用来排挤“教—学”或“效仿”之“学”,可参考本书第三章)。前面指出,《大学章句序》开篇第二句便是“盖自天降生民,则既莫不与之以仁义礼智之性矣”;而实际上,《大学章句序》开篇第一句却是“大学之书,古之大学所以教人之法也”[1],开门见山地将《大学》定位为“教—学”用书。这样,问题就出现了:既然天生“善性”,那又何须后天“教—学”?

对此,《大学章句序》的弥纶方案是:“然其气质之禀或不能齐,是以不能皆有以知其性之所有而全之也。”[2]“施教”与“受

① [宋]朱熹撰:《四书章句集注》,第1页。
② [宋]朱熹撰:《四书章句集注》,第1页。

教(学)"的必要性即源于"气质之禀或不能齐",尚未"知其性之所有而全之"的生存者因而有必要通过"教—学"提升自己的认知和行为水平。与"率性"相比,"教—学"明显具有外在性或外向特征。实际上,《荀子·劝学》即是用"善假于物"来界定"学"的;这里的"物",正是与内在固有之"性"相对的"外物"[1]。而在具体解说何为"格[外]物致(求)知"时,朱子曾明确将"读书讲明道义"列为其中一条,甚至是首条[2]。书本就其物理存在形态而言是外在之物,"读书"因而是外向之学,"讲明道义"在形式上则正是"教—学"。朱子的义理系统显然接纳了"外向之学"或"外在论"的要素,就此而言,它具有荀学基因。不过,在以"性善论"为正统的宋代儒学大潮中,朱子绝对不敢放任自己的义理架构像荀学那样,赤裸裸地倾向于"性恶论",而是必须千方百计地以"性善论"修饰、收纳这种本质上属于荀学要素的外铄之"学"。更何况,"性恶论"在逻辑上还存在着"学何以可能"的难题——假设人性为恶,学者盖亦无能通达(理解并践行)道统真理——单方面倒向"性恶论"因而也是极不明智的。后一个道理,在韩愈"始吾读孟轲书,然后知圣人之道尊,圣人之道易行,王易王,霸易霸也"[3]的"易"字体会中,已

① 参考北京大学《荀子》注释组:《荀子新注》,北京:中华书局,1979年,第1页;王博:《中国儒学史·先秦卷》,北京:北京大学出版社,2011年,第534~538页。

② 参考陈荣捷:《朱熹》,北京:生活·读书·新知三联书店,2012年,第73、77页。

③ [唐]韩愈著,刘真伦、岳珍校注:《韩愈文集汇校笺注》卷一《读荀子》,第111页。

经初露端倪(“易”的对立面是“难”或“不可能”)。在上述双重因素的张力作用下,《大学章句》在解释“明德”并对“格物致知”进行补传时,便只好小心翼翼地维持着平衡:既不允许“气质之禀或不能齐”完全吞噬“人心之灵莫不有知”(否则就沦为“性恶论”了),也不允许“人心之灵莫不有知”强大到“不假外求”的地步(否则外在的“教—学”即无必要)。最终,它所给出的是“气禀所拘人欲所蔽有时而昏—然其本体之明则未尝有息”①这样一个张力结构;这种张力结构,颇能代表朱子义理的“综合”与“平衡”特征。《中庸》《孟子》的“性善—率性”论与《大学》的“教—学”论遂以这种方式被纳为一体。

但是,平衡很难维持。为进一步与佛老尤其是禅宗的“清净寂灭”划清界限,朱门后学更倾向于强调“教—学”的“假于外物”方面,认为如此方可免犯“以山河大地(等外物)为虚幻”之错误。作为一种生存意识,“假于外物”之“教—学”不同于内在自主之“率性”,为了严防错谬,前者要求生存者对自己的一切观念严加警惕,同时试图以纯粹的“格[外]物致(求)知”净化或重建自己的“知识—理解”系统。如此一来,包括书本、教师等在内的“外物”,以及与这些“外物”的交往(“格物”),便成为“真知”的终极源泉。纯之又纯的“格[外]物致(求)知”意识,要求严格贯彻“非格物所得之知概不接纳”的态度。这种意识与态度的初衷在于严防任何谬误混进自己的“知识—理解”系统,但严格执行起来却遇到了“只开

① ［宋］朱熹撰:《四书章句集注》,第1、3、6~7页。

花,不结果"的怀疑主义困境。何以如此呢?原因在于:如此严苛的"防止错谬"的认知态度,实际上就是一种深彻的自我怀疑精神;而自我怀疑越深彻,就越是无法抓取任何确定性认知。换言之,深彻的自我怀疑使当事人丧失或放弃了判断力,使得他虽然希冀但无法抓取真知。早年的王阳明正是因为这种方法论困境,其"格[外]物致(求)知"才非但无功反而致疾的[①]。在待人接物的过程中,生存者心中会冒出种种观念——但究竟哪些观念是真知呢?分辨何为真知必须有可靠

---

① [明]王守仁撰,吴光、钱明、董平、姚延福编校:《王阳明全集》卷三语录三《传习录下》、《王阳明全集》卷三十三《年谱一》,上海:上海古籍出版社,2011年,第136、1348~1350页。青年王阳明格[外]物致(求)知非但无功反而致疾的事迹,一般王学研究专著都会谈及,例如杨国荣:《心学之思——王阳明哲学的阐释》,北京:中国人民大学出版社,2009年,第17页;又如陈来:《有无之境:王阳明哲学的精神》,北京:生活·读书·新知三联书店,2009年,第148~149页。但前者仅止于笼统地指出"这种结果不能不使阳明对朱熹哲学产生某种怀疑",认为"从理论上看,青年王阳明对朱熹思想的如上理解是否准确,固然颇有问题,但值得注意的是,在这种种理解中,已经蕴含着而后阳明与朱熹分歧的契机"。后者则将此"误解"归咎于"它是在阳明青少年时代即他的思想还完全不成熟的时期所发生的"——既然是不成熟时期的一个误解,似乎便无深究的必要。然而,阳明早年格竹致疾的经历,非但导致了他自己后来的思想转折,甚而直接影响了宋明儒学的整体走向——对此,哲学史研究应该深入地分析其早年"格致"无功的思维机理,而非简单地委之为"误解"而笼统带过。对于这等最能体现中国哲学史(思想史)上的认识论问题与维度的关节点不加深究,而先入为主地判定中国传统思想不重视认识论,则更是当前学界不思进取或学风浮躁的表现。杨国荣教授正确地指出了格竹失败是"阳明与朱熹分歧的契机",接下来,本书正文马上就要从朱派"格[外]物致(求)知"因包藏"深彻的自我怀疑意识"而导致"判断力丧失"的角度,对阳明早年的失败经历进行深度解析。相关讨论还可参考拙作:《〈大学章句〉中的"出发点丧失"问题》,《周易研究》2011年第5期。

之标准,但可靠的标准亦同样是某种真知——对于那些试图严格通过“格[外]物”获取第一个真知的生存者(如早年王阳明)来说,由于包括判断标准在内的一切真知均尚未到手,他们无法从云云总总的观念中辨识真知(假设其中有真知)。如此一来,最为严肃的“格[外]物致(求)知”者,反而将从根本上丧失抓取任何知识—理解的能力,一味陷溺于自我怀疑而无法自拔。这便是所谓的“只开花,不结果”。尽管王阳明后来曾一度耐住性子,勉强遵循朱熹的“读书讲明道义”之法而在知识—理解上有所收获(“思得渐渍渐浃”),但深彻的怀疑精神终使他觉得“物理吾心终判而为二也”,“沉郁既久,旧疾复作,益委圣贤有分”①。

或许可以这样设想“格[外]物致(求)知”的可行性:在考察外物的过程中,真知带着灵异的火花(真知标志)自动亮明身份,而无须凭借外在标准再行判断。朱派学者在概念上还可以辩称,这种灵异的火花不是别的,而正是当事人基于“未尝有息”的“本体之明”慧眼接触真知必然会有的效应。但对于深陷怀疑精神的人来说,究竟什么是真知的火花或标志,则着实是一个悬而未决的棘手问题——前已指出,这本身就是一个真知问题。这个问题一旦提出,“格[外]物致(求)知”者便无法允许自己再以神秘或直觉的方式体察“灵异的火花(真知的标志)”以抓取真知。在可靠的真知标准之外使用自

① [明]王守仁撰,吴光、钱明、董平、姚延福编校:《王阳明全集》卷三十三《年谱一》,第1350页。

己的直觉,用今天的话说,可谓不负责任的主观主义。王阳明曾说:“众人只说格物要依晦翁,何曾把他的说去用?我着实曾用来。”①作为严肃而彻底的“格[外]物致(求)知”者,早年的王阳明彻底陷入了“判断力丧失”的境地,只能枉然地看着自己心中念出念没,渴望真知却又无从把捉。这种困境的出现,本质上即朱子式“平衡”的失衡。

两番“格[外]物致(求)知”非但无功反而致疾的王阳明,继续相信“格[外]物致(求)知”说的正统地位,但由于无法从中受益,遂只好自暴自弃地认取一种韩愈“性三品”论式的“圣贤有分”而自己品阶较低的信念②。不过,身处深彻的自我怀疑精神之中,此时的王阳明当亦不会全然委身于这种消极的信念(因为关于这种信念同样存在着难以解决的真知判定问题)。《年谱一》的原话是“益委圣贤有分”:“益委”虽然意味着确信程度有所增加,却很难说是深信不疑。这种犹疑,使他在起码的程度上继续保持着儒家之道的追求者(而非特定教义的执持者)身份,并为他后来的思想转折(转向无条件的“吾性自足”信念)预留了空间。

《年谱一》记载,王阳明 32 岁时开始对“爱亲本性”这种提法流露出真情实感,37 岁则于龙场夜悟“圣人之道,吾性自

① [明]王守仁撰,吴光、钱明、董平、姚延福编校:《王阳明全集》卷三语录三《传习录下》,第 136 页。

② [明]王守仁撰,吴光、钱明、董平、姚延福编校:《王阳明全集》卷三十三《年谱一》,第 1350 页。

足,向之求理于事物者误也”①。“误也”意味着:朱派的“格[外]物致(求)知”主张,在此时的王阳明看来已不再是“最佳义理”或“道统真理”。王阳明在自己的体悟中,直接将“吾性自足”与“圣人之道”挂钩;而据《年谱一》记载,在龙场悟道之后,王阳明“乃以默记五经之言证之,莫不吻合,因著五经忆说”②。这说明,“正典本义 = 道统真理 = 最佳义理”这一道统论解释学公式,对于王阳明来说始终有效。“著五经忆说”,首先是为了验证自己的领悟是否合乎正典文本;而一旦验证通过,“乃以默记五经之言证之,莫不吻合”,当事人便会有一种“得道”的自豪感,这无疑会进一步强化王阳明对龙场所悟的信念。由此可见,心学家如龙场悟道之后的王阳明者,虽然不以“读书讲明道义”作为真知的原始源泉,但强大的儒家经学传统却早已将“正典本义 = 道统真理 = 最佳义理”的意识积淀进了他们的心理结构③。否则,得道之人又何必再回头去理会文本与字句呢?前面指出,上述等式同时意味着“正典

① [明]王守仁撰,吴光、钱明、董平、姚延福编校:《王阳明全集》卷三十三《年谱一》,第 1351 ~ 1355 页。

② [明]王守仁撰,吴光、钱明、董平、姚延福编校:《王阳明全集》卷三十三《年谱一》,第 1354 页。此“五经忆说”之“忆”字取自旧版《王阳明全集》(王守仁撰,吴光、钱明、董平、姚延福编校,第 1228 页)。“忆”字与“默记”正相呼应,新版改作“臆”,不知何据。此从旧版。

③ 张新民教授指出,这里存在一个“心史与文献默察互证”“经典世界解读与心性世界建构”的双向互动关系。参考氏著:《经典世界的心化解读——以王阳明龙场悟道与〈五经臆说〉的撰写为中心》,《南京师大学报》(社会科学版)2016 年第 3 期。

一体”——接下来,问题自然就是:如何将《大学》文本从被王阳明判为“向之求理于事物者误也”的朱派解读中抢救出来?

《大学》自二程、朱熹以来早已拥有不容动摇的巨大声望,王阳明似乎从未考虑过要去挑战《大学》的“正典中的正典”地位。反过来看,贸然挑战一篇声望巨大的正典,极有可能使自己被边缘化。相形之下,更可取的选项则是:令人信服地重新解释对自己不利的正典,将《大学》从朱派解读中“抢救”出来。也就是说,王阳明需要从更纯粹的性善论角度,也即从“吾性自足”与“率性”的角度重新解释《大学》。为此,王阳明彻底撇弃了《大学》中的“教—学”因素,其《大学问》遂严格贯彻了思孟派的“性善—率性”意识。我们知道,朱熹曾引《中庸》《孟子》入《大学》,以“天命之性”“四端之性”解释《大学》“明德”,并以“《大学》孔子传经曾子作传,《中庸》作者子思则为曾子之徒”暗示“学庸一体”①。对此,王阳明照单全收,甚至有板有眼儿地补充说,“子思括《大学》一书之义,为《中庸》首章”②。这种信誓旦旦的言说姿态,与其早年的“物理吾心终判而为二也”之“沉郁”形成了鲜明的对比,一种把握了“正典本义/道统真理/最佳义理”而与正典“同在”的自信豪情溢于言表。

唐君毅曾指出:“阳明之学,虽归宗近象山,其学之问题,

---

① [宋]朱熹撰:《四书章句集注》,第1~3、14~15、17页。

② 语境是“澄问学、庸同异”。见[明]王守仁撰,吴光、钱明、董平、姚延福编校:《王阳明全集》卷一语录一《传习录上》,第19页。

则皆承朱熹而来；其立义精处，正多由朱熹义，转进一层而致。”①我们注意到，王阳明《大学问》对于“明德”与“明明德”的解释，明显借鉴了朱熹《大学章句》的义理架构。《大学章句》曰：

> 明，明之也。明德者，人之所得乎天，而虚灵不昧，以具众理而应万事者也。但为气禀所拘，人欲所蔽，则有时而昏；然其本体之明，则未尝有息者。故学者当因其所发而遂明之，以复其初也。②

《大学问》则曰：

> 大人者，以天地万物为一体者也，其视天下犹一家，中国犹一人焉。……大人之能以天地万物为一体也，非意之也，其心之仁本若是，其与天地万物而为一也。岂惟大人，虽小人之心亦莫不然，彼顾自小之耳。……是其一体之仁也，虽小人之心亦必有之。是乃根于天命之性，而自然灵昭不昧者也，是故谓之“明德”。小人之心既已分隔隘陋矣，而其一体之仁犹能不昧若此者，是其未动于欲，而未蔽于私之时也。及其动于欲，蔽于私，而利害相

① 唐君毅：《中国哲学原论·原教篇》，北京：中国社会科学出版社，2006年，第187页。

② ［宋］朱熹撰：《四书章句集注》，第3页。

攻,忿怒相激,则将戕物圮类,无所不为,其甚有骨肉相残者,而一体之仁亡矣。是故苟无私欲之蔽,则虽小人之心,而其一体之仁犹大人也;一有私欲之蔽,则虽大人之心,而其分隔隘陋犹小人矣。故夫为大人之学者,亦惟去其私欲之蔽,以自明其明德,复其天地万物一体之本然而已耳,非能于本体之外而有所增益之也。①

朱子的表述侧重在义理上兼容"性善"预设与"修身"的必要性:一方面,人所得乎天的"明德"虚灵不昧,本体之明未尝有息,这是饱满的性善论设定;另一方面,"气禀所拘,人欲所蔽"导致它在功能上"有时而昏",君子修身因而是摆脱"拘—蔽—昏"的必要之举。这种双重架构非常类似韩愈的"其所以为性者"与"性之品"划分,故而势必重蹈前述韩愈式淆乱。实际上,站在生存分析角度看,朱熹的"因其所发而遂明之"这一表述相当笼统,并未正面涉及"其(明德)所发"具体是如何哪般,对于该如何体认"其(明德)所发",进而如何"因而遂明之"等具体操作性问题不了了之。就此而言,这只是一个理论空架——尽管朱子使用了"其所发"这样的动态字眼,但牟宗三还是坚持认为朱熹的"天命之性(明德)"乃"只存有而不活动"——根本原因就在于:朱子的论述未能有效地指示出与"其(明德)所发"相应的生存体验,读者读了这

① [明]王守仁撰,吴光、钱明、董平、姚延福编校:《王阳明全集》卷二十六续编一《大学问》,第1066页。

些表述之后并不知道如何在具体操作上“因”之。朱子“间尝窃取程子之意”补作的“格物致知传”[1]对此略有补救。“格物致知传”所谓“即凡天下之物—因其已知之理而益穷之”，可视为“因其所发而遂明之，以复其初”的具体操作方案。“因其已知之理而益穷之”提法，背后盖有源自华严和禅宗的“理一分殊”预设支持[2]：已知的分殊之理与整全之理（“太极”之理）具有统一关系，顺着已知但不全面的分殊之理可以寻绎整全之理，“即物穷理”其实也就是“顺着片面之知寻绎整全之理”，两者乃是一而二、二而一的关系。但值得注意的是，在“格[外]物致（求）知”的语境下，片面的“已知之理”名义上属于“其（明德）所发”，但在操作上却是“即[外]物”的结果。与此相应，“虚灵不昧”且“未尝有息”的“本体之明”，遂大打折扣地弱化为有待“外物之知”加以填充的“能知”。然而，“因其已知之理而益穷之”的提法，回避了如何获取“已知之理”的问题。我们在前面已经分析指出，越是严苛地服膺“格[外]物致（求）知”原则，当事人就越是无法获得任何真知（即便是片面的分殊之知）。而在缺乏第一批“已知之理（片面真知）”的情况下，“因其已知之理而益穷之”意义上的“即物而穷其理”根本无“因”，故而无从谈起。

王阳明借鉴了朱子的双重结构，同时却将朱熹的旁观式

---

① [宋]朱熹撰：《四书章句集注》，第6~7页。

② “理一分殊”是理学从华严、禅宗借鉴或转出的基要命题之一，参考张新民：《儒释之间：唐宋时期中国哲学思想的发展特征——以儒学的佛化与佛教的儒化为中心》，《文史哲》2016年第6期。

界定改写为体验式指引。首先,王阳明以体验式的“以天地万物为一体”“一体之仁”提法,代替了朱子置身事外的“虚灵不昧”“其本体之明未尝有息者”旁观界定(将生存“本体”当作考察对象加以界定)。这种改写引导读者将注意力从对象性刻画,转移到“以天地万物为一体/一体之仁”体验上,并将这种体验与“其(明德/天命之性)所发”直接挂钩,从而为把捉、利用“明德(天命之性)”预留了抓手。其次,王阳明将朱熹的“人欲所蔽”提法,改写为“动于欲,蔽于私”或“私欲之蔽”“分割隘陋”。“人欲所蔽”亦只是旁观式的“欲蔽性”刻画,王阳明的改写则引导读者体认自己被困其中的生存问题,旁观者眼中的“欲蔽性”问题就此被落实为“以天地万物为一体/一体之仁”体验的丧失问题。这样,问题与解决问题的凭依,便都有了着落。

稍后的“至善”论,继续贯彻这种将问题与出路落实到生存体验上去的论说原则:

> 至善者,明德、亲民之极则也。天命之性,粹然至善,其灵昭不昧者,此其至善之发见,是乃明德之本体,而即所谓良知也。至善之发见,是而是焉,非而非焉,轻重厚薄,随感随应,变动不居,而亦莫不自有天然之中,是乃民彝物则之极,而不容少有议拟增损于其间也。少有拟议增损于其间,则是私意小智,而非至善之谓矣。自非慎独之至、惟精惟一者,其孰能与于此乎?后之人惟其不知至善之在吾心,而用其私智以揣摸测度于其外,以为事事物

物各有定理也，是以昧其是非之则，支离决裂，人欲肆而天理亡，明德、亲民之学遂大乱于天下。……①

在谈及“明德(天命之性)”的功能时，朱熹使用“虚灵不昧”之“虚”指称“尚未知但能知”的态势。这种“虚”，与《荀子·解蔽》的“虚一而静”有相通之处：“以具众理”仅止于潜在地保障“虚一而静”之心具有“能知”之能力，但所具的“众理”并不跑到前台直接提供真知。经此旁观式界定之后，生存者具体该如何利用所“以具”的“众理”，却依然停留在晦暗之中。对荀子和朱熹来说，认知的关键在于进入“虚”的姿态；但“虚”本质上是一种自我怀疑或否定，而深彻的自我怀疑或自我否定者，如前所述，根本无力择取任何“知识—理解”。王阳明上述“至善”论则从“发见”的角度谈论“灵昭不昧”。作为本体的“明德”或“天命之性”，不再满足于消极地为“能知”背书，而是随时随地冲在前台，不断发布处境化的“是非”“轻重”“厚薄”之知。王阳明又将这种“发见”称为“感应”。为了能够心无旁骛地体认这种“发见”或“感应”，王阳明特别强调：除了直接的“发见/感应”体认外，任何多余的“拟议增损”“揣摸测度”，即便初衷再好，也都是在以“私欲”遮蔽那正在“发见/感应”的“明德(天命之性)”。这些“良好”的初衷，因而只能算“私意小

① ［明］王守仁撰，吴光、钱明、董平、姚延福编校：《王阳明全集》卷二十六续编一《大学问》，第 1067 ~ 1068 页。

智”。站在这个角度看，朱熹“格物致知传”①中的“即[外]物”倾向与“因其所发而而遂明之”盘算，根本问题就出在它们分散了生存者体认内在“发见/感应”的专注力上就此而言只能算“私意小智”。

此外，朱熹补作的“格物致知传”特别强调要“因其已知之理而益穷之”。这意味着，只要尚未“豁然贯通”而彻底了解“众物之表里精粗”，生存者所拥有的“已知之理”（联系着整全之理）就只能算是有待进一步探讨的研究对象。换而言之，尚未“豁然贯通焉”的当事人，对于“已知之理”认识得并不充分。严格来讲，这种尚不整全的“已知之理”，与道听而途说囫囵吞枣得来的观点或尚未来得及阅读的书本并无二致，都是有待探究的“外物”。抛开“理一分殊”信念，上述沦为进一步探讨之对象的“已知之理”，无法充当当事人谋求整全真知的有效门径——唯独“豁然贯通焉”的整全真知才能指示整全真知（但此时整全真知已然在握，再无指示之必要），作为包藏缺陷而有待升级或拓展的“已知之理”则反而难免将当事人引向歧途。这种对于“已知之理”作为整全真知的指示者地位的否定，与王阳明早年对自己一切心思意念概不信任的自我怀疑态度如出一辙，最终结果只能是彻底丧

---

① 朱子“补传”正文如下：“所谓致知在格物者，言欲致吾之知，在即物而穷其理也。盖人心之灵莫不有知，而天下之物莫不有理，惟于理有未穷，故其知有不尽也。是以《大学》始教，必使学者即凡天下之物，莫不因其已知之理而益穷之，以求至乎其极。至于用力之久，而一旦豁然贯通焉，则众物之表里精粗无不到，而吾心之全体大用无不明矣。此谓物格，此谓知之至也。”见[宋]朱熹撰：《四书章句集注》，第6~7页。

失把捉“知识—理解”的判断力①。龙场之悟之后，为了切实保住自信（“吾性自足”）的判断力，王阳明对“知”进行了划分（两种）：一种是内在于“吾心”之“至善”的即时“发见/感应”之知，又称为“良知”——在“发见/感应”之际，这种知是不容拟议、绝对可靠的真知；另一种是时过境迁之后，“发见/感应”在记忆中的留影——在变化了的处境中，这类留影之知不宜继续充当生存的指导思想。按照这种划分，所谓“私意小智”，无非就是凭借不再合乎时宜的旧知留影，推论测度已然变化了的事态与处境。在变化了的处境中，当事人只宜将旧知留影视为新处境的一部分（知道自己毕竟曾经有过这样的意念和行动），并打起精神即时体认新的“发见/感应”，而非留恋迷执现成的“旧知留影”。“新的发见/新的感应”除了是一种“知识—理解”之外，同时附带着一种“新鲜感”，即“这是刚刚生成的”。这种“新鲜感”似乎正是王阳明用来辨认“发见/感应”——将其与“旧知留影”区别开来——的唯一标志。这一点，可通过分析“王门四句教”加以印证②。

① 还可参考拙作：《〈大学章句〉中的“出发点丧失”问题》，《周易研究》2011年第5期。

② 王门四句教存在不同版本，根据学界通例以及尤其是陈来（《有无之境：王阳明哲学的精神》，北京：生活·读书·新知三联书店，2009年，第224页）、杨海文的考证，我们接下来的讨论将以《传习录下》《年谱三》所记王阳明自己的表述为准。实际上，对于任何一个版本来说，短短的四句话附在不同的背景和预设下均可读出不同的效果。就此而言，四句教无法作为了解阳明思想的初阶依据，而只宜作为汇总或概括读者研读王阳明思想的一个契机。

按照《大学问》对“明德”“至善”的解释，可以说，王阳明持性善论立场无疑。然而，王门四句教第一句却是“无善无恶是心之体”。不少学者认为，“无善无恶”提法是吸纳了释老“空”“无”思想的结果①。即便如此，它也并未取消四句教的性善论底色。这一点，可以从王门四句教第三句“知善知恶是良知”得到印证。按照前述王阳明的性善论思维，“知善知恶”的“良知”作为不折不扣的“真知”，只能出自“至善”的“心之体”。而且，我们也不宜从“旁观界定”的角度理解王门四句教；也就是说，“无善无恶”“有善有恶”“知善知恶”“为善去恶”，在此都是主体的生存体验，而非旁观者的对象性描述。四句教既然以“无善无恶”的体验来形容“至善”的“心之体”，那么，“从‘无善无恶’之静‘体’到‘知善知恶’之‘动’用”无非就是“从‘无知无感’到‘有知有感’”。也就是说，当事人在“知善知恶”的同时，将一并感受到此“知”的“生成（从无到有）”。这种“生成（从无到有）感”，正是“即时发见/即时感应”的“新鲜感”。由此反观，四句教首句“无善无恶是心之体”，并非是因为迷恋释老的“空”“无”境界，而叠架的床上

① 可参考陈来：《有无之境：王阳明哲学的精神》，第247～252页；杨海文：《阳明“四句教”出处辑考》，《深圳大学学报》（人文社会科学版）2014年第2期。其中，杨海文于该文最后一节指出，站在“尊孔孟、辟佛老”的立场上，既可以指责阳明四句教为异端，也可以对其正统地位进行辩护。就此而言，正统或异端的标签对于理解阳明四句教意义不大，杨海文因而建议相关研究宜超越正统、异端之争，转而挖掘四句教“抽象作者”的精神旨趣。本节余下的论述，可看作是朝此方向的努力。

之床或屋上之屋；在“体—用”论术语框架下，以“无”为“体”，实乃表述“发见/感应”之“即时性”或“新鲜感”的唯一办法。顺便一提，四句教中的第二句“有善有恶是意之动”，按照我们的理解思路，其“善意”即作为“即时发见/即时感应”的“新知”，其“恶意”则是“旧知”在记忆中的留影①。第四句“为善去恶是格物”，并不是说经过功夫修炼可以清除“意”的“旧知留影”部分；毋宁说，“旧知留影”之存在是一个不可改变的生存事实；于是乎，生存者的生存工夫则无非就是：持之以恒地于包括林林总总的“旧知留影”的生存处境中，切实体认“新的即时发见/新的即时感应”。对于“即时新知”的切实体认，自然会刷新覆盖“旧知留影”，善的“即时新知”遂通过这种刷新覆盖主导此一时刻(阶段)的生存。随着时间的流逝，境随时迁，刚才的“即

① 《大学问》谓“然意之所发有善有恶”(［明］王守仁撰，吴光、钱明、董平、姚延福编校：《王阳明全集》，第1070页)，据此“意之所发”字样，似可认为“恶意”“善意”皆以类似的机制直接出于“意之本体”。然而，对于将“心”“知”“意”“物”概念相互打通的王阳明来说，“意之本体”也即“心之本体”，反之亦然。认为“善意”“恶意”以类似的机制直接出于“意之本体/心之本体”，即等于认为“意之本体/心之本体”乃善恶混或无道德属性。如此一来，知善知恶的“良知”将成为无本之木。王阳明肯定不会接受这种结论；《大学问》中明确说，良知“是乃天命之性，吾心之本体，自然灵昭明觉者也”(第1070页)。鉴于此，似宜强调：“然意之所发有善有恶”之“发”字，并无交代“善意”“恶意”具体来源之意，而只是在陈述“有善有恶意之动”也即“有善意也有恶意”这一现象。至于“恶意”“善意”各自不同的发生机究竟是什么，我们在正文中提出的看法是：善意直接来自良知，或者善意即良知，而恶意则是时过境迁的善意留影。以这种方式解释“恶意”之“发”或“动”，也许在一定程度上超出了王阳明著述的限度，但作为对王阳明核心思路的一种推演还是值得重视的。

时新知”复沦为记忆中的“旧知留影”。此时,当事人若不与时俱迁地体认新的“即时发见/即时感应”,即等于任凭“旧知留影”主导自己在新时刻(新阶段)的生存,这是一种缺乏王阳明意义上的“致良知”与“格物”功夫的恶的生存状态①。

(三)多变的“文本本义”

王阳明和朱熹的《大学》解释之争,充分体现了“正典本义=道统真理=最佳义理”这一公式的深刻驱动力。

总的来说,在名义上,韩愈和朱熹已经采取“性善论”立场。朱熹明确将《大学》“明德”释为“人之所得乎天”的“仁义礼智之性”(《大学》“明德”即《中庸》之“性”),正式确立了

---

① 陈来先生认为,“无善无恶是心之体”的主旨在于“无滞(纯粹的无执着性)”(陈来:《有无之境:王阳明哲学的精神》,第230~240页)。他认为,“‘四句教’之精义,唯阳明弟子何庭仁揭之甚明:‘师称无善无恶者,指心之应感无迹,过而不留,天然至善之体也。心之应感谓之意,有善有恶,物而不化,着于有矣,故曰意之动。’(《明儒学案》卷十九)”

何庭仁以“应感无迹,过而不留”解说“无善无恶是心之体”,此与我们从“即时发见/即时感应”与“即时性/新鲜感”的角度解释“无善无恶是心之体”“知善知恶是良知”,在思路上完全相通。至于其将“有善有恶是意之动”之“善意”“恶意”均理解为“物而不化,着于有矣”,则恐怕不妥。

实际上,“善意”正是“即时发见/即时感应”意义上的“知善知恶是良知”,而“恶意”则是时过境迁之后的“旧知留影”。“恶意”在其“发见/感应”之初本是“善意”,只是因为时过境迁之后不再适切变化了的处境而沦为“恶意”。总之,“执着”与“凝滞”是“恶意”的本质,“记忆(留影)”与“时变”之间的矛盾才是“恶意”现象的根源,“无善无恶”或“至善”的“心之体”中不存在生发“恶意”的基因。陈来先生的结论值得重视:“它[无善无恶心之体]所讨论的是一个与社会道德伦理不同面向(dimention)的问题,指心本来具有纯粹的无执着性,指心的这种对任何东西都不执着的本然状态是人实现理想的自在境界的内在根据。”(第240页)

“学庸一体”“以性善论解释《大学》”的范式。如果说韩愈的“上之性,就学而愈明”提法还带有“性可变(由恶而善)”痕迹的话(因而带有深刻的“性恶”意味),那么,朱熹通过将有待改变的“恶”的因素全部归结为“气质之禀或不能齐”“为气禀所拘,人欲所蔽,有时而昏”,则在定义上最大限度地保全了“性善”概念(将生存中的恶,归咎于“气质之禀”所导致的“拘—蔽—昏”,“明德/仁义礼智之性”则是“本体之明”“有未尝息者”)。也就是说,朱熹的《大学》解通过引入一个“天赋善性—气禀拘蔽”的二重结构,在概念或字面上保全了“性善”。此可谓是将性善论义理注入《大学》解释的第一个阶段。不难指出,考据训诂在此完全是配角:“德者,得也”“得于道,谓之德”等考据训诂被视为上述“注入”的朴学依据,但这些训诂的出处、所适用的思想史时段、《大学》是否成书于此一时段等问题,却完全没有得到检讨。既定的“性善论”立场,是造就前述解释并选取相关训诂的直接动力。在隐而不宣的“正典本义 = 道统真理 = 最佳义理”信念驱动下,解释者倾向于将上述解释方案视为终获重光的“文本本义”。

从朱熹到王阳明,义理辨析与生存分析更趋精微。朱熹的二重结构,总体上是一种旁观式刻画与置身事外的概念界定,未能有效地指示出性善论所应有的生存体验。这种性善论因而更像是虚悬的预设,无法在操作层面切实指导读者利用此善性资源。朱派性善论既然缺乏可操作性,早年王阳明遂干脆“求知于外在的事事物物”;而在反复经历判断力丧失困境之后,王阳明最终转而从“以天地万物为一体——一体之仁—至善之发见……随感随应……不容少有议拟增损于其间”的彻底的“自作主宰”精神角度理解“性善”。从旁观式刻画与界定转向主体性生存体验,这一转向使得性善论在王阳明手里具有了“所论即所用”的特征。换言之,这种性善论本身即是功夫论。这是王阳明的《大学问》与朱熹《大学章句》的根本差异所在,王阳明认为(深信不疑)他所给出的才是正典文本《大学》的本义。

现在的问题是,朱熹和王阳明在各自的“最佳义理(道统真理)”体认中,先后给出了两种“《大学》本义”。考虑到在王阳明新解提出之后,朱学仍然大行其道(元、明、清三朝皆以《四书章句集注》为科举教材),这种“两种本义”(至少两种,而考虑到朱、王后学们各自的发挥,实际上不止两种)并存的局面,内在地消耗着宋明道统论及其文本解释范式的信誉。王、朱在“格物”“致知”解释上的分歧,深刻地体现了“最佳义理”追求所驱动的道统论解释学的“本义之争”尴尬。

我们若往前追述则会发现,郑玄和孔颖达对“致知在格物”的解释,与后来朱熹的解释亦大不相同。按《礼记正义》,郑玄对“致知在格物”的注释为:

> 格,来也。物,犹事也。其知于善深则来善物,其知于恶深则来恶物,言事缘人所好来也。此“致”或为“至”。①

---

① [汉]郑玄注,[唐]孔颖达疏,吕友仁整理:《礼记正义》卷第六十六《大学第四十二》,上海:上海古籍出版社,2008年,第2237页。

《孔疏》紧随《郑注》，而曰：

> "致知在格物"此经明初以致知，积渐而大至明德。前经从盛以本初，此经从初以至盛，上下相结也。"致知在格物"者，言若能学习，招致所知，格，来也，已有所知，则能在于来物。若知善深则来善物，知恶深则来恶物。言善事随人行善而来应之，恶事随人行恶亦来应之。言善恶之来，缘人所好也。①

《郑注》并未提及"学习"，《孔疏》则径以"学习"作为"招致所知"的途径。我们知道，西汉董仲舒有一篇名为《实性》的短文，该文尽管在字面上主张"情性质朴"，但在基本思路上却与《荀子·性恶》如出一辙地批评性善论曰："今谓性已善，不几于无教而如其自然！又不顺于为政之道矣。"②总的来说，"性朴"与"性恶"的提出，均是为了论述"受教"或"学习"的必要性。《实性》谓："性待渐于教训而后能为善。善，教训之所然也，非质朴之所能至也，故不谓性。"③从发生学角度看，荀子和董仲舒实际上都是先笃定了人必须"受教一学

---

① ［汉］郑玄注，［唐］孔颖达疏，吕友仁整理：《礼记正义》卷第六十六《大学第四十二》，第2241页。

② ［清］苏舆撰，钟哲点校：《春秋繁露义证》卷第十《实性第三十六》，北京：中华书局，1992年，第311页。

③ ［清］苏舆撰，钟哲点校：《春秋繁露义证》卷第十《实性第三十六》，第312页。

习”的信念(因此才会理所当然地将“几于无教”“不顺于为政之道”视为大错特错),而后才做出“性恶”或“性朴”(而非“性善”)推论的。简单的逻辑分析,可以支持以上所论:首先,离开了“教—学”,“性恶”乃是一种令人绝望的境地,“性朴”则可能导向老庄式“无为”或“混沌”境界。其次,绝望、无为或混沌之类,在荀子和董仲舒那里皆非可欲之选项。就此而言,强劲的“教—学”意识(在《性恶》《实性》中反复出现)从一开始就阻断了“性恶”“性朴”概念导向上述消极意识的路途。换言之,论者先是感受到了“性善”概念对于“政教”的消解作用(“无教”),而后才提出并主张“性恶”“性朴”,以之作为强调“教—学”必要性之前提的。《孔疏》在《郑注》之后以“学习”作为“招致所知”的途径,这从一个侧面表明汉唐旧注并无自觉的“性善论”立场或意识。

实际上,以“来”(使动用法)释“格”才是《礼记正义》的特色所在,其中隐含着汉代所特别流行的“感应”思想。郑玄实际上正是受了此思想背景耸动,才将“致知在格物”解释为“当事人的深切之知势必会引来相应之事”的。如此一来,“格(来)物”遂成为“致知”的结果,句式“A 在 B”在逻辑上从而恰好与“欲 A 先 B”或“B 而后 A”相反。此既与《大学》本段的“欲……先……”的排比阵势不相和谐,亦与稍后的“物格而后知至”相违。《郑注》一味追随当时流行的“感应”思想,而明显对文本固有脉络顾及得不够。这是义理取向先入为主地影响文本解读的又一案例。《孔疏》则本着“礼是郑学，今申郑义”的经学传承意识[①]，为之曲辩曰“前经从盛以本初，此经从初以至盛，上下相结也”，而对于“物格而后知至”，《孔疏》则曰：

> “物格而后知至”者，物既来，则知其善恶所至。善事来则知其至于善，若恶事来则知其至于恶。既能知至，则行善不行恶也。[②]

《孔疏》解释“致知在格物。物格而后知至”的思路大致如下：当事人通过学而获取知，进而根据行动[③]或思想感应所招引来的事情的善恶属性，来判断自己的知究竟是善知还是恶知，并依据这种判断决定是否（继续）实行相应的知。不得不说，这里的逻辑非常不顺畅。首先，当事人既然可以通过学获取知，怎会竟然不知道自己所学的究竟是善知还是恶知？其次，在对知之善恶缺乏准确把握的情况下，当事人又怎么可能正确判断所招致之事的善恶属性呢？《孔疏》的思路，背后大概还潜藏着某种“灾异”“祥瑞”“谴告”意识，亦即当事人所招致来的事情具有信息反馈的功能。但即便如此，要说清楚

---

① 参考吕友仁：《校点前言》，［汉］郑玄注，［唐］孔颖达疏，吕友仁整理：《礼记正义》，第7页。

② ［汉］郑玄注，［唐］孔颖达疏，吕友仁整理：《礼记正义》卷第六十六《大学第四十二》，第2241页。

③ 《孔疏》在解释“致知在格物”时，将《郑注》“以知来物”的思想推演为“事随行来”。正因此，我们在此补充了“行动”二字。

学以获知与通过异象辨别心中的善恶之知这两种认知模式之间的联系与区别,也还是有很多很多的意识分析工作要做。《孔疏》作者显然没有意识到此中问题的棘手性,鉴于本章的"方法论反思"性质,这里便不再纠缠这个难题。在此我们只是想提醒读者注意:郑玄与后来的朱熹、王阳明一样,均存在着将自己所认同的义理注入《大学》文本的倾向。而且,在未加反思的情况下,他们都倾向于认为自己的注释就是文本的本义。

而在摆脱了《礼记正义》"感应—谴告"的底色之后,朱熹《大学章句》则试图在"性善"预设下对"格物致知"予以新的解释,其曰:

> 致,推极也。知,犹识也。推极吾之知识,欲其所知无不尽也。格,至也。物,犹事也。穷至事物之理,欲其极处无不到也。[①]
>
> 物格者,物理之极处无不到也。知至者,吾心之所知无不尽也。[②]
>
> 右传之五章,盖释格物、致知之义,而今亡矣。间尝窃取程子之意以补之曰:"所谓致知在格物者,言欲致吾之知,在即物而穷其理也。盖人心之灵莫不有知,而天下之物莫不有理,惟于理有未穷,故其知有不尽也。是以

---

① [宋]朱熹撰:《四书章句集注》,第4页。
② [宋]朱熹撰:《四书章句集注》,第4页。

《大学》始教,必使学者即凡天下之物,莫不因其已知之理而益穷之,以求至乎其极。至于用力之久,而一旦豁然贯通焉,则众物之表里精粗无不到,而吾心之全体大用无不明矣。此谓物格,此谓知之至也。"①

较之《礼记正义》,《大学章句》对"致知在格物"的解释充分顾及了文本固有的"欲……先……/……而后……"秩序,这一点是其接受文本约束的表现。与此同时,《大学章句》极力将"性善"预设与"即外物求知"的思路相整合,这是前述"本体之明—气禀所拘"二重结构的自然延伸。对此,前面已有较多论述,此不再赘言。这里要强调的是,文本的约束只是造成朱子上述解读的部分原因,更重要的动因则在于他对上述"二重结构"义理的强烈认同。朱子给出的是有别于《礼记正义》的另一套"文本本义 = 道统真理 = 最佳义理"叙事。

前面指出,这种二重结构在实践上很难保持平衡。早年王阳明曾单方面贯彻"内有气禀所拘—故只好即外物求知"这一维,几番徒劳无功的挣扎之后,最终彻底转向朱熹二重结构中的"本体之明—推极吾之知识"一维。当然,王阳明做了相应的改造,"吾之知识"不再是"有不尽"的现成之知(已知的分殊之理),而是天生固有、完满无缺、随感随应的"良知"("明德/一体之仁/至善/天命之性")。而为了坐实这种解

① [宋]朱熹撰:《四书章句集注》,第6~7页。

释，王阳明在文字训诂上也是下足了功夫：

> 致者，至也，如云“丧致乎哀”之“致”。《易》言“知至至之”，“知至”者，知也；“至之”者，致也。“致知”云者，非若后儒所谓充广其知识之谓也，致吾心之良知焉耳。……然欲致其良知，亦岂影响恍惚而悬空无实之谓乎？是必实有其事矣。故致知必在于格物。物者，事也，凡意之所发必有其事，意所在之事谓之物。格者，正也，正其不正以归于正之谓也。正其不正者，去恶之谓也。归于正者，为善之谓也。夫是之谓格。《书》言“格于上下”，“格于文祖”，“格其非心”，格物之格实兼其义也。良知所知之善，虽诚欲好之矣，苟不即其意之所在之物而实有以为之，则是物有未格，而好之之意犹为未诚也。良知所知之恶，虽诚欲恶之矣，苟不即其意之所在之物而实有以去之，则是物有未格，而恶之之意犹为未诚也。……①

王阳明于龙场所领悟的“圣人之道，吾性自足，向之求理于事物者误也”的最佳义理体认，就此落实为对“致知在格物”的文本解释。对于此时的王阳明来说，这既是道统真理，也是“致知在格物”的本义。

---

① ［明］王守仁撰，吴光、钱明、董平、姚延福编校：《王阳明全集》卷二十六续编一《大学问》，第1070～1071页。

至此，我们看到，从汉唐到宋明，关于《大学》“致知在格物。物格而后知至”，儒学史上至少出现了《礼记正义》(《郑注》《孔疏》)、《大学章句》(朱熹)、《大学问》(王阳明)三种大异其趣的解读。由于自信自己所体认或服膺的是最佳义理，因而不可能不是道统真理，这些解释者们无不认为自己的解释就是文本本义。但问题在于，同一个文本，怎么可能有多个现成的本义呢？“正典本义 = 道统真理 = 最佳义理”这一信念，在催生或顺遂了义理探索的强烈热情的同时，亦因“本义歧出”而使上述公式所代表的道统论文本解释范式蒙上了阴影。明末刘宗周说，“格物之说，古今聚讼有七十二家”，其中很大一部分都是阳明后学的杰作。也就是说，随着阳明学派内部对最佳义理辨析的不断细化与深入，“致知在格物。物格而后知至”的解释，亦因着最佳义理体认的不断翻新而变幻其花样。如此一来，文本解释的客观性究竟何在？在“最佳义理”情结的驱动下，“文本本义”层出不穷，势必给人造成这样一种印象：文本解释其实只不过是解释者义理创新能力的曲折表达——文本对于解释活动并无实质性约束力。实际上，阳明学主要是针对朱学的概念界定所导致的问题与困境而发，阳明本人虽然在《大学章句》之外拎出《礼记·大学》并称之为“《大学》古本”，但是除了措意于“三纲领”“八条目”而与朱熹展开解释之争外，他究竟有没有细致地研读过《大学》全篇似乎都还是个疑问。“所谓诚其意者”章中的“外在监督”意识，以及《大学》后半篇中多次出现的“教”字，该如何与“吾性自足”相协调呢？阳明对此并未给出如对“致知在格物”般的细致处理。阳明后学同样也主要是针对身处争论焦点的文本片段作文章，而不太关心《大学》的整体文脉。这种为学模式最终被贴上了“空谈”的标签，其在儒学界的主流地位亦渐渐被长于名物制度考据的清代“礼学复兴”或“朴学”所取代①。“本义歧出”的现象，彻底败坏了道统论文本解释范式的信誉，迄今仍被视为古典经注学界的“二等公民”。

宋明道统论文本解释传统由盛而衰，这向我们昭示出一个重要的方法论问题：究竟应该如何处理义理探讨与文本解释之间的关系？

第三节　现当代的观点与方法之争

（一）冯友兰、郭沫若：片断性考据的研究路数与围绕《大学》学派归属问题的争论

拿掉“道统本义 = 最佳义理 = 正典本义”“正典一体”预设，则《大学》《中庸》文本研究与解释就会呈现出另一番天地。新文化运动以来，传统道统论情结全面式微，寻求并维护“道统本义”或“道统真理”，不再是学术研究的核心旨趣。在

① 康宇的评论可参考：“然而，当‘六经注我’的解释方法过分强调‘心学’倾向并发展到极致的时候，其对经典解释的危害性便暴露出来，文本与解释的内在逻辑关系被完全颠倒，在空谈‘心性’、为了阐明‘义理’不惜对经典穿凿附会中，文本自身越来越不为人们重视，经典解释活动面临着事实上的消亡。”见氏著：《论清代朴学对儒家经典解释方法的重构》，《文史哲》2011 年第 2 期。

这种新的学术氛围中，冯友兰"《大学》为荀学"[1]说横空出世。

前面指出，宋明道统论极力排拒《荀子》及其"性恶论"。冯友兰的"《大学》为荀学"说，因而显然是在翻宋明道统论的案。冯先生认为：

> 荀子为战国末年之儒家大师。后来儒者，多出其门。……《小戴礼记》中之《学记》，亦自荀子之观点以言教育。……《学记》以"知类通达，强立不反"，"足以化民易俗，近者悦服而远者怀之"为"大学之道"；《大学》以"格物，致知，正心，诚意，修身，齐家，治国，平天下"为"大学之道"，二者主要意思相同。《大学》中所说"大学之道"，亦当用荀学之观点以解释之。[2]

以传统的考据学眼光来看，这段论述可谓持之有据。接下来，冯友兰一一列举了他所发现的《大学》《荀子》相似片断，以期进一步夯实"《大学》为荀学"这一新论。这是传统考据的惯用手法：尽可能多地搜集相似片断或相近用例，证据的数量似乎是决胜的主要筹码。但严格来讲，结论是否成立，果真取决于相似例证的数量吗？实际上，尽管冯说有所谓的例证支持，

---

① 冯友兰：《大学为荀学说》，《燕京学报》第7期（后收录于罗根泽编：《古史辨四》，上海：上海古籍出版社，1982年，第175～188页；冯著《中国哲学史》《中国哲学史新编》皆用此说）。

② 冯友兰：《中国哲学史》上册，上海：华东师范大学出版社，2000年，第268～269页。

但郭沫若还是针锋相对地全盘否定了冯友兰的新说。

郭沫若的出发点当然不是要捍卫宋明道统论。在“自觉”的意义上，郭沫若绝不属于儒家阵营，他在《〈十批判书〉改版书后》中，甚至将当代的“新儒家”意识贬称为“迷执”，讥讽为“恐龙的裔孙——蜥蜴之伦的残梦”①。郭沫若从总体上对冯友兰的论证策略提出了质疑，这一质疑直指传统考据学的方法论软肋，他说：

> 但这些证据是有问题的。因为父子故可以相似，而兄弟亦可以相似；我们不能单因相似，便断定父子为兄弟，或兄弟为父子。②

这个批评可谓釜底抽薪。这实际上是站在方法论高度，对传统考据学的片断性思维提出了根本质疑。可惜的是，郭沫若并未从这一洞见发展出系统的新方法论。

我们来看郭沫若反对“《大学》为荀学”说的核心论证。他这样写道：

> 如性不善则心意本质不善，何以素心反为“正”，不自欺反为“诚”？又看它说，“好人之所恶，是谓拂人之

① 郭沫若：《蜥蜴的残梦——〈十批判书〉改版书后》，《十批判书》，北京：东方出版社（据人民出版社1982版编校再版），1996年，第469页。

② 郭沫若：《十批判书》，第126页。

性，蓄必逮夫身！”如性为不善，则“拂人之性”正是好事，何以反有灾害？

在上述反驳的基础上，他进而定论：《大学》“是以性善说为出发点的”①。就方法论倾向而言，郭沫若希望从整体上把握《大学》思路，以免堕入“单因相似，便断定父子为兄弟，或兄弟为父子”的片断性思维误区。这种追求值得肯定。但在具体操作上，郭沫若本人则仍然受制于片断性思维。实际上，他自己也并未系统检视《大学》文脉，而只不过是列举了三个他所谓的“性善说”片断（按照他的解读）。但是，这三个片断是否足以规定《大学》的总体思路呢？而置身《大学》文脉，这三个文本片断是否果真在表达“性善论”思维呢？《大学》“所谓诚其意者”章固然提到了“不自欺”，但它同时也使用了“见君子”“十目所视十手所指”等表示“外在监督”的提法，后者显然具有“荀学”的“外铄”特征。郭沫若既然已经意识到了“单因相似，便断定父子为兄弟，或兄弟为父子”的方法论误区，他自己便更有义务严肃而谨慎地将片断置于上下文脉络中进行通盘考察。但他并没有这样做，他本人实际上同样对传统考据手法爱不释手。

在认定了“《大学》实是孟学”“是以性善说为出发点的”之后，郭沫若便着手搜罗另一套“相似片断”证据群，并据此

① 郭沫若：《十批判书》，第126～127页。

打造出了一个“《孟子》→《大学》→《荀子》”思想史叙事①。虽不好明说这是“捕风捉影”，但若认为这些片断证据足以支撑起上述思想史叙事，那也绝对是“权威崇拜”所致。实际上，直到晚年撰写《中国哲学史新编》，冯友兰也不曾向郭沫若让步。这说明郭沫若的相关论述并没有让冯友兰心服口服。

“片断性历史考据”手法的实践者们，心照不宣地遵循着一个共同的原则——量决定质，即只要能够罗列一定数量的相似或相关片断作为佐证，自己的论点就算“持之有故，言之成理”。但作为熟稔这种手法的研究者，郭沫若和冯友兰却分别基于这种手法，对《大学》学派归属与思想宗旨问题，做出了完全相反的思想史论断。“片断性考据”的原始动机在于，追求“文本研究的客观性”。在历史考据学者看来，从“片断”出发是摆脱宋明式“最佳义理”情结牵制的不二法门——以片断性肢解、抵制义理思维的系统性，将义理逻辑的约束力降到最低。但这种考据手法的践行者们却一致低估了考据者的“前见”对于相似或相关文本片断搜集与解释的渗透效应，如此一来，旨在追求“客观”或“历史原貌”的“考据”，最终却不自觉地沦为了考据者固有倾向或见解的跑马场。

郭沫若对冯友兰“《大学》为荀学”说的消极评论，已然触及到了上述方法论问题的实质。但这却只是昙花一现。郭沫若在自己的进一步研究中，仍然满足于沿用上述“片断考据”

① 郭沫若:《十批判书》,第126~130页。

手法，而并未从对冯友兰的批评中开拓出系统的新方法论。

但无论如何，因着名家（冯友兰、郭沫若）之间的对峙，《大学》的学派归属与思想主旨问题，以及与之相关的《大学》《中庸》究竟一以贯之还是实有分歧的问题，在现代汉语学术界正式浮出了水面。而由于冯、郭在总体上只是惯性沿用宋明以来的“孟派”“荀学”“性善说”“性恶说”等现成标签，他们的相关争论亦未能有效深化学界对于这些标签以及《大学》《中庸》主旨的认识。

（二）另六家观点：在哲学性与片断性之间

关键术语的解释与思想逻辑的梳理，才是研究《大学》《中庸》这种“义理性”突出的文本的关键所在。实际上，朱熹和王阳明的《大学》解尽管分歧极大，但这两种大相径庭的义理诠释均能找到文字训诂上的用例支持。鉴于此，牟宗三甚至略带无奈地写道：

> 《大学》在内圣之学之义理方向上为不确定者，究竟往哪里走，其自身不能决定，故人得填彩而有三套之讲法。①

这种旨在对解释史上的主要分歧进行折中调和的“不确

① 牟宗三所谓“三套之讲法”指伊川—朱子、王阳明、刘蕺山三系。参见牟宗三：《心体与性体》第一部，上海：上海古籍出版社，1999 年，第 15 页。

定”说，实际上只能算是牟宗三先生自己的阅读理解。

牟宗三本人的宋明儒学史研究，深受“最佳义理/道统真理”情结驱动。牟先生视“至善之道往心性处落”为儒家道统之正宗[1]。就此而言，谓《大学》在这个问题上“不确定”，实际上是说《大学》与道统正宗尚有差距。在道统论情结之外，牟宗三先生所浸润其中的“清学余绪 + 现代科学”精神，却又强调“有一分证据说一分话”。在历史上，朱熹、王阳明等均为自己的《大学》解读提供了考据训诂上的证据，面对这些证据，牟先生不敢贸然与之作对。所以，虽然他直觉到“《大学》‘明德’根本不表示‘吾人之性’”[2]，但出于证据不足的苦衷，牟先生不得不有所克制，而仅谓“《大学》在内圣之学之义理方向上为不确定者”。但止步于此，等于搁置了《大学》文本与思想研究。

唐君毅先生同样具有深刻的道统论意识，同时亦着眼于中国哲学传统的“自行升进”历程考虑问题[3]。前面指出，王阳明曾提出“子思括《大学》一书之义，为《中庸》首章”。唐先

---

① 可参考牟宗三：《心体与性体》第一部，第15～18页。

② 牟宗三：《心体与性体》第一部，第15页。

③ 当然，与西方哲学思想（古希腊、基督教、印度）相比较，唐君毅认为中国哲学智慧跌宕不大，“大体是一平流顺进之历程”。参考唐君毅：《中国哲学原论·原道篇》（上册），北京：中国社会科学出版社，2006年，第6页。实际上，“平流顺进”的观察与传统道统论意识多有吻合之处。唐先生所认肯的“一切真理皆内在于人心”，实即思孟性善论预设的现代表达。参考霍韬晦：（《〈唐君毅著作选〉编序》，唐君毅：《中国哲学原论·原道篇》（上册），第2页。

生则力图赋予这一说法以“升进演变”的历史轨迹，他说：

> 故《中庸》可统《大学》，而《大学》不可统《中庸》。王阳明尝言子思约《大学》之义，为《中庸》首章，盖兼谓《大学》格、致、诚、正、修、齐、治平之功，不外率性之谓道，修道之谓教之旨也。唯《大学》虽以明德为天命之明命，未明言性，故未如《中庸》首章之指出天命之谓性耳。《中庸》首章有此一句，已见其除涵《大学》之横通内外之旨外，更涵一纵通上下之旨，周遍贯彻于全书诸义之中，以有其纵横交会之义理之陈述。故不同于《大学》于八条目，只本始终相涵以为论，犹是一单线进展之论者也。①

《大学》“顾諟天之明命”一段，究竟是不是在谈论“天命之性”呢？本书第二章将专门探讨这个问题（结论是：非也）。唐先生将这里的“天之明命”解释为“明德”，实际上是受了朱熹将这段文字提前为“传之首章”，并将首章“明德”解释为“天命之性”的影响。在《礼记·大学》中，这段文字本是出现在“所谓诚其意者”章而被用来解释“诚其意”的。唐君毅一方面注意到《大学》缺乏“纵通上下”的文本段落（这本是《中庸》的创造性贡献之所在），但另一方面又受制于宋明解读传统，认为“《大学》言人内在之明德即天之明命，此应即指人之

① 唐君毅：《中国哲学原论·原道篇》（上册），第361页。

善的心性,而涵性德之义者,然尚未有其语"①,从而淡化了《中庸》在儒家思想史上的创造性地位。其所谓"既应有所指又未有其语",实在是令人无所适从的玄虚之论。"历史感"与"理论追求",在此并未做到有机结合。

前面指出,牟宗三曾表示:"《大学》言'明明德',未表示'明德'即是吾人之心性(就本有之心性说明德),甚至根本不表示此意,乃只是'光明的德行'之意。"②这实际上是对朱熹引《中庸》入《大学》,认为《大学》"明德"即《中庸》之"性"的否定。而为了缓和与宋明传统的冲突,牟先生转而以"《大学》在基本方向上并不明确"来圆场③。如此一来,牟先生也就放弃了将其"'明德'……乃只是'光明的德行'"观点置于《大学》上下文脉络中详加调试的机会。作为牟宗三先生的好友,徐复观似乎有意推进这方面工作。徐复观一方面赞成牟宗三认为《大学》"'明德'乃只是'光明的德行'"的见解④,但紧接着却"更由另一方面言之",认为《大学》"明德"其实也

---

① 唐君毅:《中国哲学原论·原道篇》(上册),第361页。

② 牟宗三:《心体与性体》第一部,第15页。

③ 可参考牟宗三:《心体与性体》第一部,第48页。

④ 徐复观在其《中国人性论史》(上海:华东师范大学出版社,2005年,第172页)中这样写道:"'明德'一词,《大学》的作者引《康诰》的'克明德',《太甲》的'顾諟天之明命',《尧典》的'克明峻德(今文作俊德)'为根据。而以'皆自明也'释两'克'字及'顾諟',亦即释'明明德'一语上面作动词用的'明'字。'明德'之'德',在周初原系指行为而言;'明德',乃指有明智的行为;'峻(俊)德',乃指有才俊的行为。《荀子·正论》引《书》曰:'克明明德',就《荀子》上下文的意义推之,乃是'能宣明自己的行为',使臣民皆能了解之意。此处'德'字,依然是指行为而言。"

可以理解为“天命之性”①。而为了将“天命之性”（天生固有）和“光明的德行”（后天养成）这两个迥异的意涵撮合起来，徐复观最终不得不动用诸如“象征的意义”“含摄”“引申以出之”等令人费解的修饰性提法②予以调和，此与牟宗三打圆场的提法一样令人无所适从。既然见解相差无几，徐复观何必这般勉为其难地改写牟宗三的“《大学》在内圣之学之义理方向上为不确定者”朴素提法呢！

徐复观对《大学》的定位是“先秦儒家思想的综合”，而成篇时间则被定在“秦统一天下以后，西汉政权成立之前”③。作为“综合”之作，《大学》在思想上理应表现出卓越的“有计划地整理综合”的系统性优势。而无论朱熹的《大学章句》还是王阳明的《大学问》，在徐先生看来都不够综合：二人均以“明德”为“天命之性”，而忽略了先秦儒家所同样看重的“光明的德行”维度。为此，徐复观一方面评判取舍朱、王《大学》解，另一方面则有计划地“引申以出之，使其思想结构，更为紧密”。徐复观试

① 徐复观：《中国人性论史》，第172页。

② 其原文为：“更由另一方面言之，‘德’字在春秋时代，已演进而为‘善的行为’；善的行为乃出于善的品格；善的品格乃出于人的心；于是德又演进而为内心的良好作用。且老子、庄子所谓之德，实同于孔孟所谓之性。《大学》此处引‘天之明命’作‘明德’之同义语；天所明命于人者，若就战国时代之意义言，亦可作人之性来解释。古人引典籍，常常只采用象征的意义；则将明德释为虚灵不昧之心，虽未必合于原意，但或亦为原意所含摄，不妨引申以出之，以使《大学》思想之结构，更为紧密。”（徐复观：《中国人性论史》，第172页）

③ 徐复观：《中国人性论史》，第166页。

图以这种方式把握“先秦儒家思想之全体大用”①,但恕我直言,无论“先秦儒家思想的综合”,还是“有计划地整理综合”,以至于“先秦儒家思想之全体大用”,这些提法无非只是修饰其“《大学》承载最佳义理”信念的托词。其从“一方面(明德作为光明的德行)”到“另一方面(明德作为天命之性)”的“引申”,远不足以构成一个逻辑上“紧密”的“思想结构”。徐先生的“象征”“含摄”“引申而出之”的思想史叙事,其实不过是宋明道统论的“最佳义理”情结与方案的回声或幻影。

相形之下,郭沫若、冯友兰所代表的共和国学术传统,则比较自觉地追求与宋明道统论的“最佳义理/道统真理”情结与方案划清了界限。流行于宋明儒学的“孟派”对“荀派”、“性善”对“性恶”的分判,对冯、郭来说仅仅是思想史研究的一种概念工具。如果说牟宗三充满道统论情结的宋明儒学史论在一定程度上深化了我们对于上述分判的认识的话,冯、郭则只是以宋明解读传统作为现成的参照物,以构造其新的学术史叙事。当然,通过这种参照重述,宋明传统终归还是温和地参与了当代中国大陆的儒学研究。作为冯、郭之后的儒家哲学研究者,郭沂的《大学》《中庸》研究更能体现这一点。

郭沂的学庸研究带有较强的主观构建性。他关注儒学史上的孟荀之争,并在此基础上提出问题:

> 就思想性格而言,孟荀代表先秦儒学的两种不同范式。

---

① 徐复观:《中国人性论史》,第172、189页。

> 孟子重内在的本心本性，可谓之内在论；荀子重外在的礼，可谓之外在论。那么，《大学》属于内在论还是属于外在论？①

和冯友兰、郭沫若一样，郭沂提问、思考的基本参照，仍然是宋明以来的“孟（内在论）荀（外在论）二分”传统。但与二老非此即彼的立场不同，郭沂在研究中力求整合“内在论”与“外在论”。他将自己的整合方案称为“道德过程论”。以《大学》“明明德”的解释为例，郭沂这样写道：

> 在这里，这个当动词用的“明”字有两方面的含义，一方面为“明德”的显明，也就是使“明德”显明于心。这个过程也就是《天命》②“自明诚”的过程——由“明德”达致诚性首先是“明德”显明于心，这种显明是达致诚性的必然途径。另一方面为性的呈现，即在这同时人所固有的善性（或者说诚性）得以呈现。善性是人本来具有的，但往往为私欲所蔽，从而得不到呈现；通过修行“明德”，去除私欲的障蔽，善性便会呈现出来，其呈现当然是在心中的呈现。③

---

① 张岂之主编：《中国思想学说史・先秦卷（上）》第二篇第二章《〈大学〉的思想》（该章由郭沂执笔），桂林：广西师范大学出版社，2007年，第265页。

② 指《中庸》议论体部分——引者按。

③ 张岂之主编：《中国思想学说史・先秦卷（上）》第二篇第二章《〈大学〉的思想》（该章由郭沂执笔），第267～268页。

但实质上，这种合“内在论”与“外在论”的所谓“道德过程论”，无非就是朱熹式“复其初”论。

我们在前面已经考察指出，王阳明通过自己艰难的求道历程，最终认定严格的外在论乃是死路一条，故彻底放弃之而纯任“率性—致良知”的内在论之路。但在一味“高举自我”的“自作主宰”精神鼓荡下，阳明后学“把个人道德、社会道德一切藩篱都冲破了”，心学内在论思维因而染上了“认情欲为良知”的恶名[①]。郭沂对内在于上述思想史运动中的困境有所体会[②]，故而提出了“整合内在论与外在论”的动议。这实际上正是郭沂自己的最佳义理追求的落脚点，也是其《大学》《中庸》研究的终极目标之所在。但“内在论”与“外在论”实际上是两种相反的生存意识，如何才能有效地整合呢？郭沂最终不得不采取“一方面……另一方面……”的叙述模式，对两者强行加以黏合。黏合的结果无非就是朱熹式的二维结构，而在探讨王、朱之争时我们已经指出，这种二维结构在实践上很难保持平衡，实际上正是因为难免失衡才会从中蜕变出阳明心学的。郭沂教授对于上述二维结构的失衡，以及由朱熹到王阳明的思想（哲学）史运动逻辑盖缺乏深入的体会，故而才会热情满满地重蹈了朱熹式义理方案。

为使自己的“整合内在论与外在论”的方案获得思想史

---

① 参考梁启超：《中国近三百年学术史》，天津：天津古籍出版社，2003年，第4~7页。

② 张岂之主编：《中国思想学说史·先秦卷（上）》第二篇第二章《〈大学〉的思想》（该章由郭沂执笔），第268页。

依据(将自己所体认的最佳义理叙述为经典文本的固有之义),郭沂提出了自己的《大学》《中庸》思想史叙事。他认为,《大学》乃《中庸》之后继与发展,其"道德过程论"同时包容"外在论""内在论"两方面,后来的荀、孟则"各得《大学》之一体"①。也就是说,"合内在论与外在论"这一最佳义理原本已经存在于《大学》文本之中,只是后来的孟、荀皆未能充分领会而只得其一偏而已。细审郭沂的以上论述,不难体会到其中的兴奋之意:孟、荀以及宋明以来,"外在论"(联系着"教化"意识)、"内在论"(联系着"率性"意识)在儒史上一直相互龃龉,郭沂则重新发现它们是同一理论的一体之两面——哲学工作者的"最佳义理"情结由此获得了极大的满足!而在具体论述中,郭沂则径将他所理解的《中庸》"诚性"观念直接嵌入其对《大学》的解读②,"正典一体"的道统论解释学预设,在当代学术研究中再次发挥了作用③。

作为后起之秀,梁涛教授的《大学》《中庸》研究明显更注重文本的历史性。实际上,讲究"历史感",乃现代学术的基本特征,也是传统道统论在现代中国全面瓦解之后,人文学术

---

① 张岂之主编:《中国思想学说史·先秦卷(上)》第二篇第二章《〈大学〉的思想》(该章由郭沂执笔),第276页。

② 张岂之主编:《中国思想学说史·先秦卷(上)》第二篇第二章《〈大学〉的思想》(该章由郭沂执笔),第267页。

③ 当然,郭沂的《大学》《中庸》研究具有显而易见的现代色彩。这里只是侧重展示其与宋明传统具有亲缘的一面。郭先生得知笔者相关评论后,曾回信鼓励说:"文章一旦发表,便是天下公器,任人评说。"笔者对此深表敬意!

研究的必然趋向。这种“历史感”，在冯友兰、郭沫若、牟宗三、郭沂的研究中，皆有不同程度的体现。与郭沂重义理构建的做法不同，“历史感”在梁涛这里更多地表现出与“片断性考据”相联合的取向。例如，他在研究中追求以元素分解的方式，揭示《大学》文本的“复杂性”“特殊性”“过渡性”“二元性”。严格来讲，这种研究路数无法支持任何学派归属宣称（凡学派总要有特定的旨归），而只能愈分愈细地将文本及其思想裂为碎片。但鉴于《大学》学派归属问题在郭沫若、冯友兰之后已然成为学术史研究的逐鹿对象，梁涛教授最终还是忍不住通过三方面权衡提出了自己的概括性结论：《大学》“似与思孟一派关系更近”①。但在元素分解式研究中，究竟何为“思孟一派”？梁教授试图从以下三方面进行分判：（1）“由内圣而外王”还是“立外王而成就内圣”；（2）“道德心（道德主体的自觉活动）”还是“认知心（以外在的知礼使心得到充实）”；（3）“明德内在化、精神化”还是“以礼仪法度为最终归宿”。每一组对子中的前一项代表思孟派，后一项代表荀派②。但细究起来，这三组对子相互重叠，且在表述上并不严谨。例如：（2）中的“道德心（道德主体的自觉活动）”和（3）中的“明德内在化、精神化”同被归为思孟派特征，但后者，至少在提法上并不排斥是通过荀式“认知心（以外在的知礼使心得到充实）”达致的结果（而非天生固有的道德禀赋）的。

---

① 梁涛：《郭店竹简与思孟学派》，第133～134页。

② 梁涛：《郭店竹简与思孟学派》，第134页。

总的来看，梁涛的研究似乎过分沉溺于片断性辨析之中，而在概念界定与义理疏理的系统性方面有所不足。如此一来，"《大学》似与思孟一派关系更近"的结论就意义不大了。而一旦拿走这个概括性结论，梁涛的《大学》研究就会彻底陷入"复杂性、特殊性、过渡性、二元性"的"无定性"局面。这既与学界对《大学》文本的"哲学性"预期不符，恐亦难以慰藉梁教授自己的学术史研究抱负。

梁涛教授的《中庸》研究同样首推"片断化"原则。他引王柏、冯友兰、武内义雄等为同调，赞成按照文体（语录或杂记体、议论体）将《礼记·中庸》分为两篇，并分别命名为"《中庸》"和"《诚明》"。相应的文本解释，亦侧重于揭示"《中庸》前后两部分思想的差异"。梁教授认为：《中庸》语录体部分"涉及内容广泛，应属于杂记性质"；议论体部分则"一方面肯定人具有先天的道德禀赋"，"另一方面又强调后天教化的重要"，"这个多少有些矛盾的观点构成了《诚明》的一个基本思想"①。"杂记体"这个称呼，明显意在贬低语录体部分的思想系统性。而"议论体"部分，在他看来，虽有一个"基本思想"，却"多少有些矛盾"——研究者似乎更在乎展示相互矛盾的思想元素，而否认这里存在什么主导性的问题与系统性的方案。就此而言，"议论体"部分的理论品质也并不高。

有学者指出，宋明儒学（而非清代考据之学）才是现代中

---

①　梁涛：《郭店竹简与思孟学派》，第261～291页。可着重参考第266、286、270、268、275诸页。

国哲学史学科的本土渊源①。片断式元素分解研究则直承清代考据学余绪，这种研究路数并不适合呈现哲学性文本的系统思想。我们可以简单地举一例作一个比较：宋明儒者通常会从"性—率性"角度理解《中庸》首章所谓的"中—和"，并本着这种思路解释稍后语录体部分的"君子中庸，小人反中庸"之"中庸"。梁涛教授则批评道："这样一来，一个本来简单的问题反而被搞复杂了。……因为从《中庸》第二章到第二十章上半部分没有一处谈到'性'，更没有谈到'中和'。"②然而，宋明儒儒者的阅读体验(在现当代仍不乏支持者)，不可能因为一句"简单的问题反而被搞复杂了"的评语，就彻底垮塌。这种强劲的解释传统至今仍然享有深刻的思想感召力，如陈赟就曾这样写道："从第二章……直到第十一章……从关注词语出现频率的那种统计学的目光来看，似乎《中庸》从此句以后主要关注的都是'道'的问题，而对'性'与'教'的关注却相对削弱了，而这种'经验主义'的'实证性'揣测，又反过来作用对'性—道—教'的理解，由此而导致了《中庸》积极营建的那种境域性目光的瓦解。其实，对于《中庸》而言，既然一开始就显明了性、道、教之间的那种相互指引的境域性结构，那么，才说'道'，便也同时道出了'性'与'教'。"稍后，陈

① 郑开指出，"西周和王国维都认为，'理学'是 philosophy 的对应物，自然不无道理；而最早从事中国哲学教学和研究的学者，大多深受宋明理学思想的濡染"。参见氏著：《第一章 中国哲学学科史》，韩水法主编：《北京大学哲学学科史》，北京：商务印书馆，2014 年，第 97 ~ 98 页。

② 梁涛：《郭店竹简与思孟学派》，第 272 页。

赟又指出:“整个叙述共十章,它们在形式上都是孔子的语录,但这些语录被聚集在这里,并不是简单的拼凑,而是有其内在的逻辑,有其可以文理密察之的结构。不明白这个由叙述的内容所蕴含着的逻辑与结构,就很难理解这里展开的究竟是什么主题。”①

可见,即便在现当代学术界,研究《大学》《中庸》这种以思想性著称的文本,也还是不能纯任“片断性历史考据”取代“系统性思想阐释”。在陈赟这里是如此,在梁涛那里也是如此——毕竟梁涛还是试图探讨《中庸》(《诚明》)的“基本思想”的。那么,如何才能既兼顾作为现代学术之基本要求的“历史感”,同时又避免“片断性历史考据”对文本“哲学性(思想性)”的肢解呢?

第四节　“主体间”解释学与本研究的文献约定

(一)“三方互动”与“文本研究的客观性”

上述考察表明,目前有两大方法论取向主导着现当代的《大学》《中庸》研究,我们分别称之为“道统论解释学”和“片断性历史考据”。前者以追求“最佳义理”作为文本解读的直接动力,实际上是将“义理的优越性”设定为衡量“文本解释

---

① 陈赟:《中庸的思想》,北京:生活·读书·新知三联书店,2007年,第97~98、100页。

的客观性”的基本指标。后者为了矫正这种“最佳义理至上”的主观取向,转而以“历史考据的片断性”作为衡量“文本研究的客观性”的主要指标。这两种取向相反的研究路数,均未能有效地解决“文本解读或文本研究的客观性”问题。

道统论解释学预设“文本本义 = 道统真理 = 最佳义理”——“文本本义”“道统真理”这两个提法看起来客观性满满(以“文本”和“统绪”为保证),但在实际操作中却更多的是在为解释者的“最佳义理”信念背书。在儒学史上,上述预设作为道统论者研究、解释文本(正典)的动力,逐步酿成了以下局面:(1)本着特定的判断力,将特定的义理取向或义理(主要是“性善论”)方案体贴为“最佳义理”,进而将这种义理等同于“道统本义”;(2)以此“道统本义(最佳义理)”为标准,奉“匡定正统”之名义,驱逐某些与此标准不合的重要文本(如《荀子》),也即将其视为“异端”(“正统”与“正典”的对立面)加以排斥;(3)取消“正典文本”之间的相对独立性,通过“以经解经”的手法,将已然认定的“道统本义(最佳义理)”一以贯之地读进并贯通这些正典文本。如此一来,本应作为阅读理解之结果的“义理”,反而被先行设定成为文本解释的指导原则。这样,文本解释遂沦为“特定义理偏好”的跑马场,仅具有“例示”意义而实质性的“思想产出”功效。而经过这种“从特定义理偏好出发,到具体地读入—读出相应义理方案”的循环运动之后,该“特定的义理偏好/特定的义理方案”作为“道统真理”与“文本本义”的地位,遂在读者共同体中进一步强化。“义理的优越性”在这种解读模式中因而成为衡量"文本解释的客观性"的实质性标准。梁涛教授曾一针见血地指出,这是一种"非历史"的阅读理解模式[①]。相信这也是当代汉语学界的主流心声。

作为"历史感"十足的《大学》《中庸》研究者,郭沫若、冯友兰,以及梁涛等试图以"片断性历史考据"手法,矫正"最佳义理至上"的宋明道统论解释学。在这种研究手法的践行者看来,高扬片断性似乎是抗衡义理的系统性,以便抵制与此密切相关的主观性的唯一出路。遗憾的是,这几位学者的相关研究最终却迷失在了"片断性"的迷雾之中。他们在不同程度上均倾向于认为,"义理的系统性"犹如一条必然性的锁链,将文本研究者或解释者紧紧绑定在了事先倾向或认定的义理思路上。在他们看来,以考据的片断性打碎义理的系统性,乃是对文本进行客观的(最大限度地摆脱了系统性义理倾向制约的)历史考察的唯一可行途径。如此一来,"文本研究的客观性"在很大程度上就被等同于"历史考据的片断性"——碎片化程度最低的"思想阐释",则只有在历史学大门之外徘徊的份。以梁涛教授的《中庸》研究为例,这种研究路数先是貌似合理地按照"文体"将"《中庸》分二篇",进而切断《中庸》议论体与语录体之间的关联,接下来再指出语录体内部的"复杂性"与"矛盾性",并将语录体部分贬为缺乏内在逻辑的"杂记"。到头来,原被视为中国哲学史学科(作为宋明儒学传统的现代转化)之专利的《中庸》,从文本结构到思

① 可参考梁涛:《郭店竹简与思孟学派》,第133页。

想内容几乎被彻底肢解为一堆散乱的碎片。那么,究竟是现当代学界不应该再以“系统的思想性”期待《大学》《中庸》,还是“片断性历史考据”的研究路数扭曲了研究者看待《大学》《中庸》文本的眼光?

鉴于以历史考据的“片断性”作为衡量文本研究的“客观性”的基本指标的做法在目前学界仍然大有市场,我们有必要对它做进一步的反思。站在“文本研究”的角度看,这里,最关键的问题在于:对传世文献进行片断性肢解的文本依据何在?一篇前后关联的文本,被碎片化、定性为“复杂”“矛盾”的一堆片断之后,还算不算原来的文本?具体观察这种研究路数,可以发现:不同文本之间的相似片断,往往是这种研究路数的关注焦点,并进而成为摆脱了文本界限与上下文限制的相对独立的研究对象;与此同时,同一文本内部的术语差异或思想矛盾,也会成为文本切分的重要依据。这种严重依赖片断性的差异与相似的研究路数,究竟在多大程度上能够命中思想史(文本归根结底是用来表达思想的)实情呢?一度主导现代西方《摩西五经》(《旧约》前五卷)研究的“底本假说”,其实也正是根据特定的“相似”与“差异”原则,将传世文本分解为J、E、D、P四底本的。一开始,这种路数为现代《圣经》研究注入了不小的活力:四种底本其实就是四种传统(就其相信《摩西五经》由四个相对成块的“传统”组成而言,它的片断化程度依然有待提高),基于似乎明明可见的“相似”“差异”而进行的分解与重组,俨然帮助研究者们洞明了《摩西五经》文本的资料来源与组装过程。但在试图进一步细化探讨这种“相似—差异”“分解—重组”机制的过程中，研究者们渐渐发现，可资利用或能举出的“相似—差异”准则绝不止于J、E、D、P四种。于是，问题就来了：要不要穷尽所有的“相似”与“差异”？如果要，何时是个尽头？如果不要，凭什么就此打住？[①] 包括《大学》《中庸》研究在内的中国思想史或中国哲学史研究，同样有必要就“片断性历史考据”手法的具体运用作类似的反思。在不同文本之间进行相似片断比较，以及在同一文本内部进行相异片断分解，在朴学意义上究竟有多少“硬”根据？片断性的考据式研究与其说是在进行“文本解读”，倒不如说更接近于“文本创作”——将整体性的文本作为素材，重新创作出一系列“相似”“相异”的片断体文本。

更重要的是，上述两种“文本研究（文本解释）的客观性”界定，同时又都试图与“文本本义”概念相挂钩。初看起来，“文本本义”是文本解释的“主观性”的对立面，“文本研究的客观性”因而必须落实为“把握文本本义”。但这种朴素的“文本研究的客观性＝把握文本本义”的意识，因着伽达默尔解释学对于“解释前见”的强力揭示而不得不有所收敛。由此，出现了一种看似谦逊的但仍然预设“文本本义”的“文本研究（文本解释）”理念，用以代替被伽达默尔解释学冲击得溃不成军的“对于文本本义进行一锤子买卖式把握”的企图

---

① 关于底本假说的危机，可参考：（美）T. D. 亚历山大著，刘平、周永译：《摩西五经导论：从伊甸园到应许之地》，上海：上海人民出版社，2008年，第2～5、44～64页。

(作为一种学术理想)。这种经过了调整的文本解释理念一方面仍旧预设"文本本义",另一方面则承认任何解读都不等于"文本本义",它故而主张:文本研究永远走在无限接近文本本义的路上。但这是一个似是而非的命题。"接近"意味着"有远近之分",为了使自己走在"接近"而非"疏远"的方向上,研究者必须能够判断各种研究取向或解释方案与"文本本义"的距离,进而据此判断舍"远"求"近"。但文本研究者凭什么做这种判断呢?"文本本义"本身乃是唯一可靠的判断标准,但作为假设中的文本研究的追求目标,它尚未到手。而且,"无限接近"的提法甚至意味着,它永远不可能作为现成之物到手。不难指出,在"标准"缺场的情况下,所谓"接近本义"根本无从谈起。或许研究者可以"更务实"一点,相信"时间上在后的文本研究(文本解释),因为经过了更长时间的'接近'努力,一定会比在先的文本研究(文本解释)更近似文本本义"?这显然不切实际。王阳明《大学问》出现在朱熹《大学章句》之后,而在朱、王之后,又有现代的冯友兰、郭沫若、牟宗三、唐君毅、徐复观、郭沂、梁涛、陈赟等层出不穷的新研究。这些此起彼伏的研究与解释,相互之间充满分歧,甚至连学术理念、方法论取向都大相径庭,从中根本看不出"接近"的轨迹。

关于"文本本义"预设对阅读理解活动的消极影响,谢文郁教授有如下评论:

> 当然,对于一群具有相似理解结构的人(如共属某一

学派或某一师门，在问题意识、情感倾向、概念体系方面具有更多的相似性）来说，他们在生成并诠释文本意义时会有更多的共同说法。但是，这些共同说法也不能称为文本本义——因为它们终归系于读者的某种理解结构，而且还需面对其他学派的不同理解和不同诠释。

从这个角度看，取消文本本义预设有利于读者的阅读。我们在读书之初总是自然而然倾向于寻索原作者的意思。在阅读过程中，我们也常常把自己所理解到的内容归为作者的意思。其实，这不过是我们对文本的基本尊重，它本来是读者与文本之间的一种情感联系。然而，当我们进而认为我们在阅读中获得的信息就是原作者的本来意思时，我们实际上就混淆了情感和思想，把属于情感的东西强加给了思想。本义预设正是这种混淆情感和思想的产物。它对阅读的危害性主要有以下两个方面：首先，它妨碍了读者对文本的进一步阅读。对于读者来说，如果他认为自己已经把握了文本的本义，那么，他的阅读就到此为止，没有动力进一步深入了。其次，当他遇到其他读者给出的不同诠释时，从他已经拥有的标准答案（他所理解的本义）出发，他自然会判定这些不同诠释不符合文本本义。除非有另外一种情感发挥作用——例如，某个不同诠释是他所尊敬的人给出的——否则，他只会以本义的名义完全否定所有的不同诠释，以致拒绝与他们进行交流。其实，只要我们对情感在阅读中的作用有清楚的界定和认识，作为混淆之物的“本义”预设就完全没有必要了。①

笔者完全赞同谢文郁教授上述分析的基本观点。取消了“文本本义”概念之后,“对文本的基本尊重”可转而通过承认“文本的可阅读理解性”加以表达。这是一种原始的“实在性”,意味着“文本的意义只能在阅读理解活动中得以呈现”。必须承认,文本研究本身也是一种生存活动,而研究者只能在自己的生存中从特定(而有限的)角度同文本发生关系。一个文本的经典性越强(名气越大),研究者自己的阅读体验同已有解读之间差别越大,在学术抱负的驱动下,他研究这个文本的动力就会越足。研究者追求思想学术的“创造性”的生存冲动,也是其文本研究动力的重要组成部分。那么,作为一种生存活动的文本研究,既然与研究者的视角乃至主观诉求密切相关,文本研究的客观性究竟又从何谈起?以下,我们尝试从“主体间”的角度,回答这个问题。

总体来看,“文本研究”活动实际上是“‘文本—研究者自己—所有其他读者’三方互动的语言游戏”。(这里,“语言游戏”是后期维特根斯坦日常语言分析的标志性术语,希望在中文语境下不致引起“人生不过一场戏”之类的误解。)一个人在初读某一文本时,文本的可阅读理解性对他来说是鲜活生动的。他每读一句就多了解一点,或者,至少也会对他以前道听途说来的解释进行切实有感的筛选与印证。随着阅读理解

① 谢文郁:《文本诠释与哲学史研究》,《文史哲》2016 年第 4 期。

活动的继续(循环往复),他越来越有能力复述自己的理解,并且能够在文本解释的技术层面自圆其说。于是,一开始的鲜活感趋于消失。如果没有新的阅读视角出现,他以后的阅读活动,总地来说将不过是已有理解的自我重复。这样的文本阅读或文本研究,已然与原始的文本的可阅读理解性相隔绝。特别地,在预设“文本本义”的情况下,这种隔绝反而会被视为阅读理解的完成,研究者与解释者甚至会因“新意”日渐匮乏而沾沾自喜。这种日趋封闭的阅读模式,只有通过“其他读者”的有力商榷才能被打破。其他读者的商榷,实际上是在推荐新的阅读视角,而通过尝试这种新视角,原本趋于自我封闭的文本研究者或文本阅读理解者,开始重获有“新意”的阅读理解体验。这意味着,他的阅读理解活动得以突破原有视角和理解的遮蔽,而重新接触文本原始的可阅读理解性。或者,也可以说是文本突破了研读者原有视角和理解的遮蔽,再次向其彰显自己原始的可阅读理解性。文本所具有的“可阅读理解”的“原始实在性”,归根结底是通过因视角变换而充满“新意”的阅读理解活动才得以表现的,而不同读者之间的商榷互动则是造成研读者视角变换的基本动因。

在实际互动中,“其他读者的商榷”带来的是质疑与裂隙,原本铁板一块的解释体系被异议的声音撬开了一道缝隙。研究者面对这种令他不安的质疑与挑战,带着由此生发的问题意识重新叩击文本,寻求化解危机的合理而可信的方案。经典文本的解读史,本质上正是在这种挑战与应战中,不断重新触及文本的可阅读理解性的过程。离开了这种挑战与应对机制，文本研究或阅读理解活动最终只能沦为特定理解的自我重复，而丧失“读出新意”这一阅读理解的本真特征。特别需要强调的是，任何人都无法实质性地规定任何文本的“读者资格”，因为任何实质性规定必然是对阅读理解视角的规定，而视角则从总体上决定着对于一个文本的具体解释，这种“读者资格”规定故而本质上就是对特定文本解释的执着。人为地限定“读者资格”，本质上是在树立权威解释，而拒绝通过视角变换，不断回归“文本原始的可阅读理解性”，表现自己“对文本的基本尊重”。即便某种解释方案征服了当时的“一切其他读者”而成为时代共识，但放眼未来，谁也无法担保不会再冒出令人始料未及的新视角、新方案与新挑战。文本研究的“三方互动”意识因而必须包含“面向未来的不确定性意识”，尽管任何文本研究都必然谋求当下确定的阅读理解方案①。

回到《大学》《中庸》研究。宋明儒学是《大学》《中庸》解读史上的高峰，现当代学庸研究者亦正在形成其学术影响力，闵予小子何敢再来置喙？笔者的勇气首先源于上述“‘文

① 这里有一个陷阱。鉴于总有可能出现出人意料的“其他读者”与“其他解释”，“研究者自己”干脆不去提出任何解读方案。这种无所作为的姿态，当然无法彰显文本原始的可阅读理解性。而“空洞的可能性意识”，亦构不成任何“互动”。古人所谓的“以俟后之君子”，无不是带着具体、饱满的解释方案，期待着跨越时空的“三方互动”。（如朱熹《大学章句序》结尾云：“是以忘其固陋，采而辑之，间亦窃附己意，补其阙略，以俟后之君子。极知僭逾，无所逃罪，然于国家化民成俗之意、学者修己治人之方，则未必无小补云。”）

本—研究者自己—所有其他读者’三方互动”的文本研究理念。作为“‘《大学》《中庸》—研究者自己—所有其他读者’三方互动”的语言游戏的参与者，任何“研究者自己”（每一个“我”）在每一阶段都有特定的阅读理解视角并只能在相应的解释方案中打转。当然了，在深度推敲之前，特定的视角和解释取向能否在《大学》《中庸》解释中行得通，乃是尚无定论之事。研究者自己的阅读理解活动本身，在一定程度上具有矫正偏见的功能，即在经过深度尝试之后发现自己原有的视角和取向行不通，或发现无法有效地解释全部文本。此可谓“《大学》《中庸》文本”与每一个“研究者自己”之间的互动。正如前面所揭示的，单个主体自行阅读最终会走向自我封闭：随着固有视角与思想倾向在阅读理解中的运用日趋纯熟，研究者（解读者）就会沉浸在“我与文本一体无隔”的良好感觉之中。在预设“文本本义”的情况下，这种感觉还将直接拉拢“文本本义”概念，为其所认定的解释方案背书，将已然纯熟的解释方案等同于对“文本本义”的大功告成的把握。这是对文本原始实在性（可阅读理解性）的绑架。唯有来自异议或批评的挑战性压力，才能迫使研究者实质性地反思自己已然纯熟的视角和方案，在两种（或多种）视角碰撞所开启的裂隙中比较、权衡、寻找、确立新的在他看来更合适的解读视角，进而本着变换了的视角重新体贴文本的可阅读理解性，具体而微地开发新的解释方案。正是通过上述视角变化，经典文本的原始实在性（可阅读理解性）才得以不断释放为思想史上前后相继的义理方案（作为文本解释），从而不断延续其思想生命力与学术史威望。本《大学》《中庸》研究期待能在这方面留下一个新的脚印。

那么,在这种“挑战不已,视角变换不止”的解释史运动中,“文本研究”或“文本解释”究竟还有没有“客观性”呢?如有,又如何定义这种“客观性”呢?在“‘文本—研究者自己—所有其他读者’三方互动”的文本研究理念中,“文本研究的客观性”不归给任何特定的文本解释方案,而是被定义为“接触文本原始的可阅读理解性的阅读理解活动”本身。“三方互动”本身蕴含着深刻的“学术共同体”意识——并非党同伐异、铁板一块的“共同体”,而是充斥着分歧、张力、互动的联合体。“研究者自己”与“所有其他读者”之间的互动越紧张、越深入,则该“研究者自己”的文本研究(文本解释)就会在“接触文本原始的可阅读理解性”的意义上越具有“客观性”,文本的原始实在性(可阅读理解性)就越易于在这样的学术共同体中不断彰显。一旦将文本研究(文本解释)本身视为这样一种发生在“主体间”的生存活动,文本研究(文本解释)的“客观性”或“实在性”就不再是那种一劳永逸的“对于文本本义的把握”。在这样一种“主体间”的文本解释理念下,在时间中互动、不断被重塑的具体解释方案,遂无不成为“文本原始的可阅读理解性”的历史见证。但愿读者诸君也能本着这样一种“互动”的眼光,看待本研究对宋明大师和现当代时贤们的批判。

说到“文本研究(文本解释)本身乃是一种生存活动”,我们在本小节最后不得不提一提谢文郁教授近年来在汉语学界所致力于倡导的“生存分析方法”。读者可参考其《自由与生存:西方思想史上的自由观追踪》导言、《基督论:一种生存分析》等作品①。作为一种文本研究方法,“生存分析”与一般所谓“文本分析—辨名析理”的区别在于:它力求在与“文本”互动的过程中面向文本所触及的“生存问题”,并在“问题意识”中疏理概念、呈现方案,进而在概念界定、论证技巧、方案设计,乃至问题的提法上与“文本”进行切磋。这是一种力求与文本同步思考并适时谋求超越的思想(哲学)史研究方法论。而为了充分尊重文本的原始实在性(可阅读理解性),这种方法论拒绝“文本本义”预设——按照本小节的前述探讨,在持续不断的“文本—研究者自己—所有其他读者”的三方互动中历史地彰显“文本的原始实在性(可阅读理解性)”,实乃这种“生存分析的文本研究”方法论的必然指归。生存分析方法目前尚处于“在应用中发展”的阶段,这原是一个中国学人在研究西学经典时所提出来的一个方法论创举,笔者则自觉将其引进狭义的中国哲学史研究领域。至于这种文本研究的方法论能在汉语经典研究中走多远,则首先取决于读者诸公会对它在本研究中的应用提出怎样的异议,以及笔者能否以及如何回应相关的批评与挑战。明眼的读者马上就会意识到,我们所选择的为生存分析方法论而战的姿态,本身就是一

---

① 谢文郁:《自由与生存:西方思想史上的自由观追踪》,上海:上海人民出版社,2007 年;谢文郁:《基督论:一种生存分析》,许志伟主编:《基督教思想评论》总第九辑,上海:上海人民出版社,2009 年。

种自觉欢迎“三方互动”的姿态。就此而言，这是一种言行合一、融贯一致的文本研究（文本解释）方法论。无论如何，深愿“‘文本—研究者自己—所有其他读者’三方互动”的文本研究理念，能够成为中国古代经典在现当代世界重展其思想生机的方法论助缘。

（二）本研究的文本约定与相关说明

学庸研究无法完全局限于《大学》《中庸》文本自身。作为本研究的主要角力对象，宋明道统论提出了一种《大学》《中庸》与其他儒家经典一体化解读的范式（其中包括多种具体方案），本研究因而不得不适当涉及其他儒学典籍，以便增强自身的说服力。本书将主要涉及下列文本：(1)殷墟甲骨刻辞，(2)《尚书·洪范》，(3)《尚书·商书·盘庚》，(4)《诗经·商颂》，(5)《尚书·商书·西伯戡黎》，(6)《尚书·周书》，(7)《左传》，(8)《论语》，(9)《礼记·大学》，(10)《礼记·中庸》。其中，对于殷墟甲骨刻辞以及《左传》，本研究仅利用其中极少的一点；《洪范》仅参考其“稽疑”“皇极”“三德”章节；《盘庚》仅止于上篇（原中篇）；《周书》则主要参考其《牧誓》《召诰》《大诰》《康诰》《酒诰》篇；《论语》重点参考其中的宗教哲学思想。

这些文本中的每一篇，严格来讲都存在成书时代、作者或学派归属、后人编修等文献学问题，因而需要对版本选择与使用意图做一些说明：

(1)殷墟甲骨刻辞作为出土文献，是殷商文献无疑，但严格来讲亦存在辨伪以及分期、分组、缀合等问题。这是专门之学，非笔者所能胜任。为了追踪古“德”源流，笔者不得不勉力参考殷墟甲骨刻辞。而如果没有《殷墟甲骨刻辞类纂》《甲骨文字诂林》《甲骨文合集释文》这三部工具书，这对笔者来说将是不可能之事。

关于(2)《洪范》，刘起釪先生指出：先秦文献征引总称为“商书”，然传世版本以周武王访问箕子之语打头，而自汉代便已列为“周书”①。刘节《洪范疏证》(1928)之后约30年，“《洪范》作于战国(末)”说大行其道，后经徐复观《阴阳五行及其有关文献的研究》(1961)、刘起釪《〈洪范〉成书时代考》(1980)全面反驳后，刘说已基本没有市场②。——《洪范》究竟为“周书”还是“商书”，或者究竟反映周制还是商制，涉及可否据之考释古“德”字的问题。一种观点认为，“德”是周人与周书之专利，《洪范》中的“德”字意味着《洪范》实际上相当于“周书”；另一种观点则认为，《洪范》中的“德”字乃后人篡改所致，并着力考证其中的“德”字原本并非“德”字。当代《尚书》学大家刘起釪先生虽力主《洪范》反映商制，但对于其中“德”字，他则认为是“受时代影响用了周人‘德’字”③。

① 顾颉刚、刘起釪：《尚书校释译论》第二册，北京：中华书局，2005年，第1143页。

② 参考：丁四新：《近九十年〈尚书·洪范〉作者及著作时代考证与新证》，《中原文化研究》2013年第5期；刘节：《洪范疏证》，顾颉刚编：《古史辨》第五册，上海：上海古籍出版社，1982年；徐复观：《阴阳五行及其有关文献的研究》，《中国人性论史》，上海：华东师范大学出版社，2005年；刘起釪：《〈洪范〉成书时代考》，《中国社会科学》1980年第3期。

③ 刘起釪：《〈洪范〉成书时代考》，《中国社会科学》1980年第3期。

相应地,(3)《商书·盘庚》中的"德"字,也被怀疑"作为商代文献,本来是不应该有的"①。

问题出在"德字与德观念为周人与周书之专利"这个先入之见上。我们可以这样考虑问题:"以德配天"为什么能够成为周人的革命义旗,在同盟乃至革命对象中间产生广泛的说服力呢?此与"德"观念在殷周之际的商周文化圈中已然享有广泛的权威应该有很大的关系。鉴于此,问题的正确提法应该是"商德、周德有何异同",而非商代有无"德"字及"德"观念。将《商书》作为考究殷墟甲骨刻辞之"德"与《周书》之"德"二者之间的过渡环节,实际上颇有助于我们深入了解早期"德"德观念的演变史。

《洪范》《盘庚》文本,以顾颉刚、刘起釪《尚书校释译论》(北京:中华书局,2005年)为准。

需要承认的是:古"德"概念与学庸之间的历史距离较远,其中牵涉的诸多方面本研究皆来不及详细考察。笔者暂时无力提供一个"从古'德'到学庸"的系统、细致的叙事,而只能在论证"《大学》'明德'并非《中庸》'天命之性'"之际,简要地表述自己的相关洞见。先于本研究正文完成的《〈诗经·商颂〉"致福"思维与〈圣经〉中的"苦难"问题》一文,以及《古"德"释考:[illegible],谋求》这篇试笔之作,作为本书附论谨供读者参考、评议。

至于(4)《商颂》,陈桐生先生指出,"《商颂》究竟是商人

① 顾颉刚、刘起釪:《尚书校释译论》第二册,第962~964页。

诗歌还是春秋宋人作品，这是《诗经》研究中聚讼两千多年的学案"：主张《商颂》为宋诗者，汉初今文三家诗开其端，自魏晋六朝至清代初叶长期式微，后随清代中叶以后今文经学复兴而复起。但经杨公骥、张松如（公木）、陈桐生诸先生逐条反驳后，《商颂》为商诗说又重新站稳脚跟①。本研究将从这几篇诗中析出"《商颂》宗教思维"。

《商颂》文本，以褚斌杰《诗经全注》（北京：人民文学出版社，1999 年）为准。

《尚书》研究大家刘起釪先生认为，(5)《商书·西伯戡黎》"这篇对话在当时应是实有其事的，大概曾留下原始记录材料"。但与此同时，他又从"充满了自怨自艾的情绪，丝毫没有对周人的敌忾之情""篇中'天'字、'殷'字都非商代所习用，而是周人使用的语言"这两个方面推测："其最后写定不仅可能出于周代宋国人之手，而且连观点和语言也多习用周人的了。"②刘先生从"充满自怨自艾的情绪—没有敌忾之情"这个角度提出的观察非常值得重视，但这一观察进而被"观点和语言也多习用周人的了"的观点所抹杀，这使得他所谓"在当时应是实有其事—曾留下原始记录材料"的推测让人觉得根本无从谈起。刘起釪先生的"观点和语言也多习用周人的了"提法，实际上是继承了美国顾立雅教授的《西伯戡黎》是

---

① 陈桐生：《〈商颂〉为商诗补证》，《文献》1998 年第 2 期。

② 顾颉刚、刘起釪：《尚书校释译论》第二册，第 1068 ~ 1070 页。

"周人对于殷代灭国事件的宣传,假殷臣祖伊之言以出之"观点[①]。这种观点的一个基本预设就是,纣王时代的殷商意识形态是铁板一块的,周书式的"敬德修德"意识在其中根本没有任何市场。但《西伯戡黎》所呈现的基本故事情节,无非就是"敬德修德"(祖伊)与"有命在天"(纣王)之间的博弈。如果确如刘起釪先生所断言的,"这篇对话在当时应是实有其事的,大概曾留下原始记录材料",那么,这篇对话的存在就足以反映殷商文化中本来就存在着重视"人事人为之德"的传统。《西伯戡黎》中的祖伊(以及《高宗肜日》中的祖己),正是这一传统在商代的杰出代言人;而到了商纣王时代,这种"敬德修德"的人事人为意识只不过是被极端的"有命在天"意识暂时压倒了而已。周人得胜之后,"以德配天"的政治宣传之所以能在商周文化圈中迅速奏效,正是因为存在此一传统源远流长的"敬德修德"意识在潜移默化。换个角度看,《西伯戡黎》(以及《高宗肜日》)即便是殷周之变之后的殷人作品,那也能够折射出西周式"敬德修德"意识在商代的存在,在这个意义上它(们)也或可是殷人痛定之后的反思与追叙之作,为的是重新标榜商朝固有的"敬德修德"传统。

(6)《周书》之①《牧誓》、②《召诰》。因为1976年出土于临潼的利簋所记武王征商日期与《牧誓》相同,《牧誓》的历史

① (美)顾立雅:《释天》,《燕京学报》第18期。转引自顾颉刚、刘起釪:《尚书校释译论》第二册,第1068页。

可靠性遂被认为是无可怀疑的[①]。对此，刘起釪先生如此定调："《牧誓》这篇文件，它的原本虽是周武王在宣誓式的军事舞蹈典礼上的讲话记录，由于流传中受了东周影响，在虚词方面改用了一些春秋时习用的词汇、语法以及较晚的句法，遂使文件琅琅可诵，成了一篇有着东周风格的文章。"《召诰》"向说为召公之诰，自汉以来无异说"，1963 年陕西宝鸡贾村塬出土西周早期铜器《何尊》印证"《召诰》内容经千年流传，仍保持其精确，亦证实了《召诰》写成于成王五年，从而可知由文献论定《召诰》（还有《多士》）成于五年之说是可信的"[②]。上述判断，笔者惟接受而已。——在写作时间上，《召诰》通常被认为在《大诰》《康诰》《酒诰》之后[③]。然而，为了集中展示"以德配天"的宗教哲学内涵，本研究会将《召诰》提前而与《牧誓》一并探讨。《牧誓》通篇没有使用"德"字，但开篇一段所列举的商纣王之罪状，其定罪标准实即"德目"，此正与《召诰》谓"肆惟王其疾敬德！王其德之，用祈天永命！"一反一正而交相呼应。将这两个文本结合起来加以探讨因而是可取的。

（6）《周书》之③《大诰》、④《康诰》、⑤《酒诰》作于周初

① 顾颉刚、刘起釪：《尚书校释译论》第三册，北京：中华书局，2005 年，第 1123、1141 页。

② 顾颉刚、刘起釪：《尚书校释译论》第三册，第 1448、1453 ~ 1454 页。

③ 顾颉刚、刘起釪：《尚书校释译论》第三册，第 1151 ~ 1152 页。

几无争议,《康诰》《酒诰》被认为作于《大诰》之后①。《大诰》意在重新振作"周人受天命"信念,《康诰》《酒诰》重头则在于强调"敬德修德"。将《康诰》《酒诰》与《牧誓》《召诰》放在一组加以探讨更为合适。较之"敬德修德",周人以及《周书》中的"受天命"意识,在相关研究中常常被冷淡处理。《康诰》《酒诰》中的"天若德""天若元德"提法,实际上是在"敬德修德"语境下,对《大诰》中的"周人受天命"意识的一种曲折表达。

《西伯戡黎》《牧誓》《召诰》《大诰》《康诰》《酒诰》文本,亦以前述顾颉刚、刘起釪《尚书校释译论》为准。

援引(7)《左传》谈论春秋时代的宗教、伦理与社会思想,在中国哲学史研究界属于合法之举②。《左传》最能填补《周书》与原始孔门(《论语》)之间的思想史料空白。《左传》成书时间,杨伯峻先生推定为:"在公元前四〇三年魏斯为侯之后,周安王十三年(公元前三八九年)以前","离鲁哀公末年约六十多年到八十年"。③ ——本书对《左传》的一丁点征引,即以杨伯峻《春秋左传注(修订本)》(北京:中华书局,2009年第三版)为准。

(8)《论语》,《汉书·艺文志》云:"孔子应答弟子、时人

① 顾颉刚、刘起釪:《尚书校释译论》第三册,第1151~1152页。

② 如陈来教授《古代思想文化的世界》(北京:生活·读书·新知三联书店,2009年)一书便是这样做的。

③ 杨伯峻:《前言》,《春秋左传注》(第三版),北京:中华书局,2009年,第41页。

及弟子相与言而接闻于夫子之语也。当时弟子各有所记，夫子既卒，门人相与辑而论纂，故谓之《论语》。"《论语》在早期传播史上即存在版本与篇章差异问题①，但现代学界依然视之为为了解原始孔门的最可靠材料。《论语》的集体编撰形式，及其质朴的"语录"体裁（较之《礼记》《易传》），盖是其可信度的主要保障。《大学》以及特别是《中庸》当中虽然也保存了大量孔子语录，但这些语录明显处于作者（引者）或编者的思路笼罩之下。学庸连同近年出土的郭店竹简等，在性质上盖属于原始孔门思想的进一步开展，学界更愿意将它们称为"《礼记》体"，以标明其与"《论语》之语录体"的差别②。较之其他"子曰"文献，《论语》更具原始性。本研究将或多或少经过孔门弟子集体编辑过的《论语》视为"周德"与"学庸"之间的思想史桥梁③，在承前（《周书》《左传》）启后（《大学》

① 参考何晏《论语序》："鲁共王时，尝欲以孔子宅为宫，坏得古文《论语》。齐《论》有《问王》、《知道》，多于鲁《论》两篇。古《论》亦无此二篇，分《尧曰》下章子张问以为一篇，有两《子张》。凡二十一篇，篇次不与齐鲁《论》同。"转引自王博：《中国儒学史·先秦卷》，北京：北京大学出版社，2011 年，第 100 页。

② 梁涛教授以"孔门多数弟子的认可"解释《论语》在孔门后学中的权威地位，以"孔子问题的延续"说明《缁衣》（在郭店简和上博简中两次出现）、《表记》、《坊记》三篇之作，值得参考。见梁涛：《郭店竹简与思孟学派》，第 239 页。

③ 葛瑞汉建议，"把《论语》当作儒家最初阶段的历史记录是方便的，而不必追问其中有多少是这位儒家创立者[孔子]的真实言语"，这是务实而明智的。参见（英）葛瑞汉著，张海晏译：《论道者：中国古代哲学论辩》，北京：中国社会科学出版社，2003 年，第 12 页。

《中庸》)的思想史脉络中利用其中的宗教哲学史资料。

此外,有研究表明,《论语》中有“众多单一主题的‘篇’的存在”①——对此该如何评估呢?是否应因此而将《论语》视为更是编者意图(针对特定篇题而有特定的主导性思路)的载体呢?实际上,正如王博教授所展示的那样,所谓“单一的主题”无非是“《学而》篇的主题是论学”“《八佾》篇的主题是礼乐”“《公冶长》篇的主题是孔子与弟子和时人的相互评论”这等宽泛的或形式性主题,篇中论题的集中性与思路的连贯性,根本无法与“《礼记》体”以议论性文字统摄语录的做法相提并论。换言之,《论语》这些“单一的主题”只具有大致的“分类”意义,对于阅读理解的具体视角与具体思路并无太多实质性制约。

《论语》文本,以通行的朱熹《四书章句集注》(北京:中华书局,1983年)为准。

(9)《大学》和(10)《中庸》文本分析与生存分析是本研究的主体,而这也几乎是中国学术史上最能引起争辩的两篇文献。

在现代学术界,《大学》《中庸》均遇到了所谓的“晚出”问题。“子思作《中庸》”是《史记·孔子世家》中的成说,但因传世《中庸》夹杂在小戴《礼记》四十九篇之中(所谓的“子思子”文集失传),加之《礼记·中庸》后半篇中有“载华

① 参考王博:《〈论语〉的编纂》,《中国儒学史·先秦卷》,第121~122页。

岳而不重”(“华岳”,传统认为是“华山和吴岳”,战国时均在秦国境内)、“今天下车同轨,书同文”(被认为明显是秦统一后用语)字样,《礼记·中庸》是否果为司马迁所说的子思所作之《中庸》遂成为疑问①。与此怀疑倾向相左,郭沫若、李学勤等学者则指出:“任何古书,除刊铸于青铜器者外,没有不曾经过窜易与润色的东西。但假如仅因枝节的后添或移接,而否定根干的不古,那却未免太早计了。”②“古书的形成每每要有很长的过程。除了少数书籍立于官学,或有官本,一般都要经过改动变化。很多书在写定前,还有一段口传的过程。尤其在民间流传的,变动尤甚。”③如此一来,基于可疑的片断而否定“子思作《礼记·中庸》”亦无法一锤定音,关于《中庸》的作者和成书时间问题的考据性争论遂陷入僵局。

郭店竹简的出土与公布看似提供了更可靠的参照物。一方面,郭店竹简包含与传世《礼记·缁衣》大体相合的《缁衣》文本,因而在一定程度上加强了包括《中庸》在内的《礼记》诸篇早出的可信度;但另一方面,虽然有许多学者依据传世文献中的蛛丝马迹推断郭店儒家文献为“子思子”或子思派作品,但更深入的义理考察表明,这些出土文献在总体思路上与传

① 梁涛:《郭店竹简与思孟学派》,第261~262页。

② 郭沫若:《儒家八派的批判》,《十批判书》,第130页。

③ 李学勤:《对古书的反思》,上海大学历史系编:《中国传统文化的再估计》,上海:上海人民出版社,1987年。转引自梁涛:《郭店竹简与思孟学派》,第262页。

世庸孟性善论差别甚大,实际上更接近荀学[①],考证者因而又不宜将《礼记·中庸》与郭店出土文献直接挂钩。

朱熹将《大学》定位为“古之大学所以教人之法”,孔子“取先王之法……而曾氏之传独得其宗”[②]。《大学》在开列朱子所谓的“八条目”时,确实是以“古之欲明明德于天下者……”发语,但这种论述更多地从属于《大学》的“教—学”意识(详参本书第二、三、五章),而不宜实打实地被当作“大学之书,古之大学所以教人之法也”的朴学证据。至于将《大学》归为曾子学派的作品,最硬的证据不过是其中有一处“曾子曰”,亦嫌薄弱。陈澧等人试图以《礼记·学记》为中介,结合古代学校制度论证《大学》晚出——这种做法看似颇具技术含量,但梁涛教授毫不客气地指出:其两大论证前提均难以成立[③]。值得注意的是,尽管可以就事论事地一一驳斥各种“《大学》晚出论”,这却并不等于就证明了“《大学》早出”。严格来讲,《大学》《中庸》成书时间与作者问题,目前完全是“没有定论”。

实际上,大量有关《大学》《中庸》作者与成书时间的推

---

① 参考李泽厚:《初读郭店竹简印象记要》,《中国哲学》第21辑,转引自梁涛:《郭店竹简与思孟学派》,第5页;颜炳罡:《郭店楚简〈性自命出〉与荀子的情性哲学》,《中国哲学史》2009年第1期。

② [宋]朱熹撰:《大学章句序》,《四书章句集注》,第1页。

③ 两个论证前提分别是:一,大学制度出现于秦汉以后;二,《大学》与《学记》一样,均是对古代学制的反应。参考梁涛:《郭店竹简与思孟学派》,第104~107页。

定,无不是从义理角度切入。朱熹是在韩愈、二程以来《大学》作为“正典中的正典”地位充分确立之后阅读理解《大学》的,其所谓“孔经曾传”“孔子之言而曾子述之”“曾子之意而门人记之”①等提法,实际上只是他进一步确认《大学》正典地位的一种具体策略。至于王阳明信誓旦旦地称“子思括《大学》一书之义,为《中庸》首章”②,则洋溢着他自认为通达了“道统真理”的豪迈。王阳明的上述提法,严格来讲只是在表达自己的阅读理解,而并无朴学意义上的历史证据支持。梁涛对于《大学》《中庸》的文献学问题用功颇深,但最终也只能依据他所理解的文本思想,判断这两篇文献的相对时序③。——积极地看,依据文本思想探讨文献的作者、成书时间(相对时序)问题,这种做法意味着:在无法确知具体作者、具体成书年代等外围信息的情况下,《大学》《中庸》文本仍然是可阅读理解的。现有的针对此二篇作者和成书时间问题讨论,实际上无不依赖于探讨者对文本所持的特定的阅读理解。鉴于此,本研究便不再装模作样地助长“先考据再解读”这种想当然的方法论成见。严格来看,解读从来都不后于考据,反而考据始终都是在特定的阅读理解中展开的。

当然,大致的判断还是有的:《大学》《中庸》必定成书于前述(1)、(2)、(3)、(4)、(5)、(6)、(7)、(8)文本之后。争议

---

① [宋]朱熹撰:《大学章句》,《四书章句集注》,第4页。

② [明]王守仁撰,吴光、钱明、董平、姚延福编校:《王阳明全集》,第16页。

③ 梁涛:《郭店竹简与思孟学派》,第107~109页。

仅在于,相对而言,《大学》《中庸》何者成书在先?而站在哲学史研究角度看,最重要的是文本之间的"思想—逻辑"关系。在文献学信息阙如的情况下,我们不妨在上述"大致的判断"的基础上直接开始文本研究,最终满足于在"思想—逻辑"关系的意义上得出一种"《大学》《中庸》哲学史叙事"。

笔者当然也注意到,坊间一直在尝试对《大学》《中庸》文本进行重新编辑。程颐、程颢、朱熹等都曾对《大学》文本进行重新编排,其中一些重编本至今仍有学者追捧①。清儒皮锡瑞将这种重编文本的做法贬斥为"宋人习气",其曰:"宋人不信注疏,驯至疑经;疑经不已,遂至改经、删经、移易经文以就己说,此不可为训也。……朱子……独于《大学》,移其文,又补其传;《孝经》分经传,又删经文;未免宋人习气。而移《大学》先有二程子,删《孝经》云本胡侍郎、汪端明,则未可尽为朱子咎。……宋、元、明人说经之书,若此者多,而实宋人为之俑始。"②皮锡瑞是站在传统经学的"尊经"立场上说这番话的,与现代学术所强调的"尊重文本"的意识不谋而合。其实,即便站在宋明道统论解释学立场上看,以读者身份重编经典的做法,同样亦缺乏合法性。"道统真理"既然是通过"正典文本"而传承,那么作为经典的学生,后世儒者何来资格订

---

① 朱熹《大学章句》本,仍是目前流行最广的版本。当代学者梁涛则激赏程颢整理本,将程颢本整篇附于自己的书中。参见梁涛:《郭店竹简与思孟学派》,第112、115~118页。

② 皮锡瑞:《经学历史》之《经学变古时代》,皮锡瑞著,潘斌选编:《皮锡瑞儒学论集》,成都:四川大学出版社,2010年,第32~33页。

正流传中的正统经典呢？本着“学有所成(一旦豁然贯通焉)”的自信，动手动脚重编经典，这究竟算是怎样一种心态呢？

无论如何，阅读与写作是两种性质的活动。即便作者本人在时过境迁之后，也只能通过阅读自己当初写下的文本，重温自己当时的心境与思想。没有文本(包括口头文本)就没有记忆，篡改文本即破坏记忆而否定历史。除非在原始史料方面有实质性突破，否则，研究者就必须充分尊重《礼记·大学》的原始性地位。对待《礼记·中庸》，同样应该如此。近年来，梁涛教授全面梳理并继承“《中庸》二篇论”，主张按“议论体”“杂记体”的文体区别，将《礼记·中庸》一分为二①。这种片面依据体裁进行的二分与重组，完全低估了《礼记·中庸》语录部分的思维水平。相形之下，宋儒的阅读理解模式虽然在历史感方面有所不足，但其将议论体部分与语录体部分贯通起来加以解读的做法，却恰好合乎《礼记·中庸》将语录体部分夹在议论文中间的编排设计。就此而言，不是宋儒“将本来简单的问题弄复杂了”，而是浮光掠影的基于看似鲜明的体裁差异的“二分法”将原本一体的《中庸》弄肢解了。

《大学》《中庸》文本，以十三经注疏《礼记正义》(郑玄注，孔颖达正义，吕友仁整理，上海：上海古籍出版社，2008年)为准。

---

① 梁涛：《郭店竹简与思孟学派》，第261~291页。

小 结

自有“中国哲学史”学科以来，《大学》《中庸》便一直是狭义的中国哲学史研究的重要领地①。目前的学庸研究则介于宋明儒学和清代考据学之间，在传统道统论全面式微的大背景下，片断性历史考据的研究路数在方法论上占据了主导地位。但宋明儒学的关键概念往往承载着全局性的问题意识，且被嵌套在精致的思想系统之中，现有的片断性历史考据研究者则往往来不及充分消化这些问题和思想，而在使用这些关键概念时不免顾此失彼或流于贴标签。《大学》《中庸》的哲学史研究，目前正有必要在问题意识的深刻性与思维的系统性方面更上一层楼。

针对道统论解释学和片断性历史考据分别将义理的最佳性与考据的片断性作为文本研究（文本解释）的客观性的基本指标的误区，我们在本章中基于“‘文本—研究者自己—所有其他读者’三方互动的畅通性”重新定义了“文本研究（文本解释）的客观性”。在既定的解释方案中简单地选边儿站，或强行贯彻某种义理立场，均有违于本章所提倡的“三方互动”的解释学理念。以“集注”的形式搜罗现有解释，进而取舍、折中、调和，看似是在执行“三方互动”原则，但“集注”有

① 按冯友兰《中国哲学史》上册目录第十四章，《大学》《中庸》各占专门的一节。

效的片断性考量无法有效驾驭那些苦心孤诣的系统性的《大学》《中庸》解。换言之,以“集注”的方式无法同《大学》《中庸》的宋明解读传统形成深入有效的互动。

实际上,高品位的问题与高质量的论证,是系统性思维的根底所在。相比之下,问题更为关键。因为问题是论证的动力,并且,问题的提法往往已经暗示了如何回答该问题的路径。真正深思熟虑的作者,无不在提问之初即已开始预想解决问题的策略。就此而言,揭示出一个文本的主导性问题意识,相应的文本研究就已经完成了大半。鉴于此,本研究希望能在分别揭示《大学》《中庸》的主导性问题意识的基础上,呈现两书的义理方案,并展示这两种问题意识及相应解决方案之间的思想(哲学)史逻辑。

第二章 《大学》"明德"并非《中庸》"天命之性"

朱熹、王阳明一脉相承地认为:《大学》《中庸》一体无隔,承载一以贯之的道统本义(道统真理)。尽管对于这"本义"是什么,朱、王分歧微妙而深刻,但这似乎毫不妨碍"学庸一体"信念本身的影响力①。其间,虽有陈确辩称"《大学》首章,非又经也",又曰"其言似圣而其旨实窜于禅""非知道者之言也"②,但直到现当代郭沫若、冯友兰围绕《大学》学派归属问题展开激辩以来,《大学》《中庸》的思想(哲学)关系问题才算重新浮出水面而成为学界主流议题。迄今为止,相关争论仍然从正反两方面深受宋明范式制约。我们曾在上一章中指出:宋明道统论者在"文本本义 = 道统真理 = 最佳义理"意识支配下,严重忽视《大学》《中庸》文本的历史差异性,使文本

① 刘笑敢教授称之为"跨文本诠释和融贯性诠释",可参考氏著:《诠释与定向:中国哲学研究方法之探究》第六章《徘徊篇——在两种定向之间:从〈论语〉到理学》,北京:商务印书馆,2009 年,第 208 ~ 237 页。

② [清]陈确撰:《陈确集》别集卷四十《大学辨一》,北京:中华书局,1979 年,下册,第 552 ~ 553 页。

解释沦为解释者“一以贯之”的义理取向的跑马场。现当代解释的清新之处在于能够正视文本之间的历史差异，但在清代考据遗绪以及现代科学精神的共同作用下，这些解释往往又误入了“以片断性为客观性”的陷阱；在不甚严谨地参考、借用、批评宋明儒学基本概念的同时，现当代这种基于片断性历史考据手法的研究亦肢解了《大学》《中庸》文本的哲学性①。新的《大学》《中庸》研究，必须对学庸解释史上反复引起争辩的重要概念，给出既具有历史感又不失系统性的新的解释方案。

朱子《大学章句》引《中庸》入《大学》，毫不犹豫地将《大学》“明德”解释为《中庸》“天命之性”。实际上，这是宋明“《大学》《中庸》一体论”的奠基础之作，王阳明《大学问》完全接受了这一基础。若想对这种“学庸一体论”范式有实质性突破，则最有力的突破口莫过于论证“《大学》‘明德’并非《中庸》之‘性’”。本章的相应策略是：深入“殷周之变之前→《尚书·周书》→《论语》→《大学》”这一思想史脉络，展示“人为”意识日趋强化、“天命—天生”信念日益边缘化的大势，即此推论《大学》开篇的“明德”并非《中庸》意义上的“天命之性”或其等价物。当然，这并非一个完备的早期儒学史考察，为了夯实相关论点，本章还将专节（第五节）辨析《大学》引用“顾諟天之明命”、唯一含有“性”字的两处文本，指出它们均不表达类似《中庸》“天命之谓性，率性之谓道”的思路。

---

① 可参考本书第一章第二、三两节。

第一节 《中庸》之“性”:作为“生而固有的内在向导”

在论证“《大学》‘明德’并非《中庸》之‘性’”之前,我们须先明确:其一,《中庸》之“性”兼具“天命—天生”与“向导”二义;其二,“天命之谓性”同时蕴含“绝对可靠”与“人皆有之”的意味。也就是说,《中庸》之“性”乃“人人生而固有且绝对可靠的内在向导”。我们的文本根据如下:

> 天命之谓性,率性之谓道,修道之谓教。(《礼记正义》卷第五十二《中庸第三十一》)①
>
> 自诚明,谓之性。自明诚,谓之教。诚则明矣,明则诚矣。(《礼记正义》卷第五十三《中庸第三十一》)

古汉语学者关于“之谓”与“谓之”的语法辨析,深受戴震《孟子字义疏证》中一段文字的启发②。戴震指出:“古人言辞,‘之谓’、‘谓之’有异”;“凡曰‘之谓’,以上所称解下”;“凡曰‘谓之’者,以下所称之名辨上之实”③。准此,“自诚

---

① [汉]郑玄注,[唐]孔颖达正义,吕友仁整理:《礼记正义》卷第五十二《中庸第三十一》,上海:上海古籍出版社,2008年,第1987页。后引此书仅随文标注书名卷数篇名。

② 黄广生:《试论“谓之”“之谓”在先秦古籍中的用法》,《吉林大学社会科学学报》1963年第1期。

③ [清]戴震:《孟子字义疏证》,《戴震集》,上海:上海古籍出版社,2009年,第228页。

明,谓之性”,旨在以“性”这个名称或概念,标示“自诚明”这件事情的本质(辨其实)。就“性”能标示“自诚明”这一动态进程的本质而言,《中庸》作者在使用“性”字时并非仅仅指称一种静态实体,而是同时认为“性”本身具有动态特征(如牟宗三所谓“即存有即活动”)。“性(天命之谓性)”与“率性(率性之谓道)”,在《中庸》中因而是密不可分的。不难指出,“自诚明(谓之性)”与“自明诚(谓之教)”是相对而言:后者须借助自外而内的“教—学”或“教—化”之功,“自诚明”则“直接从性出发”“直接率性”(按:这是就“起点”而言;就“终点”或“境界”而论,“诚”“明”并无二致,所谓“诚则明矣,明则诚矣”)。

这里的“率”字,郑玄、孔颖达、朱熹皆释为“循”。“率性之谓道”因而义即循性而行,便是走在正道上①。此“率”、此“循”,以“性自动展现某种理路”为前提,不然“性”若不自动出示其指引,则“率性”就会无章法可“循”。实际上,“性”所出示的“理路”无非就是“人内心深处的倾向或感召”。就此

① 参考[汉]郑玄注,[唐]孔颖达正义,吕友仁整理:《礼记正义》,第1987页;[宋]朱熹撰:《四书章句集注》,北京:中华书局,1983年,第17页。不过,对此“率”字还有另一种解释:率,统率、率领。可参考廖名春:《荆门郭店楚简与先秦儒学》,姜广辉主编:《中国哲学》第二十辑《郭店楚简研究》,沈阳:辽宁教育出版社,1999年,第36~74页。按此解释,《中庸》开篇三句强调的重点乃在“修道之谓教”;换言之,《中庸》主张以传统之“教”,型塑、改造天命(天生)之“性”。按照这种解释,“天命之谓性,率性之谓道,修道之谓教”就成为表达荀子式“性恶—善伪”思路的命题。我们认为,这种释读完全脱离了《中庸》的主导性问题意识,且颠倒了《中庸》开篇的“性→道→教”秩序,更多讨论可参考本书第五章。

而言,我们将“率性”之“性”,界定为内在于人之心中的“向导”。但是,人的心中真的存在这种向导吗?如果存在,它可靠吗?根本不存在的东西,无法去“循”;不可靠的东西,则不应该去“循”。“性”在《中庸》开篇通过“天命之谓性”这个命题出场,在很大程度上正是为了打消上述疑虑,因为此“向导”被宣称是“天命—天生”的。——我们知道,人常常犯错误,“性”若出自人为造作,则难以具备“绝对可靠”的出发点资质。在先秦特别是殷周之变以来的宗教观念中,“天”早已德性化,在儒家传统中被视为纯善的终极源头。在这样一种正面的宗教情感与宗教观念中,“天命之谓性”命题便在这种宗教性信念中赋予了此“性(生而固有的内在向导)”以绝对的可靠性。

此外,我们还注意到:《中庸》将另一个举足轻重的儒家要素——“教”——放在了“性—率性”的从属地位上。“修道之谓教”位于“率性之谓道”之后,《中庸》之“教”因而是在“性—率性”的基础上进行。换言之,所谓“教—学”无法离开“性—率性”这个基础而独立发挥作用,而既然以这种方式确立了“性—率性”的唯一的基础性地位,则作为起点或基石的“性—率性”就必须人皆有之。反而言之,谁不具备这种起点或基石,谁就无药可救——等于被《中庸》陷入了绝望的境地。简单的概念分析还可以表明,“天命之谓性”命题实际上将“天命之性”赋予了一切人乃至事物。对此,我们可以这么看:“天”作为最高存在者,被认为掌管一切人与事物。“天”若不同意,任何人或事物都无法出现;“天”令一发,相应的人与事物便随即投入生产。任何个体都有自己的规定性。人或事物在其最初生成之际(因为“天”的命令而生成),其规定性完全取决于“天”,因而必然与“天”的纯善本质(按照殷周之变与《尚书·周书》确立的传统,“天”“德”不二,详参本章第三节)相一致。这个最初的规定性,就是该人、该事物之“性”。就此而言,每个人或事物,都有自己纯善的“天命之性”,落实为人的生存意识,“纯善”意味着“绝对可靠”。

以上,我们简要论证了“《中庸》之‘性’是‘人人生而固有且绝对可靠的内在向导’”。上述分析与论证主要立足于“天命—天生”这种宗教意识。然平心而论,“天命—天生”在《论语》和孔子那里似并非突出而重要的基本议题。《论语》罕言“性与天命”,而以“学而时习之”开篇,此正与《中庸》大张旗鼓以“天命之谓性”开篇,而使“教”字位居第三,形成了鲜明的对比。《大学》“明德”是否真如朱熹、王阳明等宋明儒者所断言的那样,相当于《中庸》的“天命之性”呢?这个问题,直接关系到《大学》的思维方式究竟更近于《中庸》,还是更近于作为儒门开端的《论语》?这不是一个单纯的成书时间考证问题(写作时间相近的文本思路未必一致),而更是文本之间在思想上承启转进的逻辑问题。而考虑到《中庸》《论语》思想的复杂性——《中庸》虽以高举“性—率性”而醒目,但亦涉及“教”的议题;《论语》虽本着“学—教”意识开局,但亦涉及“天资—禀赋”概念(详见本章第四节)——探究这些文本之间的思想逻辑关系,因而也不是片断性文字训诂所能解决的问题。训诂者自己的义理倾向,其对文本义理先入为主的预期，常常直接影响着训诂论证的走向。并非笔者的野心过大，而是问题本身要求论者对从殷周之变到《论语》《大学》的思想史张力与趋势，有一总体的把握。

第二节　殷墟甲骨“（德）”字与“有命在天”信念

在早期中国思想史上，“殷周之变”是意识形态领域“天命还是人为”之争的转捩点。相应地，《尚书·周书》则直接构成了早期儒家宗教哲学运动的原点。为了更好地呈现这段思想史的张力、逻辑与趋势，本节先来考察殷墟卜辞、《诗经·商颂》《尚书·商书》呈现的生存意识。其中既有殷周之际意识形态革命的对象（“有命在天”信念），同时亦蕴含着《周书》新意识形态建设的资源（“人事人为”精神）。

必须承认，在殷周之变之前，我们所谓的“人事人为”这种现象并非不存在，而是比比皆是。殷墟甲骨刻辞中的字，实即“德”之初形。目前，影响较大的“徝（攻伐）”“省/循（循察、巡狩）”释文，均难以解释“若于…/有于…/又于…”这类刻辞①。省略号代表“若/有/又”（释为“保佑”）的

① 相关材料参考姚孝遂、肖丁主编：《殷墟刻辞类纂》中册，北京：中华书局，1989 年，第 864～866 页；于省吾主编：《甲古文字诂林》第 2306 条，北京：中华书局，1996 年，第 2250～2256 页；郭沫若：《卜辞通纂·征伐》，《郭沫若全集》第二卷，北京：科学出版社，1982 年，第 436 页；郑开：《德礼之间：前诸子时期的思想史》，北京：生活·读书·新知三联书店，2009 年，第 53～59、61～64 页。

施与者,作为宗教对象其地位显然高于卜问者,卜问者不可能对之进行"攻伐"或上对下的"循察"。对□字进行形义分析,则可说:其左部表行进,右部表直视前方或左右扫视(右上部或为竖线,或竖线上有一点,或为分叉状),合起来可理解为"针对特定目标之谋求"。在□"伐…"类刻辞中,□字虽与"武力攻伐"关系密切,但这不必然意味着□字基本义即为"攻伐(徝)"。一方面,"谋求"在特定语境下完全可以具体化为"攻伐",义即"以武力谋求相关目标"。另一方面,"谋求"意义宽泛而类似英语中的"do",与具体实义动词(这里是"伐")连用,有类似加强语气的作用。此外,以"谋求"释"□若于…/□有于…/□又于…"之,相关刻辞晓畅易解:于…处寻求保佑。

古文字释读都是推测性的,将上述思路反过来推演,形式上可能更符合"从材料归纳出结论"的要求。□:左部表行进,右部以目代首,有绳牵系——合起来义为"献俘"。"献俘"作为一种仪式,既联系着此前的"征战—得胜",同时又是在"打理与神灵的关系"而"向神灵求福"。作为一个节点,献俘同时涉及"伐"与"若(有/又)"两个方面。如前所述,"征战"是一种特定的"谋求"方式(谋求地、财、人或安全),而"向神灵求福"本身也是一种"谋求"。上述两种推演,究竟哪种更接近历史实情,则有待于更广泛、更深入的考察进一步裁定。总的来说,以"谋求"作为□(或古"德")字基本义,可以读通相关甲骨刻辞。在此基础上,我想特别强调:"□(德)—

谋求”乃是一种“人为努力”。

实际上,“谋求(有所期望而追求之)”乃是“人为”的原始本质。追求想要的目标,实乃人为努力之基本动力。“征战”与“求神”这两类甲骨刻辞并见,意味着“谋求”可以分成两大类:其一,单凭人为努力谋求;其二,诉诸神灵。由于“诉诸神灵(求神)”明显蕴含着宗教依赖意识,学界往往不从“人为”角度思考之。但实际上,“诉诸神灵”从来都需要具体手段或途径。“诉诸”本身,乃是一种具体的“人为”活动。例如,《商颂》式祭祀要求演奏舞乐、献上饮食等(参考《那》《列祖》①),这些都需要祭祀者亲力亲为,乃是费时、费力、费财的不折不扣的“人为”。就此而言,“诉诸神灵(求神)”也是一种有待“人为”的“谋求方式”。

当然,殷商意识形态总体上很强调鬼神的作用。陈梦家曾在《殷虚卜辞综述》中指出:

> 卜问的内容以有关于自然神祇与祖先的祭祀的最多,卜问祭祀的日期、用牲的种类和数目;有关于风、雨、日食等天象天变的;有关于年成与耕作的;有关于对外战争与边鄙的入侵的;有关于时王的田猎、出行、疾病、生子等的;以及有关于今夕来旬吉凶的卜问。②

① 更多相关论述,还可参考本书附论之《〈诗经·商颂〉“致福”思维与〈圣经〉中的“苦难”问题》。

② 陈梦家:《殷虚卜辞综述》,北京:中华书局,1988 年,第 636 页。

任何人事都有不确定性，卜问便是为了面对不确定性而抉择正确的行事方式。在耕作、征战以及从事各种日常工作的同时，殷人祭祀自然神祇与祖先，乃是试图借助神灵的佑助摆脱不确定性中的潜在危害。“卜问的内容以有关于自然神祇与祖先的祭祀的最多”，这意味着宗教依赖意识渗透于殷商人间事务的方方面面，他们希望通过合宜的祭祀讨好各路神灵或维持良性关系，以便获得相应佑助。

宗教依赖意识在一定意义上具有“不劳而获”的特征：寄希望于所依赖的宗教对象（神灵）为我谋福，而当事人则似乎可以袖手旁观。但事实上，无论耕作、战争、田猎、出行、疾病、生子等世俗事务，还是通过祭祀等方式打理人与神灵关系的宗教事务，均需要相关人员投入其中亲力亲为。当事人的宗教依赖意识一旦朝着“不劳而获—袖手旁观”的方向膨胀，且不说耕作、战争、田猎、出行、疾病、生子等世俗事务，就连例行祭祀这等宗教事务也会被荒废。这是殷商宗教思维所隐含陷阱，殷商末年的纣王便深陷其中。

《尚书·商书·西伯戡黎》记载，商朝大臣祖乙曾本着人事人为的传统智慧当面责备纣王，但这位高高在上的王却呜呼一叹“我生不有命在天！”祖乙大义凛然的责备表明，殷商时代实际上是存在“人事人为”意识及相关智识传统的。但商纣王理直气壮的“我生不有命在天”反问（亦即“我生而有命在天”）却意味着，“有命在天”在当时已经成为关于王权传承的老生常谈，即王者生而为王、地位巩固，这种局面完全是出于不可移易的天意，并由在天之命作为保障。至此，殷商

“（德）—谋求”意识，已然沿着“不劳而获”的方向，单方面地膨胀变质。对照《尚书·周书·牧誓》，我们发现：周武王为了强调伐纣的正义性而历数了商纣王的一系列罪名，其中之一便是“昏弃厥肆祀弗答”即荒废了祭祀祖先的宗教礼仪。可见商纣王的宗教依赖意识，已然膨胀到了连宗教仪式都懒得举行（前面指出，这同样需要“人为”）的地步。而周武王在各路诸侯面前对纣王的上述谴责则表明，“人事人为”的意识与相关原则、标准，在殷周交替之际的商周文化圈中仍然大有市场。这实际上就是一种强大的“德”与“德目”传统。商代的宗教依赖意识与人神交往礼仪原本不过是“人事人为”的补充环节，而且宗教仪式本身也有待人为践履，但是由于缺乏对于“人事人为”精神的自觉宣传，其中的宗教依赖意识反而有可能单方面膨胀为“我生有命在天”的“不待人为”意识。这种膨胀在纣王身上酿成了不可挽回的严重后果。

第三节　《尚书·周书》论“德”：“人为”与“命数”

如所周知，商纣王一厢情愿的“有命在天”，未能使他立于不败之地。牧野战败，殷周剧变，“有命在天”这一意识形态信念，遭遇了铁一般的事实挑战。考虑到商周共属同一个文化圈，尽管周人数代以来即有“代殷”意向，甚至早就流传着“周文王受命”之说，但面对终于到手的胜利果实，周人统治者还是深刻感受到了来自“王权天命”信条的巨大压力。《史记·周本纪》记载：

> 武王征九牧之君,登豳之阜,以望商邑。武王至于周,自夜不寐。周公旦即王所,曰:"曷为不寐?"王曰:"告女:维天不飨殷,自发未生于今六十年,麋鹿在牧,蜚鸿满野。天不享殷,乃今有成。维天建殷,其登名民三百六十夫,不显亦不宾灭,以至今。我未定天保,何暇寐!"①

周武王鉴于"维天建殷",又考虑到"我未定天保",焦虑得连觉都睡不着。作为一个充满责任意识与敬畏之心的族类,周人显然不打算走赤裸裸的强权之路。周人的责任意识的具体内容可用一个"德"字来概括。周邦的崛起,从根本上讲正是积极"修德"的结果。而"有德"的基本表现就是办事公道、不恃强凌弱。而作为敬畏天命者,以武王为代表的周人统治层,更不敢恃刚刚取得的政治大权挑战天意。上述武王同周公旦的对话,透露出了在"王权—天命"转移之际夺权者战兢惶恐期求宗教性确证的心态。因有上述战兢惶恐心态驱动,周人统治者便会努力建构令自己心安理得的、足以取代商纣王"有命在天"的新的意识形态。

意识形态建构与学术论证的区别在于,后者总要对论证的前提不断追问,而前者则重在找到合乎建构者心意且具有普遍感染力(因是对全体社会成员讲话)的命题即可。作为

---

① [汉]司马迁撰,[宋]裴骃集解,[唐]司马贞索隐,[唐]张守节正义:《史记·周本纪》,北京:中华书局,2011年,第114页。

一个数代以来呕心沥血经之营之的政治族类，周王室最终找到了一条直到如今仍深具感染力的新意识形态命题——“敬德修德以配享天命”。“敬德修德以配享天命”不是《尚书·周书》的原话，但“敬德”“修德”“天命”都是《周书》术语，“敬德”“修德”的成绩被视为“服天命/受天命”还是“坠厥命”的决定性因素，上述缀合因而准确概括了周人的革命精神及西周意识形态建设的基本方向。而作为学术分析，这里颇值得追问的是：“敬德”“修德”何来如此巨大的感染力，以致能说服全社会（乃至包括被革命者）接受“王权—天命”向周人转移的事实呢？

要回答这一问题，需将《尚书》尤其是《周书》中的“德”字，与甲骨刻辞中的原始“德”字（）联系起来加以考察。本章上一节指出，殷墟甲骨刻辞中的“德”字（）基本义为“谋求”。这在《尚书·洪范》中仍可找到佐证。《洪范》这样论“三德”：“三德：一曰正直，二曰刚克，三曰柔克。”刘起釪先生的解释是：“三种统治方式：一是用正直的方式进行统治，二是用强硬的方式取得胜利，三是用温和的方式取得胜利。”①刘氏译文中的“统治方式”是对“德”字的翻译，联系接下来的“平康，正直；彊弗友，刚克；燮友，柔克。沈潜，刚克；高明，柔克”（刘译：“对平正康宁的人，要以正直方式对待；对倔强不亲附的人，要以强硬方式对待；对和顺可亲近的人，要以温和

① 顾颉刚、刘起釪：《尚书校释译论》第三册，北京：中华书局，2005年，第1172～1173、1203页。

方式对待。对下面群众，要以强硬方式统治；对显要贵族，要以温和方式拉拢"）[1]，此"德"与"克"实际上无非就是"得人，谋求人的归附或顺从"，这样也就和本章上节对甲骨刻辞（德）字的"谋求"释义合上了辙。可见，《洪范》篇中的"德"字，与殷墟甲骨刻辞中的字一脉相承。不过，在《周书》语境中，"德"则意味着一系列传统"德目"，作为名词而充当着"敬"与"修"的宾语。初看起来，"（德）—谋求"（动词）与"德—德目"（名词）差距甚远，二者果真有内在关联吗？对此，我们可以这么看：

"（德）—谋求"的基本特征是趋利避害，事关生存质量乃至攸关生死存亡，故自然会成为人们生活中的重要话题。在自发讲述各种"（德）—谋求"故事的同时，人们会进而反思、品评故事中的"谋方式"。那些无能的（常常归于失败）或损人利己的"谋求方式"，会通过这种社会舆论而带上阴影或恶名。那些行之有效且兼顾他人利好的"谋求方式"则会带上光环与令名。泛而言之，带有恶名与令名的"谋求方式"都是"德"（名词）。实际上，"德"字在早期文献中，也确实并非仅是褒义。例如，《尚书·尧典》所谓"否德忝帝位"，义为"鄙德辱帝位"[2]。此"德"字前缀贬义的"否"，"否德"整体上为

---

① 顾颉刚、刘起釪：《尚书校释译论》第三册，第1172～1173、1203页。

② 参考顾颉刚、刘起釪：《尚书校释译论》第一册，北京：中华书局，2005年，第86～87页。

贬义词,这说明“德”字并非纯为褒义。又如,《论语·颜渊》:“君子之德风,小人之德草。草上之风,必偃。”“小人之德”亦非褒义。但话又说回来,“(德)—谋求”的原始意图指向“利好”,其原始义是积极而正面的。与此相关,人们反思、品评各种“谋求方式”,亦始终伴随着提炼、推广“好的谋求方式”的基本意图。正因此,“德”字在早期文献(特别是《周书》)中,才主要指称具有令名的“谋求方式”——此即传统“德目”。传统德目作为社会共识而享有权威(归根结底是因为在社会舆论中积攒了令名),周人长期依循这些传统德目办事,既是因为他们感受到了传统权威的外在压力,也是因为他们遵德目办事不断收获到了积极成效(目的达到或确实有所得),而进一步认肯了德目的权威与实效。德目作为传统权威知识且在处置事务时现实有效,此乃周人想到以“敬德修德以配天命”命题主导新意识形态建设的基本缘由,也是该命题在提出之后能引起广泛共鸣的重要背景。商纣王所代表的“宗教依赖”意识的单方面膨胀,并未从根本上瓦解这种德目传统在商周文化圈中的权威。

“敬德修德以配享天命”虽然含有“天命”这一宗教术语,但是,因为配或不配的标准在于“德目”共识,“敬德修德以配享天命”这条表面上颇具宗教色彩的意识形态命题,实际上却架空了“天”或“天命”的主权。郭沫若甚至认为:“周人根本在怀疑天,只是把天来利用着当成了一种工具,但是既已经怀疑它,那么这种工具也不是绝对可靠的。在这儿周人的思想便更进了一步，提出了一个‘德’字来。”①认为“周人根本在怀疑天”，与我们所谓以人为之“德/德目”架空“天/天命”主权的判断是一致的。郭氏以上论述的缺点在于倒果为因，即认为周人怀疑“天”在先，提出“德”字来利用“天”在后，周人对“敬德修德以配享天命”命题的提倡因而并不真诚。换言之，这只是一种权术说辞。但实际上，商周属同一文化圈，周人起先与殷商拥有相同或类似的“天命”观乃自然而然。殷周之际的思想史逻辑实际上应该是：因为“敬德修德以配享天命”命题正式登上意识形态舞台，所以“天”与“天命”的重要性才开始急剧衰落。提倡“敬德修德以配享天命”命题，本质上等于宣布“做足人为之‘德’就必然会立于不败之地”，“天”的主权实质上已经被基于德目的“人为”架空。但相关思想效果，只有在进一步的历史运动中才会充分释放，自觉地“怀疑天”远非殷周之变之际的思想主题。

提出一个“德”字来，尽管它本质上推崇的是“人事人为”精神，但就实际思想史历程而言，却未必马上导致对传统宗教术语如“天”或“天命”的放逐。《尚书·召诰》中有一段文字，初看起来概念使用十分混乱，原因正在于它一方面根本不打算放弃传统宗教术语，另一方面却又不可能不服膺、高举“敬德修德”的人事人为精神。结果，在敬畏天命的同时，这段文字最终却导向了以“敬厥德”“德之”重新定义“祈天永命”的

① 郭沫若：《青铜时代·先秦天道观之进展》，《郭沫若全集》历史编第一卷，北京：人民出版社，1982 年，第 335 页。

思路：

> 我不可不监于有夏，亦不可不监于有殷。我不敢知曰有夏服天命惟有历年，我不敢知曰不其延，惟不敬厥德乃早坠厥命。我不敢知曰有殷受天命惟有历年，我不敢知曰不其延，惟不敬厥德乃早坠厥命。今王嗣受厥命，我亦惟兹二国命，嗣若功。王乃初服！呜呼，若生子，罔不在厥初生，自贻哲命！今天其命哲？命吉凶？命历年？知今我初服。宅新邑，肆惟王其疾敬德！王其德之，用祈天永命。①

"祈天永命"本是典型的宗教用语，放在《商颂》语境中尤为和谐。"疾敬德""德之"则强调人为努力的自主、自觉精神，乃是周人"鉴于有夏""鉴于有殷"的基本心得。但令人惊讶的是，作为人为努力的"疾敬德""德之"，在这里竟被设定为"祈天永命"的基本途径。《召诰》这么做，乃是在新的时代精神中，继续使用传统宗教术语的结果。旧话新说较之修辞上的大破大立，更让说者和听者感到"安全"，也更能润物细无声地推行新的时代精神。此乃社会观念尤其是意识形态演化的基本规律。

不过，"敬德修德"的"人为"意识虽然构成了《周书》的主

① 顾颉刚、刘起釪：《尚书校释译论》第三册，第1441～1442页。

旋律[①],但在人事人为的极限处,周人仍希冀无条件的“天”之保守。周族初履大位,对许多王权事务尚不熟悉[②],此可视为“德”之不足。此外,领袖武王于革命成功后不久即撒手人寰,周人管叔、蔡叔则趁机勾结武庚(商纣王之子)叛乱,后者意欲恢复刚刚丧失的“王权—天命”[③]。有一点需要特别指出:殷遗民趁周德不足复遭灾难之机试图恢复“天命—王权”,严格来讲,这场复辟的举事者甚至可引“敬德修德以配享天命”命题为自己辩护——周人遭灾,正表明其德不足,强索“天命—王权”,终招致天罚。(《尚书·周书·大诰》甚至亦称相关灾难为“天降割”“天降威”——当然,对此周人在诰文中有自己的解释,本段后详。)值此内忧外患的紧要关头,周族及其同盟难免会在“要不要继续巩固王权”这件事上打退堂鼓。而为了提振本邦迎难而上进行决定性一搏的士气,为了强化同盟继续拥护周族的决心,并从心理上打消敌人复辟的气焰,周人需要更加积极有为、更坚定有力的宗教—政治命

① 郭沫若指出:“这种‘敬德’的思想在周初的几篇文章中就象同一个母题的和奏曲一样,翻来覆去地重复着。”见氏著:《青铜时代·先秦天道观之进展》,《郭沫若全集》历史编第一卷,第335页。

② 可参考《尚书·洪范》开篇。武王于克殷后第二年,访问殷商贤臣箕子,曰:“呜呼! 箕子。惟天阴骘下民,相协厥居,我不知其彝伦攸序。”(顾颉刚、刘起釪:《尚书校释译论》第三册,第1443页)

③ 可参考[汉]司马迁撰,[宋]裴骃集解,[唐]司马贞索隐,[唐]张守节正义:《史记·周本纪》,第117页。实际上,《尚书·大诰》对此亦有反映:“有大艰于西土,西土人亦不静,越兹蠢殷小腆,诞敢纪其叙;天降威,知我国有疵,民不康,曰:‘予复!’”见顾颉刚、刘起釪:《尚书校释译论》第三册,第1266页。

题。正是在这种背景下,《尚书·周书·大诰》中的周王“用文王遗我大宝龟绍天明(用从文王传下来的大宝龟来叩问上天的旨意)”,结果“朕卜并吉(我那三个龟版上所表现的卜兆上,全都表现了吉兆)”,并进而宣布:“予得吉卜,予惟以尔庶邦于伐殷逋播臣(我已得到了很吉利的卜兆,我要带领你们各邦的军队去讨伐殷商叛乱集团的那些亡命的奴才)!”①这里,我们不打算追问占卜的机制及其有效性(占卜结论是否必然应验)问题。重要的是,宗教性的“占卜”结果大大鼓舞了周王本人的底气,《大诰》即是在此基础上进一步鼓舞各族同人的信心与士气。与此相应,《大诰》开篇所谓的“弗吊天降割于我家(那个严厉的老天爷给我们王家降下了深重的灾害)”②,最终则被解释为上天督促我们去争取最后胜利③。在人事人为的主观意志出现动摇的紧要关头,通过占卜重新强化起来的“天意—天佑”信念,无异于一针强心剂,促使当事人恢复定力,继续从事至关重要的人为努力。

作为上述宗教—政治信念的延续,《尚书·周书·康诰》在重申文王因有“德”而受“天命”④之后,郑重劝勉受诰者:

---

① 上述《大诰》引文和译文分别见顾颉刚、刘起釪:《尚书校释译论》第三册,第1266、1270、1282页。

② 顾颉刚、刘起釪:《尚书校释译论》第三册,第1262、1281页。

③ 这个解释的中间环节是:老天爷惩罚我们,乃是因为我们未能尽好止暴伐乱、还老百姓以太平的任务。相关文本与解释参考顾颉刚、刘起釪:《尚书校释译论》第三册,第1272~1284页。

④ 参考顾颉刚、刘起釪:《尚书校释译论》第三册,第1299~1300页。

> 宏于天若德，裕乃身不废在王命。①

《尚书 · 周书 · 酒诰》亦有类似提法：

> 兹乃允惟王正、事之臣，兹亦惟天若元德，永不忘在王家。②

上述《康诰》引文的断句，以当代《尚书》大家刘起釪先生的《尚书校释译论》为准，而有别于通行的《尚书正义》本③（《酒诰》引文，两书断句相同）。这两处文本语式十分接近，其中，“天若德”“天若元德”是相似术语。那么，何为“天若德/天若元德”呢？刘起釪先生只是笼统地释为“天之德”④。考虑到在殷墟卜辞中“若”字有“允诺”义（指帝或先王先公对所求之事是否“允诺”）⑤，笔者倾向于将《康诰》《酒诰》中的“天若德/天若元德”释为“天所允诺（因而必然提供佑助）之德”。

“天若德/天若元德”实质上就是“文王或周族受命”在“敬德修德”语境下的重新表述。在上下文中，“天若德”“天

① 参考顾颉刚、刘起釪：《尚书校释译论》第三册，第 1310 页。

② 顾颉刚、刘起釪：《尚书校释译论》第三册，第 1396 页。

③ 后者参考［汉］孔安国传，［唐］孔颖达正义，黄怀信整理：《尚书正义》，第 534 页。

④ 顾颉刚、刘起釪：《尚书校释译论》第三册，第 1312 页。

⑤ 参考陈梦家：《殷虚卜辞综述》，第 567 ~ 568 页。此说在《甲骨文字诂林》“若”字条（0333）中列为一家，与此相应，编者按认为“‘诺’字亦由此孳乳”。见于省吾主编：《甲骨文字诂林》，第 368、370 页。

若元德”分别与“王命”“王家”相提并论,我们因而推断:周王在诰命册封之际,不但将地土、爵禄赐给诸侯,同时还将“天所允诺于王家的德(‘天若德/天若元德’)”分配给诸侯。这种“天所允诺于王家的德(‘天若德/天若元德’)”,除了“有待人为(需要当事人‘宏于’)”这一“德”的基本特征之外,同时还拥有冥冥之中的“天允诺—天佑助(‘天若’)”。换言之,受命者在“天若(天允诺)”这一前提下敬修德业,冥冥中的“天之佑助”势必保障受命者的“人为”立于不败之地①。换个角度看,这些受命者后天的人为努力,其实也就是把“天”已经许诺下的德业通过人事人为的方式实现出来。这是一种带有“命运”“命数”或“命定”意味的“德”,它所针对的是“人为的有限性—未来结果的不确定性”。作为一种宗教性信念,它有助于维持敬德修业的定力。在局势危难、前景飘摇之际,因为有这种定力在,当事人甚至仍能意气风发地尽其人事努力。

---

① 对此,我们还可提供一个较为有力的旁证。前面指出,武王伐纣成功后,曾因思及“维天建殷”而“我未定天保”而无暇入寐(《史记·周本纪》)。“天建”和“定天保”意思相近,核心旨趣即“受天命—配天命”,希冀享受“天之佑助”从而立于不败之地。此外,值得一提的是,《左传·隐公八年》记载,众仲在回答有关谥号的问题时这样说道:“天子建德,因生以赐姓,胙之土而命之氏。”考虑到谥号有“因以为族”的用处,而宗族的一个基本标志就是祭祀,“天子建德”“赐姓”“命氏”因而具有宗教性意义。联系前述“维天建殷”提法,鉴于天子在宗教上代表天,天子“建德”“胙土”“命氏”,盖意味着将某种级别的“天若德”“天保”分赐给相应宗族。(参考杨伯峻编著:《春秋左传注》第一册,北京:中华书局,2009年,第60~61页;还可参考郑开:《德礼之间:前诸子时期的思想史》第2章第二节《封建析论》,第95~109页。)

而从消极的角度看，在人事人为的极限处，“命运”“命数”意义上的“天若德”，也可以蜕变为一种“惰性”意识。春秋时代周朝德业已然衰微。《左传·宣公三年》记载楚王“问鼎之大小、轻重焉”，其觊觎周室王权之意溢于言表。作为王室代表，王孙满先是指出“在德不在鼎”，进而则强调：

> 天祚明德，有所厎止。成王定鼎于郏鄏，卜世三十，卜年七百，天所命也。周德虽衰，天命未改。鼎之轻重，未可问也。①

从经验角度看，“周德已衰”。对此，王孙满并不讳言。但在承认“周德虽衰”之前，他特别强调“天祚明德，有所厎止”，即有其定数。（此与《召诰》“今天其命哲？命吉凶？命历年？”三个反问句所传达的精神何其相左！）也就是说，周王朝的敬德修德业绩虽然已经很不景气，但因所受“天命”大限未至，冥冥之中的“天意—天佑”必会保守其虽弱不亡。就此而言，楚王问鼎及其背后的代周野心，乃是逆天之举。《左传》记载了王孙满的上述发言之后便戛然而止，《楚世家》用此文并云“楚王乃归”②。由此可见，“天祚明德，有所厎止”的“命数”意识，确实震慑住了楚王。王孙满所谓的“天祚明德”，笔者认为，正可追溯到《周书》的“天若德/天若元德”。

---

① 杨伯峻编著：《春秋左传注》第二册，第 669 ~ 672 页。

② 参考杨伯峻编著：《春秋左传注》第二册，第 672 页。

不过，作为一种生存意识，“命数”意义上的“天祚明德”，已然丧失鼓舞“人为”的蓬勃朝气，而沦为了苟延残喘的心理屏障。

第四节 《论语》中的“极端”体验与有差等的“天资—禀赋”概念

到了孔子和《论语》时代，“天命—天生—天诺—天佑”意识更趋边缘化。与《周书》类似，《论语》中的孔子也会在极端处境下呼“天”。《史记·孔子世家》，孔子过宋，宋国军事长官桓魋欲加害之。《论语·述而》那句掷地有声的“天生德于予，桓魋其如予何”，便是孔子在这种境遇下的心迹抒发。此“天生德于予”与《周书》“天若德/天若元德”相似，都旨在将天的宗教性庇护设定为自己的底气根源。不过，仔细分析，两者之间还是存在差异。“天若德/天若元德”以文王受命为前提，应许周人以进一步壮大的德业。“天生德于予”则是完成时。孔子身处《周书》传统之中，相信“天”“德”一致。与此同时，他自信“予德”境界极高，如此高明的“德”似乎只能是来自“天”的托付(尽管他自己为此付出了持久的努力)，而既然“天”对自己有重要托付，它便不会袖手旁观任凭无德之人置予于死地。“承诺”意义上的“天若德/天若元德”指向未来，针对未来的不确定而发，承诺与具体如何实现承诺的主权尚掌握在“天”手中。完成时的“天生德于予”，则直接将现成的大德和予绑定，进而基于“天德一致”的信念推论“桓魋根本不可能拿我怎么样(天根本不可能允许桓魋拿我怎么样)"。

当然,这里还存在着进一步探讨与解释的空间。如果桓魋真把孔子杀了,"天生德于子,桓魋其如予何"还可沿着"杀身成仁""精神不朽""杀孔子者被钉上历史的耻辱柱"等思路作进一步演绎。这种解释仍然贯彻着"天德一致"的原则,但"天"如何具体彰显其对此承载之德之人的眷顾,则由"天"自己说了算。《论语·子罕》中的另一段孔子语录,则顾及了身遭不测的可能性,而正是沿着上述思路展开的,其曰:"子畏于匡,曰:'文王既没,文不在兹乎?天之将丧斯文也,后死者不得与于斯文也;天之未丧斯文也,匡人其如予何?'""斯文"与前所谓"天生德于予"之"德"本质上是一回事。此番言论看似赋予了"天"以更大的自由度:可以"丧斯文"(孔子被杀),也可以"未丧斯文"(孔子有惊无险)。但这只是表面现象,更重要的是,"天"已经将至关重要的配天之"德"赋予孔子,且此"德"在人间的命运,或者更准确地说是人间究竟能否充分享受此"德"福泽,完全系于此"德"的现实载体——孔子予一人——在危难之际能否活着脱身。在这个至关重要的问题上,孔子自信"天"已经充分表明了自己的心意,并因而完全放弃了对人来说充满不确定性的主权。与此相应,孔子最大的欣慰就在于:活着,他是指导人们识文修德的明灯;被杀,则有斯文斯德为之殉葬,所谓"后死者不得与于斯文"。由于"天"在"有德还是无德"这唯一具有决定性意义的事情上已经毫无保留地站在了孔子这边——这意味着"天"通过完成时的"生德于孔子",彻底放弃了自己在这件事情上的主权——相关宗教术语在此遂完全沦为有德者抒发"文/德"情怀与自信的道具。就人事人为极限处的宗教倚赖意识进一步转化成了人文(本质是后天人为)自信意识而言,《周书》中所残存的"天命—天生—天诺—天佑"意识,在《论语》中再一次递减。

此外,"鬼神"的地位,在《论语》中亦急剧衰落。《论语·述而》曰:"子不语怪力乱神。"《论语·八佾》曰:"祭如在,祭神如神在。子曰:'吾不与祭,如不祭。'"其中,"怪力、乱神"①指那些没有固定的传统祀典的宗教对象。这些对象被认为能在传统的主流祭仪之外,对人的生活产生某些影响,从而吸引着人们发挥想象力花样翻新、不厌其烦地与之搞关系,以便使这些宗教对象可能具有的能力为我所用。如此一来,当事人就会大把大把地将本该用于生产、生活的时间、精力、

① 笔者当然注意到了"怪、力、乱、神"这种断句(参考程树德撰,程俊英、蒋见元点校:《论语集释》第二册,北京:中华书局,1990年,第480~482页),然而并不赞成。王中江先生对此断句的反驳可接受,参见氏著:《简帛文明与古代思想世界》,北京:北京大学出版社,2011年,第136页,脚注1。此外,我们还可以不那么拘泥于字眼地思考这个问题。以"力"为例,《论语》中的孔子并非对"力"毫无好感,以至于厌恶到根本不愿提及或谈论的程度。考虑到他曾经正面评价"桓公九合诸侯,不以兵车,管仲之力也"(《论语·宪问》,虽"不以兵车",但显然离不开国家实力作后盾),以及"公山弗扰以费畔,召,子欲往"(《论语·阳货》),孔子明显认识到了"力"的两面性:既可倚之为暴虐,也可用于谋太平。就此而言,孔子并不避讳强力或武力意义上的"力"。孔子所不肯谈论的"怪力",盖与"乱神"同类,实即无公认祀典的宗教对象——对于这等对象,谈论它们,就等于在想象中承认它们的实在性。

资财，投入到漫无边际的宗教想象与操作之中。除了旷日持久的耗费之外，试图交往“怪力、乱神”的宗教，还常常使人徒增莫名其妙的惊恐：一有风吹草动（如所得非所求，自己或本团体的宗教实践看起来不如其他团体的更带劲儿，等等），就会惶恐自己得罪了神灵，进而去设计“更高级”的操作方式以求消灾。“子不语怪力、乱神”的旨趣因而在于：同上述搅扰日常生活的宗教意识进行切割。“祭如在，祭神如神在”“吾不与祭，如不祭”，则试图进一步限定常规宗教对象的实在性，使之局限在当事人出席宗教仪式的场合。这样，漫无边际的宗教想象干扰人的日常生活的机会，就被降到了最低。实际上，“祭如在，祭神如神在”的“如”字，早已经从总体上取消了神灵（鬼神）的独立自在性或实在性①。

此外，《论语·述而》还记载了一个颇值得一提的故事：

① 参考廖名春：《试论楚简〈鲁邦大旱〉篇的内容与思想》，《孔子研究》2004年第1期。王中江并不赞同“如”字取消了神灵（鬼神）的独立存在性或实在性，他引用史华慈的言论认为：此“如”字意味着，“不论鬼神被设想成什么样子……对孔子来说，在某种未加界定的意义上，鬼神已经存在，并参与了这场沟通”。（参见王中江：《简帛文明与古代思想世界》，第136页，脚注1。）笔者认为，史华慈的解释或者言过其实，或者自相矛盾而意思含糊。孔子在此谈论的“祭神”，如果真是双向的“沟通”，那就不必使用“如在”来形容祭祀者的应有心态了。因为：“沟通”意味着神灵正切切实实与祭祀者交流，而因为体验到了这种双向沟通，祭祀者自然而然会承认“神灵存在”（而非刻意保持“如在”的心态）。大概是对此有所意识，史华慈特意在“沟通”前面加上状语“在某种未加界定的意义上”，但这实在是故弄玄虚而不知所云。“不论被设想成什么样子的鬼神，参与了未加界定的沟通”，而且还是“在某种未加界定的意义上”，上述史华慈式言论究竟还有什么确切意涵吗?!

“子疾病，子路请祷。”孔子并不赞成这种近乎诉诸怪力乱神的祝祷，不过他没有直说，而是以学术切磋的姿态责问子路：这样做有什么经典根据吗（“有诸”）？有意思的是，子路竟然真能征引到典故：“诔曰：祷尔于上下神祇”。更妙的是，孔子并未质疑此诔语的权威性，而是以“丘之祷久矣”巧妙回应。我们可以这样体贴孔子的意思：他自己多年来一直认真坚持自己所认定的“人事人为”原则（具体或可概括为“志于道，据于德，依于仁，游于艺”），并认为这才是“祷尔于上下神祇”的恰当方式。敏锐的读者不难发现，这完全是《召诰》以“疾敬德”“德之”重新定义“祈天永命”的翻版。以上两则语录和最后这则故事，都没有为神灵介入人的日常生活预留空间，毋宁说《论语》的旨趣恰恰在于取消这种空间。

与宗教意识在日常生活层面不断消退相适应，孔门转而着重从“品格培养”角度转化利用传统宗教资源。《论语·颜渊》篇记载子曰：“出门如见大宾，使民如承大祭。”《论语·学而》篇则记载曾子曰：“慎终追远，民德归厚矣。”这两则语录都注意到：祭祀中的“敬慎”意识，与“敬德修德”之“敬”颇有相类似之处。如此，诸如祭祀等传统宗教礼仪，正可充当培养“敬德修德”品格的教程。较之“祭神如神在”，这种旨在培养人伦品格的“转化利用”视角更加世俗，因为它不再就祭祀论祭祀，而是将宗教仪式挪作了他用。

前面指出，《周书》中的“德”字通常意指“传统德目”，“敬德修德”的核心即践行这些“传统德目”。“践行”则须以恰当的“了解”为前提，为了达至这种“了解”，《尚书·周书·

康诰》曾倡导：

祇遹乃文考，绍闻衣德言。往敷求于殷先哲王，用保乂民；汝丕远惟商老成人，宅心知训；别求闻由古先哲王，用康保民。①

这里的断句和标点又与通行的《尚书正义》本略有差异，上述引文仍然以刘起釪先生的《尚书校释译论》为准。对于这段文字，刘先生翻译如下：

你应当敬谨地遵循父亲文王的德业，还要继承殷人好的东西。这回前去，要广泛寻求殷家古先圣王的治国之道，用来安定和治理那里的人民；在那里有许多殷商的老成人就离你不远，你要把他们放在心里，知道去寻取他们的教导；再普遍地寻求古代圣王的遗闻旧政，用来使人民安乐地生活下去。②

引述这段文字的目的在于说明：请教和学习（尤其是向有识见的资深前辈请教），乃是了解传统德目的基本途径。这里，“父亲文王的德业”“殷人好的东西”“殷家古先圣王的治国之道”“古代圣王的遗闻旧政”作为学习了解的对象，都属

① 顾颉刚、刘起釪：《尚书校释译论》第三册，第1309～1310页。

② 顾颉刚、刘起釪：《尚书校释译论》第三册，第1359页。

于我们所谓的“传统德目”范畴。而“殷商的老成人”则是可以当面请教并提供指导的“教师”。“学—教”或“教—学”意识,在《康诰》中已然存在。

我们知道,孔门尊崇传统德目,并以正统传人自居。“教—学”实则是孔门传承“传统德目”的基本途径。其中,“教”是“学”的前提,而学有所成即有资格成为教师。由此可见,“教—学”实乃孔门“人为”的起点与基础,整部《论语》以“学而时习之”(“学”的对应面即“教”)开篇绝非偶然。而进一步追踪则会发现,“教”与“学”都属于后天人为努力,孔门“教—学”实践不时会触碰到这种“人为”的极限,从而深感人为努力之无力。对于“教—学”的限度,我们可以这么看:“教—学”是“师—生”双方的事,单凭教师一只巴掌拍不响。换言之,教师再优秀、教得再卖力、自我感觉再良好,学生也还是可能“死不开窍”。《论语·述而》这样记载孔子的教学经验:“不愤不启,不悱不发。举一隅不以三隅反,则不复也。”所谓“启”“发”固然对教师“教”的技能提出了更精致的要求,但无论如何,教师的教授无法代替学生亲自开窍。作为教师,孔子发现:同样面对教师传授,学生在开窍快慢以致能否开窍方面,是存在资质差异的。《论语·雍也》因而记载孔子曰:“中人以上,可以语上也;中人以下,不可以语上也。”类似者,还有《论语·阳货》中的一句:“唯上知与下愚不移。”这里虽然没有提到“天”,但“中人”“中人以上”“中人以下”“上知”“下愚”的提法,显然蕴含着不待后天造作的“天资—禀赋”概念。这是一种准宗教意识,所涉及的是“教—学”活动中人无能为力的层面。

“中人”“中人以上”“中人以下”“上知”“下愚”意义上的“天资—禀赋”，与《中庸》“天命之性”有相似之处：两者都是天生固有，而非出自人为造作。但尽管如此，《论语》中的“天资—禀赋”概念，与《中庸》“天命之性”还是存在一个重大差异：前者将人的资质分成高低不同的等级，后者则指向“人人生而固有且绝对可靠的内在向导”（参考本章第一节）。有差等的“天资—禀赋”旨在解释“教—学”的有限性问题，在此问题域中，它不会自动演化为“人人生而固有且绝对可靠的内在向导”意义上的“天命之性”。

更何况，揭露“教—学”的有限性，并非《论语》的要旨。相形之下，原始孔门更强调“教—学”须持之以恒。在《论语·雍也》中，面对冉求近乎自暴自弃的“非不说子之道，力不足也”说词（自认“天资—禀赋”不足?），孔子的回应是：“力不足者，中道而废。今汝画。”孔子根本没有兴趣跟冉求探讨资质差等的问题，而是侧重敲打、提振冉求努力从学的劲头。与此相关，我们还可以再征引《论语·述而》中的两则孔子语录：“默而识之，学而不厌，诲人不倦，何有于我哉?”“我非生而知之者，好古，敏以求之者也。”实际上，孔门弟子由此似乎心领神会了一个言谈诀窍：以“持久不懈的进行时的人为努力”，重新定义“原本是完成时态的终点或境界”。例如，曾子有言曰：“死而后已，不亦远乎?”（《论语·泰伯》）又如，子贡曾这样评价孔子的境界：“学不厌，智也；教不倦，仁也。仁且智，夫子既圣矣。”（《孟子·公孙丑上》）本来，曾子所谓的“远”，与子贡所谓“仁”“智”“圣”，都是表征修为结果或境界的术语;曾子和子贡却将生命不息奋斗不止的"教""学"努力,直接等价于上述结果或境界。这再一次体现了原始孔门强调"人事人为的持之以恒性",而非关注"人事人为的限度"与有"'天资—禀赋'差等"的基本取向。由此观之,《论语·雍也》《论语·阳货》中的"天资—禀赋"差等论,更像是一种恨铁不成钢的感慨,孔子盖是以此为"激将法",激发后学勉力受教、用心领悟的意志力。毕竟,"我非生而知之者",除了从学受教,还有什么其他途径可资提升境界与品格呢?

第五节　《大学》并无"天命之性—率性"意识

《大学》既以"大学"二字开篇,则可以想见,"教—学"意识构成了《大学》的基石(参本书第三章)。上节指出,《论语》在一定程度上触及到了"教—学"的极限。然而,《大学》却根本无意涉及这个"有限性"问题。实际上,《大学》对"教—学"的功效充满乐观。

我们可以通过下面这段文本,展示《大学》的"教—学"意识[①]:

> 《诗》云:"瞻彼淇澳,菉竹猗猗。有斐君子,如切如磋,如琢如磨。瑟兮僩兮,赫兮喧兮。有斐君子,终不可喧兮。""如切如磋"者,道学也。"如琢如磨"者,自修也。

① 更多讨论可参考本书第三、五两章。

“瑟兮僩兮”者,恂慄也。“赫兮喧兮”者,威仪也。“有斐君子,终不可喧兮”者,道盛德至善,民之不能忘也。(《礼记正义》卷第六十《大学第四十二》)

这段文字在《礼记·大学》中位于“所谓诚其意者”章前半部分,朱子将其抽出并往前挪为解释“止于至善”的传文①。但实际上,“诚其意”语境对于理解这段文字具有至关重要的参考意义,朱子的移易殊不可取。在“所谓诚其意者”章更靠前的部分中,“诚其意”被界定为“毋自欺”“如恶恶臭,如好好色”“自慊”“诚于中,形于外”“慎其独”。在笔者读来,这些提法都旨在强调知与行的合一。反言之,“意不诚”就是“知行分裂”或“明知故犯”,与之相伴随的则是“自欺”与“不自慊”感。

那么,“知行合一”或“明知故犯”的“知”,又从何而来呢?按《大学》“八条目”(方便指称起见,我们沿用朱子的提法)之“致知在格物”,“知”是由“格物”(接触物事、考察物事)②而来。但《大学》在提出“致知”“格物”条目之后,再未对这两个

① 参见[宋]朱熹撰:《大学章句》,《四书章句集注》,第5~6页。

② 我们知道,朱熹将“格物致知”之“格”释为“至”,“格物”相应地即“穷至事物之理,欲其极处无不到也”([宋]朱熹撰:《大学章句》,《四书章句集注》,第4页),王阳明则将“格”释为“正也,正其不正以归于正之谓也”([明]王守仁撰,吴光、钱明、董平、姚延福编校:《大学问》,《王阳明全集》,第972页)。不过,朱门后学车若水、当代学者张岱年、陈来皆倾向于以“量”“度”训“格物”之“格”(参考陈来:《朱子哲学研究》,上海:华东师范大学出版社,2000年,第286~287页),笔者赞成这种训释而将“格物”理解为“接触物事、考察物事”。更多相关讨论可参考本书第三、五两章。

条目作进一步解释。就此而言,《大学》缺乏进一步研讨“格物致知”问题的兴趣或动力。这是为什么呢?上引“‘如切如磋’者,道学也”,颇能提示出原因之所在:《大学》虽认为“知”归根结底由接触并考察物事而来(其有效性亦可在待人接物中验证),但与此同时,它又认为传统(孔门或更长远的《周书》乃至“三代”传统)已然提供了可靠的知识系统,后来的修身者只需在“教—学”关系中虚心领受即可。正是基于这种意识,《大学》在寓意解《诗》时,特意将“学”放在了“自修”(在践行的同时进一步领会所学之知)之前。换言之,“教—学”意识(通过“教—学”传承传统知识)是《大学》的隐含前提①。

在注意到了《大学》的“教—学”意识之后,我们再来辨析《大学》援引“顾諟天之明命”的那段文字。除“顾諟天之明命”外,其中还有“皆自明也”“知其所止”的提法。单抠字眼,后两个提法似可引出“率性之谓道”式的思路,因为“率性”的一个本质特征就是“从自己(生而固有且绝对可靠的内在向导)出发”,“皆自明”的“自”与“知其所止”的“所止”似乎皆指向个体生而固有的“天命之性”。但实际情况却并非如此,我们来看这段文本:

《康诰》曰:“克明德。”《大甲》曰:“顾諟天之明命。”《帝典》曰:“克明峻德。”皆自明也。汤之盘铭曰:“苟日

① 这里只是简要地点出这一前提,本书第三章将专论之。

新,日日新,又日新。”《康诰》曰:“作新民。”《诗》曰:“周虽旧邦,其命惟新。”是故君子无所不用其极。《诗》云:“邦畿千里,惟民所止。”《诗》云:“缗蛮黄鸟,止于丘隅。”子曰:“于止,知其所止。可以人而不如鸟乎?”《诗》云:“穆穆文王,于缉熙敬止!”为人君,止于仁;为人臣,止于敬;为人子,止于孝;为人父,止于慈;与国人交,止于信。(《礼记正义》卷第六十《大学第四十二》)

“克明德”“顾諟天之明命”与“明明德”在字眼上有类似之处,“苟日新,日日新,又日新”则与“在亲(朱子读为‘新’)民”均含有“新”或“新民”字眼,“邦畿千里,惟民所止”与“止于至善”均含有“止”字。鉴于上述字眼上的相关性,朱熹《大学章句》遂将上述文字前移,认为这原是进一步解释“在明明德”“在新民”“在止于至善”的传文。但在原本《大学》(《礼记》本)中,这段文字却出现在“所谓诚其意者”章末了。将这段文字从“诚其意”语境中割裂出来移易位置之后,朱熹便可名正言顺地使之与开篇“三纲领”打成一片,并将解释思路往《中庸》“天命之谓性,率性之谓道”方向上靠。实际上,朱熹《大学章句》开篇不久,便将“明德”解释为“明德者,人之所得乎天,而虚灵不昧,以具众理而应万事者也”①。《大学章句序》全文第二句则是“盖自天降生民,则既莫不与之以仁义礼

① [宋]朱熹撰:《大学章句》,《四书章句集注》,第3页。

智之性矣”①。可见,《大学》“明德”在朱熹的解释中,被完全等同于了《中庸》“天命之性”,并且其中又夹杂了些《孟子》即“四端之心”言“性善”的思想要素。但若从文本出发,读《大学》开篇的“三纲领”,我们却根本看不到“天”字——朱子凭什么断定此“明德”即“人之所得乎天……以具众理而应万事者”呢?

“顾禔天之明命”之“天之明命”,在以“明”字关联于《大学》“明德”的同时,又因含有“天”“命”二字而与《中庸》“天命之谓性”相关。这种鳞鳞爪爪的字眼上的相关性,似乎就是朱子上述解释的最终依据。其曰:“天之明命,即天之所以与我,而我之所以为德者也。常目在之,则无时不明矣。”②其中,“常目在之,则无时不明矣”显然得以“明德(在朱子的解释中即‘性’)”的“自动发见”为前提,而“皆自明也”则被认为是“皆言自明己德(相当于‘率性’——笔者注)之意”③。但是,如果没有先入为主的《中庸》“天命之谓性,率性之谓道”思路(以及日趋强劲的宋代性善论取向)从旁诱导,朱子恐怕不会(甚至想不到)以这种方式去联络、演绎上述字眼。特别地,《礼记·大学》“所谓诚其意者”章的“小人闲居为不善”“见见君子而后厌然”“人之视己如见其肺肝然”“十目所视十手所指”等提法所透露出来的“知而不行”问题与“外在

① [宋]朱熹撰:《大学章句》,《四书章句集注》,第1页。
② [宋]朱熹撰:《大学章句》,《四书章句集注》,第4页。
③ [宋]朱熹撰:《大学章句》,《四书章句集注》,第4页。

监督”意识,非但不支持反而直接抵触从上述文本中读出“率性—从自己出发”的思路。朱熹的文本解释方案因而殊不可取。

实际上,按照《大学》排列八条目的“欲……先……/……而后……”秩序,“诚其意”位于“格物致知”之后(“欲诚其意,先致其知。致知在格物。物格而后知至”)——待到“诚其意”环节,“知识”问题原则上已经解决。“所谓诚其意者”章主要是针对“知而不行”问题而发。《大学》作者在该章观察指出:人一旦在知识层面认可了某些原则(德目),这些自己所认可的“知”同时就成为具有感召力的“意”(用现代话语来说,即特定的“应该”感)。明知故犯之人难免要被自己所持有的“知—意”谴责,从而产生一种“自欺”、不“自慊”也即不能“自快足于己”①的滋味。而从正面来讲,“诚其意”则无非就是遵循已有“知—意”的心理调整与持守努力。而社会成员之所以会有这些“知—意”,总的来说,则是因为他生活在殷周之变以来的“德目”传统与“敬德修德”意识之中。这种现成的传统与集体意识,使得社会成员无须凭一己之力,从零探求应然的“知—意”。这正是《大学》没有动力进一步探讨“格物致知”问题,也不去自觉预设人心固有的真知源泉(“天命之性”)的原因所在。

历史地看,《周书》及其“敬德修德以配享天命”思想,是孔门和儒学的直接源头。在《周书》式“敬德修德以配天命”

① [宋]朱熹撰:《大学章句》,《四书章句集注》,第7页。

意识中,“克明德”“克明峻德”“皆自明也”均指自觉践行传统“德目”。这里所征引的“《大甲》曰:‘顾諟天之明命’”之“天之明命”,实际上就是指“传统德目”——“传统德目”因享有公共权威,故被认为是明白昭灼的天之律令。而“顾,念也”①,所传达的恰好正是“敬德修德”的“敬”“修”意识。就此而言,“顾諟天之明命”在《大学》语境中,并无“天命之谓性,率性之谓道”的意思。

至于“知其所止”——在我们所分析的这段文字中,《大学》将周文王树立为“知止”的榜样;按照自己的不同角色,文王被认为能够“止于仁”“止于敬”“止于孝”“止于慈”“止于信”。就这些“止于某”的表述而言,“知止”并非直接从“天命之性”出发,按“天命之性”的内在指引行事,而是指依循“仁”“敬”“孝”“慈”“信”这些传统德目。“知其所止”因而丝毫不

---

① “顾諟天之明命”,《礼记正义》解释如下:“‘《大甲》曰:“顾諟天之明命”’者,顾,念也。諟,正也。伊尹戒大甲云:尔为君,当顾念奉正天之显明之命,不邪僻也。”([汉]郑玄注,[唐]孔颖达正义,吕友仁整理:《礼记正义》,第2244页)“顾諟”在此被理解为“顾念奉正”,而与“敬德修德”之“敬”“修”意思一致。朱子《大学章句》则解释为:“顾,谓常目在之也。諟,犹此也,或曰审也。”([宋]朱熹撰:《大学章句》,《四书章句集注》,第4页)朱子微调《礼记正义》之“念也”为“常目在之”,则是为了使动词“顾”的意思更适应他所理解的宾语“天之所以与我,而我之所以为德者也”。此“天之所以与我,而我之所以为德者也”即“天命之性”,朱子实际上是先有了“天之明命 = 天命之性”这一前见,而后再去微调文字训释的。此外,必须着重强调的是,朱子对“顾諟天之明命”一段的阅读理解,完全脱离了“所谓诚其意者章”语境(朱子将其移易为“释明明德”的传文),更遑论历史地顾及殷周之变与《尚书·周书》《论语》传统。我们因而不取朱子的解释。

包含“天命之谓性,率性之谓道”意识。传统德目既然已经被立定为现成的行为规范,那么,《大学》作者所能意识到的突出问题就是:社会成员能否将这些既定的德目规范落实为具体行动。在此问题域中,“知止”与“敬德修德”之“敬”“修”因而是一回事,并不外乎“所谓诚其意”者章所呼吁的意志努力。

最后,我们再来解析《大学》中唯一含有“性”字的那一小段话。郭沫若认为这段话表明《大学》持性善论立场,他说:“如性为不善,则‘拂人之性’正为好事,何以反有灾害?”①果真如此吗?我们需在上下文中考察这句话:

> 见贤而不能举,举而不能先,命[按:读为“慢”]也;见不善而不能退,退而不能远,过也。好人之所恶,恶人之所好,是谓拂人之性,菑必逮夫身。是故君子有大道,必忠信以得之,骄泰以失之。(《礼记正义》卷第六十《大学第四十二》)

“见贤而不能举”“见不善而不能退”所谓的“贤”“不善”,显然以读者和作者所共识的“贤”与“不善”为标准,否则,作者需在行文中对何谓“贤”、何为“不善”加以交待。“好人之所恶,恶人之所好”与此类似,此“人之所好”“人之所恶”实际上指“人之所共好”“人之所共恶”。这里的“人”是全称

① 郭沫若:《儒家八派的批判》,《十批判书》,第126页。

代词,“人之所共好”“人之所共恶”,其实就是本章反复提到的“传统德目”或“德目共识”。作为共识,“德目”享有社会性权威,冒犯这种权威的人等于和全社会为敌,势必被群起而攻击。“拂人之性,菑必逮夫身”实际上是一种修辞性表达,义即:德目作为社会共识,其权威性犹如全体社会成员的固有本性一样不可移易,谁存心冒犯它(们),必然没有好果子吃。接下来的文字实际上也并不关心如何任借“人之性”举贤退不善,这是因为“贤”与“不善”既有现成的德目共识为标准,便根本无须凭借“人之性”的即时指引去辨别。《大学》更关心执政者能否忠实地按照既定标准举贤退不善,“慢也”“过也”无非就是知而不行,不能切实按照众所周知的“贤”“不善”标准去“举”去“退”。本段的结语“是故君子有大道,必忠信以得之,骄泰以失之”,此“忠信”与“骄泰”归根结底是指对德目共识有无足够的“敬”与“修”的态度与行动。再次强调,这里的“人之性”更多的是修辞用语,意在渲染传统德目作为社会共识的稳固性,而并不承载《中庸》式的“天命之谓性,率性之谓道”意识。

小　结

宋明儒学的《大学》《中庸》一体论解释是一个系统工程,其中,“性善”是贯穿宋明主流解读的基本原则,而“《大学》‘明德’即《中庸》‘天命之性’”则是宋明学庸一体论解释范式的基石。本章向这一基石发起了冲击,力求通过疏理“《商颂》(以及殷墟卜辞)→《尚书·周书》→《论语》”所反映出来的宗教哲学运动大趋势,论证“《大学》‘明德’并非《中庸》‘天命之性’”。

分析表明,殷周之变以来,原本寓于商代政治文化中的宗教倚赖意识受到了压制。作为政治上的胜利者,周人统治层大力提倡人事人为的“敬德修德”意识。德目需要敬,德行需要修,有德的品格需要在持之以恒的敬与修中养成,“德”因而具有典型的人事人为特征。更古老的追溯则表明,“德”在甲骨文(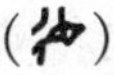)中的原始义为“谋求”(动词),名词性的“德目”则出自代代相续的社会舆论对于“谋求方式”的评判与遴选。《周书》所推崇的传统德目,便是指在主流舆论中带有令名的谋求方式,在周人统治者和《周书》大张旗鼓的推崇之前,它们已然在社会上享有权威。商末,在纣王所代表的宗教倚赖意识单方面且教条式膨胀的意识形态中,这种“德”传统只是受到了暂时的压制,且并未完全丧失发声乃至谴责的能力。鉴于《周书》传统致力于高举“敬德修德”的人事人为意识,并清醒地抵制纣王式袖手旁观、企图不劳而获的“有命在天”意识,简单地诉诸中国早期思想史上的宗教迹象而主张“《大学》‘明德’乃‘天命之性’”显然是粗暴而武断的。对此,我们完全可以驳斥说:殷周之变与强调人事人为的《周书》传统,已然从总体上切断了“德”由“天”生的念想——视“明德”为“天命之性”,在概念上因而是不合法的。

当然,《周书》和《论语》也并非百分之百地拒斥“天命”或“天生”意识。在人事人为的极限处,相应的宗教意识会有回潮的迹象。周人在革命胜利之初、革命胜利果实突然遭遇严峻挑战之际,周人统治者借占卜之机重温"周文王受天命"信念,及时巩固了创业、守业的士气和定力,并由此延伸出了"天若德/天若元德"即"天所允诺并佑助的德业"的概念和意识。在东周衰微之际,面对诸侯如楚王代周的野心,上述"天所允诺故提供佑助但仍有待人为的德业"概念,进一步蜕变为"命数"概念,而解除了天之允诺与人为努力的耦合关系。《论语》中的孔子则在遭遇极端挫厄之际,本着"天德一致"的信念发表准宗教性感慨;诸如"天生德于予""天之将丧斯文""天之未丧斯文"等提法看似将"德"与"文"的生成源头归结到了天,实际上却只是在表达感慨者对自己既往的修德学文成果的高度自信。换言之,这里的"天生"与"天"更多的只是在逆境中用来张扬人事人为之成就(品格、境界)的修辞道具,而不能实打实地认定这里在鼓吹不待人为的"天生之德""天生之文"信念。更何况,宋明儒学所谓的"天命之性"意义上的"明德",也并非这种从天而降、不待人为的德业、品格或文化修养,它也不是天所允诺故提供佑助但仍有待人为的潜在德业。按照本章第一节对《中庸》"天命之谓性,率性之谓道"的解析,"天命之性"意义上的"明德"乃是人"生而固有(而非有待人为造作)且绝对可靠(圆满无缺、现实功能充足)的内在向导"。

《论语》中唯一堪与《中庸》"天命之性"概念相提并论的,是隐含在孔子"中人""中人以上""中人以下""上智""下愚"提法中的"天资—禀赋"概念。但《论语》中的"天资—禀赋"

概念与《中庸》的“天命之性”概念之间存在实质差异:前者是为解释“教—学”关系中学生开窍快慢乃至死不开窍现象而发,强调的是“天资—禀赋”的差等性;后者则将同等完满的“生而固有且绝对可靠的内在向导”赋予了一切人。纯就概念而言,我们或许可以说,后者是前者的一种演变,甚至可以假设说:《大学》“明德”正是这一演变的关键环节,它虽然未使用“天”或“天命”字眼,但它心目正的“明德”其实正是后来朱熹所解释的“人所得乎天”的“虚灵不昧”或“仁义礼智之性”——《中庸》“天命之谓性”只不过是在提法上将此进一步挑明了。但站在思想史(哲学史)研究的角度,我们却须进一步追问:驱动有差等的“天资—禀赋”概念向无差等的“天命之性”演变的思想史问题是什么?而《大学》是否又表现出了相应的问题意识呢?遗憾的是,较之《论语》因触及了“教—学”活动的限度故而不得不涉及准宗教性的“天资—禀赋”概念,《大学》对“教—学”的功效显得如此乐观,以至于有差等的“天资—禀赋”概念对《大学》来说几无用处,更遑论将其升级为无差等的“人人生而固有且绝对可靠的内在向导”也即“天命之性”概念了。就此而言,《大学》“明德”绝不相当于《中庸》的“天命之性”。

第三章 “教—学”意识凸显“意志软弱”问题

放眼中国思想史，朱熹和王阳明关于“格物致知”的讨论自有其哲学价值。但作为一个文本事实，《礼记·大学》在进一步解释“八条目”①时，确实略过了宋明儒学极为看重的“格物致知”，而将原本位居“格物致知”之后的“诚其意”擢升至最突出的地位上。在上一章的基础上，本章将专门探讨以下两个问题：《大学》在给出“致知在格物。物格而后知至”提法之后，为什么在进一步解释“八条目”时偏偏略过了此二条？与此相关，“格物致知”既在名义上为“八条目”之最“先”、最“本”，为什么“诚其意”反在下文占尽先机？

朱熹和王阳明的《大学》“格物致知”解，是本文所要重点批评的对象。王阳明对朱学的选择性继承与超越，集中体现在他对《大学》“格物致知”的新解上。我们知道，由于“格物致知”位居《大学》“八条目”最基层，而在进一步解说八条目

① 方便指称起见，我们沿用朱熹《大学章句》中的“三纲领”“八条目”等命名，但这绝不意味着笔者接受了朱熹的解释理路。

时,《礼记·大学》却没有对之作进一步说明,此看起来与“格物致知”的基础性地位殊不相称。有鉴于此,朱熹“窃取程子之意”,为之郑重地作了补传。“格物致知”理论由此成为朱学的一大特色。在王阳明从服膺朱学到批判朱学的转变过程中,如何对待朱派的“格物致知”思想,实为其最根本的纠结之所在。龙场悟道之后,王阳明巧妙地更改朱派对“格物致知”诸字的训诂,以“致良知”对抗“格外物”,形成了自己全新的“格物致知”解释。自此以后,如何解释“格物致知”进一步成为《大学》解读的必争之地①。但若站在现代文本研究的学术规范角度看,“补传”之作明显破坏了文本的原始实在性,由之而来的“格物致知”解释公案,本质上则是游离于文本分析之外的思想义理之争②。就解释史效应来看,朱熹补传彻

① 清初刘宗周指出:“格物之说,古今聚讼者有七十二家。”(戴琏章、吴光主编:《刘宗周全集》第一册,台湾:“中央”研究院文哲研究所筹备处,1996年,第71页)关于“格物致知”的讨论,迄今为止依然络绎不绝。但其中一些研究已明显融入了新的时代因素,例如致力于考察朱熹、王阳明“格物致知”说与“现代科学精神”之间的关系问题,可以说已渐渐远离《大学》文本研究的范畴。这方面研究可参考李双壁:《从“格致”到“科学”:中国近代科技观的演变轨迹》,《贵州社会科学》1995年第5期;薛富兴:《格物致知——程朱理学悲剧命运的个案透视》,《南开学报》(哲学社会科学版)2007年第3期。

② 清儒皮锡瑞斥之为“宋人习气”,原话是:“宋人不信注疏,驯至疑经;疑经不已,遂至改经、删经、移易经文以就己说,此不可为训也。……朱子……独于《大学》,移其文,又补其传;《孝经》分经传,又删经文;未免宋人习气。而移《大学》先有二程子,删《孝经》云本胡侍郎、汪端明,则未可尽为朱子咎。……宋、元、明人说经之书,若此者多,而实宋人为之俑始。”见[清]皮锡瑞:《经学历史》之《经学变古时代》,[清]皮锡瑞著,潘斌选编:《皮锡瑞儒学论集》,成都:四川大学出版社,2010年,第32~33页。

底淆乱了《大学》文本的固有格局，王阳明虽号称回归“《大学》古本”（即《礼记·大学》），但受朱学影响，“格物致知”在其《大学》新解中仍被先入为主地设定为关键议题①。一方面，《大学》文本对“格物致知”点到为止，虽名义上以之为“始”、为“先”但实际上却极端忽视；另一方面，“格物致知”在宋明儒学史上引发了层出不穷的解释与义理之争。我们亦需对此反差做出自己的解说。

在策略上，本章将立足《礼记·大学》文本，体贴并揭示作者轻忽“格物致知”问题的内在原因。作为预告，我想提前指出：实际上是隐含在《大学》文本中的“教—学”意识，使得《大学》作者虽触及“知识”问题，但又不把它视为实质性难题。同时有必要申明的是，强调《大学》中的“教—学”意识，并非简单地在“孟荀二分”思维中向“《大学》荀说”靠拢②。

---

① 参考［明］王守仁撰，吴光、钱明、董平、姚延福编校：《王阳明全集》卷七《大学古本序》，第242～243页。

② 宋明道统论的主流是拥孟贬荀，《大学》既被尊奉为道统传承的关键一环，便自然要被这种道统论划归孟派。然而，朱熹和王阳明关于何为纯正的孟派思维，存在深刻分歧。就此而言，试图秉持孟学基调的宋明《大学》解释也并非铁板一块。朱、王在思路上的具体分歧，为《大学》学派归属之争（实质是《大学》主旨之争）埋下了伏笔。在现当代学术界，传统道统论全面式微，文本与思想上的考辨大战全面爆发。冯友兰的《大学为荀学说》横空出世；郭沫若针锋相对论证《大学》是孟派；郭沂则别出心裁提出“道德目的论”试图整合传统上二分的孟荀思维；梁涛则强调《大学》文本的历史性及其思想的过渡性，认为《大学》思想具有二元性但以孟派思路为主；等等。宋明道统论区分孟荀、辨彰正统的做法，对现当代《大学》研究依然具有深刻的范导作用。（转下页）

就思想发展的历史逻辑看:只有在“教一学”论的盲点暴露之后,“知识—理解”问题与作为解决方案的“性善”论思维才会自觉登上思想舞台;而在“性善”论崛起之后,思孟学派也并未彻底放弃源自于《尚书·周书》《论语》的儒家“教一学”意识。此是后话,可参考本书第五章。①

第一节 《大学》之“学”非毛奇龄所谓“实字之‘学’”

朱熹倾向于把《大学》“格物致知”解释为“考察外物以求知”。朱熹《大学章句》虽然也设定主体生而固有的“仁义礼智之性”,但为了强调后天人为的决定性意义,这个预设中的“天命之性/仁义礼智之性”,总体上被限定为空空如也、有待被填充的“能知”②。后来的王阳明,力求服膺上述“考察外物

(接上页)上述冯、郭、郭、梁的研究,可参考冯友兰:《大学为荀学说》,《燕京学报》第7期(后收录于罗根泽编:《古史辨四》,上海:上海古籍出版社,1982年,第175~188页;又经改易或扩充,分别编入冯友兰:《中国哲学史》上册,上海:华东师范大学出版社,2000年,第268~269页,以及冯友兰:《中国哲学史新编》,第141~150页)。郭沫若:《十批判书》,第126~130页。郭沂的相关研究,参考张岂之主编:《中国思想学说史·先秦卷(上)》第二篇第二章《〈大学〉的思想》(该章由郭沂执笔)。梁涛:《郭店竹简与思孟学派》,第132~134页。

① 本书第五章标题原拟为“《大学》‘教一学’论与《中庸》‘教一化’论”,后考虑到有必要在章标题中突出《中庸》的“真知”问题,遂改为目前的面貌。

② 当代研究者大都注意到了朱熹思想的二元性。例如,陈来指出:“从认识论的路线和原则看,朱熹一方面承认人的内心本有天赋的道德原则,同时又强调认识的直接对象是具体事物之理,只有通过具体的学习的积累过程才能最终使内心的原则彰显出来。他的思想中既包含(转下页)

以求知”的号召，努力追求以外物之理充实自己的“能知”，却始终有一种“物理吾心终判然为二”的力不从心感①。这种失败感的形成机制可分析如下：如果“自己”仅仅是有待被填充的“能知”，不预先拥有判别真知、谬误的标准（归根结底也是一种真知），那么，“自己”就无法正确取舍在考察、探究外物过程中涌现出来的各种观念（舍弃谬误，留下真知）。在真知标准（也是一种真知）缺场的情况下，任何取舍都面临“这是真的吗”质疑。王阳明所体验到的“物理与吾心终判然为二”，其实就是不断出现的自我怀疑在搅扰他的知识大厦建设。百般煎熬之后，王阳明终于借龙场之悟，进行了一次认识论的出发点转移。由此，他的注意力从外物之理，转向了自己固有的良知。龙场之悟的具体内容是：“圣人之道，吾性自足，向之求理于事物者误也。”②沿着这个思路，王阳明将《大学》

（接上页）一种唯理论的先验论，又包含关于认识过程的经验论。”（陈来：《宋明理学》，北京：生活·读书·新知三联书店，2011年，第199页）那么，作为一种生存意识，朱熹究竟更强调先验论方面呢，还是更强调后天的经验性认识呢？陈来在《朱子哲学研究》（上海：华东师范大学出版社，2000年，第295～296页）中指出：“他［朱熹］坚决反对把格物归结为反省内求，他说：‘格物需是到处求，博学之，审问之，谨思之，明辨之，皆格物之谓也。若只求诸已，亦恐有见错处，不可执一。’朱熹的格物学说强调对外在对象的考察了解，正是作为‘只求诸已’的对立主张而提出来的，在这个问题上他还特别对杨时提出了批评。”就此而言，朱熹实际上侧重于后天学习，而仅将内心本有天赋视为对后天学习能力的预设。

① 参考［明］王守仁撰，吴光、钱明、董平、姚延福编校：《王阳明全集》，第1224页。

②［明］王守仁撰，吴光、钱明、董平、姚延福编校：《王阳明全集》，第1228页。

“格物致知”重新解释为:“致吾心良知之天理于事事物物,则事事物物皆得其理矣。”①——从此,“格外物”与“致良知”,就成为解释《大学》“格物致知”的两种不同的基本取向。

王阳明的问题意识与解决方案不断赢得共鸣,明代儒学遂沦为王学的天下。新思路影响日深、声望日炽,对于原本“外向”特征明显的“教一学”之“学”,王门后学也要重新定义。

我们都熟悉唐代韩愈脍炙人口的《师说》,其曰:“古之学者必有师。师者,所以传道授业解惑也。”《师说》之作至少表明,“教”“学”对举,在汉语中由来已久。《礼记》中不乏此类对举,例如《学记》开篇后不久即曰:“玉不琢,不成器;人不学,不知道。是故古之王者建国君民,教学为先。”这里,“教”是“学”的前提,“教”所传授的内容,正是“学”所要掌握的目标。然而,由于王阳明心学强调充分利用自己固有的良知,仰仗外向之“学”与外铄之“教”则被视为一种忘本的生存意识。正是在上述思想史运动趋势中,作为王派后学,清儒毛奇龄在解说《论语》“学而时习之”时,提出了虚字之“学”与实字之“学”的区分。

毛奇龄认为:“如学礼、学诗、学射御,此虚字也。若志于学、可与共学、念始终典于学,则实字矣。”他还批评道:《论语》开篇的“学”字“自实有所指而言”,“注作‘效’字,则训实

① [明]王守仁撰,吴光、钱明、董平、姚延福编校:《王阳明全集》,第45页。

作虚”①。何谓耶？“学礼”“学诗”“学射御”之“学”后面皆跟有具体的学习对象，而毛奇龄却称之为“虚字之‘学’”，由此可知其所谓“实学/实字之学”之“实”并不是指“有外在的学习对象”。恰恰相反，有外在学习对象的“学”，本质上乃是一种“效”（仿效、效法），由于仰仗外在对象的充实而非直接利用固有之禀赋，这种“效—学”被毛奇龄贬称为“虚字”。站在王阳明、朱熹之争的角度看，毛奇龄的用心不难理解：所谓“实字之‘学’”旨在强调“学”这种活动本身的“实”，换言之，它自带方向感或应然原则，而不待外铄或外来对象之充实。更进一步，甚至应该反过来说：“礼”“诗”“射御”等外在对象，反而是借助这种“实字之‘学’”才被发明出来的；而且“学礼”“学诗”“学射御”要想真正开窍、学得通，亦需首先树立“实字之‘学’”的自觉。毛奇龄“实字之‘学’”概念的提出，明显秉承了王阳明龙场之悟的基本精神。那么，《大学》之“学”，究竟是不是毛奇龄意义上的“实字之‘学’”呢？

在朱学传统中，王阳明转进一层而强调“吾性自足”的“率性之谓道—从自己出发”意识，虽显得造次而猖狂却也师出有名，因为朱熹已经在宋代（二程以来）性善论传统基础上②，将《大学》“明德”等同于《中庸》“天命之性”，为后来的

---

① 程树德撰，程俊英、蒋见元点校：《论语集释》第一册，北京：中华书局，1980年，第3页。

② 《二程集》记载：“荀、杨性已不识，更说甚道”；“荀子极偏驳，只一句性恶，大本已失”！［宋］程颢、程颐撰，王孝鱼点校：《二程集》，北京：中华书局，1981年，第255、262页。

儒家哲学史运动预埋了纯粹的“性善—率性—从自己出发”意识的伏笔。相形之下，由于其“格物致知补传”大力强调外物之理的填充作用，朱学反而在生存意识层面架空了“天命之性”预设，使之沦为牟宗三所批评的“只存有而不活动”的理论虚设①——性理的活动功能被外物之理的填充作用所取缔。与此相应，王阳明对朱熹的批评可概括为：预设天命之性，却又不利用天命之性。前者是王阳明和朱熹的共识，后者则是王阳明心学的生长点。王阳明所谓“致吾心良知之天理于事事物物，则事事物物皆得其理矣”，正是在彻底而单纯地贯彻“天命之谓性，率性之谓道”的“从自己出发”意识。但问题在于，无论先秦语境（《尚书》《诗经》《论语》）还是《大学》文本，都不支持“明德”相当于“天命之性”这种解释。在西周“敬德修德”传统中，“德”属于“人为”范畴，“明德”则是人为的理想目标。《大学》在谈论社会成员最根本的“修身”功夫（深入分析则包括“正心”“诚意”乃至“格物致知”）时，并未表现出《中庸》式的“关注内在之性的发见”意识②，就此而言，以《大学》“明德”为“天命之性”只是宋明道统论者的主观勾连，《大学》文本中并未表达过与“天命之性”相应的“率性之谓道”意识。就此而言，《大学》之“学”绝非毛奇龄意义上的实字之“学”；相反，它恰恰就是强调“教—学”关系与“外铄”

① 参考牟宗三：《心体与性体》第一部综论，上海：上海古籍出版社，1999 年。

② 《大学》“明德”并非《中庸》“天命之性”是这里的立论基础，相关论证可参考本书第二章。

意识的虚字之“学”。《大学》缺乏取消“外铄”之“教”，打造“从自己出发”的“实字之‘学’”的思想意识与学术魄力①。

简单做个总结。毛奇龄意义上的“虚字之‘学’”，即“教—学”关系中的“学”。这种“学”以外在的“教”为前提，树立外在的榜样、讲论既定的教材、传授特定的知识或理解，构成教师之“教”的基本方式。教师的“教”与学生的“学”，共同构成了“教—学”的全过程。《大学》篇名中的“学”字，正是这种“教—学”关系中的“学”，按毛奇龄的术语只能归为“虚字之‘学’”。

第二节 《大学》文本折射出来的“教—学”意识

我们进一步来考察《大学》中的“教—学”意识。《大学》开篇曰：“大学之道，在明明德，在亲民，在止于至善。”②三个

---

① 陆、王思路遥相契合，陆九渊有很强的取消外铄之“榜样”的意识。《陆九渊集》卷三十四《语录上》记载：“朱济道力称赞文王。谓曰：‘文王不可轻赞，须是识得文王，方可称赞。’济道云：‘文王圣人，诚非某能识。’曰：‘识得朱济道，便是文王。’”（［宋］陆九渊著，钟哲点校，北京：中华书局，1980年，第406页）朱济道称赞文王，显然有以文王为师（作为榜样或学习效法的对象）的倾向。在朱济道，称赞是学习的起点，学习之后方能识得。陆九渊则针锋相对地指出：不识得文王，就不可能真正称赞文王（缺乏正确认识的称赞属于“轻赞”），从而也不可能真正以文王为师。那么，怎样才能识得文王呢？陆九渊给出的道路是：识得自己（因为自己中有天命之性），便识得文王。为使自己固有的“天命之性”切实成为自己的生存（包括认识与理解）出发点，外在的教师或榜样的地位必须被彻底降低。

② ［汉］郑玄注，［唐］孔颖达正义，吕友仁整理：《礼记正义》，上海：上海古籍出版社，2008年，第2236页。

“在”字句，旨在宣告此“学”的目标是什么。在提出目标的同时，《大学》开篇也将“学”或“大学”设定成为实现目标的基本途径。《大学》开篇使用的是宣告语式，并无商量、探讨的意味，这本身就是“教—学”关系中施教者权威的表露。

在完成宣告之后，《大学》进而以一种励志性话语，向读者解释为什么要立定上述目标。它说：“知止而后有定，定而后能静，静而后能安，安而后能虑，虑而后能得。物有本末，事有终始，知所先后，则近道矣。”①“至善”在字面上涵盖了“明明德”与“亲民”，朱熹称“三在”为“三纲领”，其实归结起来就是一个“至善（尽善尽美）”的最高理想。“知止”紧承“止于至善”，“知止……能得”强调的是树立目标或理想的好处，即只有目标坚定，才能有效地迈向目标②。这是一种经验之谈。

“三在”的本质即“立志”。当然，这是在教师（《大学》作者）的指导下立志。但作为最高目标或指向，“明明德—亲民—止于至善”具体指什么呢？为避免受教的立志者无从下手或误入歧途，施教者需将自己所指示的最高目标具体化。他必须指导受教者找准下手处，只有这样才能高效率地定、静、安、虑、得，最终达至理想境界。下手处若找错或找偏了，

① ［汉］郑玄注，［唐］孔颖达正义，吕友仁整理：《礼记正义》，第2236页。

② 可参考朱熹的解释：有了目标就是“志有定向”，才会“心不妄动”，并能“所处而安”，进而“处事精详”，最终才能实现目标“得其所止”（止于至善）。参考［宋］朱熹撰：《四书章句集注》，北京：中华书局，1983年，第3页。

受教者虽然忙活得辛苦,结果却也只能是在错误的方向上,或在无关紧要的细枝末节中打转。正确而关键的下手处,便是所谓的"本""始"。由此可见,做一个合格的施教者并不容易:人在生活中可以误打误撞获得一些本领(比如游泳),但误打误撞之人对形成本领的"本""始"缺乏了解,故而没有能力指导他人学习相应的本领。还有一种情况,当事人虽然对某种本领的形成机制有比较清楚的把握,但他不觉得这有什么了不起,因而根本没有充当教师的意识与冲动。这种人也无法成为教师。施教者除了掌握相应的知识,了解相关品格或技能养成机制之外,还须有一种责任或使命感驱使他去执教传授。如前所述,《大学》正是一本施教之书,那么,《大学》作者的施教意识是从何而来呢?

在进一步阐述何为"本""始"之际,《大学》作者有意无意地透露了自己的底细:"古之欲明明德于天下者,先……"①——在崇古情结中,"古"意味着传统权威。"古之欲明明德于天下者"这一提法,一网打尽了古代的一切有志之士。在崇古情结中,通过这些有志之士源远流长地传承下来的"本""始""先"之知被赋予了权威性。而正是这种附着在传统上的优越感,以及《大学》作者自己的学有所成自信,促成了《大学》作者的施教意识。"古之欲明明德于天下者"所一脉相承的知识或理解记载于各种典籍之中,如《大学》大量

① [汉]郑玄注,[唐]孔颖达正义,吕友仁整理:《礼记正义》,第2237页。

引用的《诗》《康诰》《汤之盘铭》《楚书》等古书。而位于《大学》开篇“三纲领”之首的“明德”，本身就是一个见之经传的术语，《尚书·周书》多处将这两个字连用。至少在名义上更早的《尚书·尧典》，甚至直接包含了《大学》“三纲领”“八条目”的雏形，以致《大学》“三纲领”“八条目”简直就是《尧典》开篇的翻版①。如果说《大学》作者自认为有施教资格的话，那么这种资格意识，正是由崇古情结的“古”所赋予并表达出来的。《大学》作者始终不忘自己是古之传统的学生，他所要通过《大学》文本传授的，他并不认为是自己造作发明的。《大学》作者自信自己是古之传统的学有所成者，而今作为该传统传承的一环，他也衷心希望自己的读者通过《大学》所指示的外向之学最终也能学有所成。

但是，既然有古籍与古之传统，为什么还需要当代人站出来施教呢？这是因为古籍还存在一个理解问题。比如说，《尧典》并没有使用“至善”字眼。而我们知道，“至善（尽善尽美）”是孔子对舜乐的高度评价（《论语·八佾》记载：“子闻韶：‘尽美矣，又尽善也。’谓武：‘尽美矣，未尽善也。’”）。类

① 陈来推断说：“二典［《尧典》，古文分为《尧典》《舜典》］作为文献，其写定的年代与其中所反映的思想属何时代，尚不能断定。就其中对有关德的论述来看，可能在殷商晚期后流传的。但有关具体的德行条目的确有可能在夏以前就提出来了。具体的德行条目在氏族的部落生活中就可以见到，抽象的德观念则要晚于具体的德行条目。”（陈来：《古代宗教与伦理：儒家思想的根源》，北京：生活·读书·新知三联书店，2009 年，第 319 页）

似地,孔子无疑是《大学》之前最富盛名的儒家教师,“尽美矣,又尽善也”“尽善矣,未尽善也”可视为教师孔子对古代经典音乐的阐释之辞,这些阐释作为教学语言当然是为了帮助学生更好地理解传统。类似地,《大学》通过“三纲领”“八条目”对更古老的《尧典》开篇进行改写,乃是为了使古书中的思想在现时代更具层次感或可读性。当然,万变不离其宗,改写者或教师会认为,清晰的层次与相应的阅读理解是古书或传统的题中应有之义。但是,能从古书中读出这题中应有之义,就需要专门的本事了,这是学有所成者才具有的能力。除孔子之外,《大学》还援引了曾子的言论,朱熹因此推断,曾子可能是《大学》作者最直接的老师①。《大学》作者对古书的学习,正是在这些近代或当代教师指导下进行的。教师的指导大大加快了学生读通古书接续传统的效率,每个时代因而都需要自己的教师。实际上,正是基于对教师作用的上述体认,以及对于自己是独一无二的当代教师这一资格(关系着传统能否有效传承下去)的高度自信,孔子在极端情况下才会发出这样的慨叹:“文王既没,文不在兹乎?天之将丧斯文也,后死者不得与于斯文也;天之未丧斯文也,匡人其如予何?”(《论语·子罕》)与此类似,作为一个曾经受教而今自信学有所成的学者,《大学》作者既认为自己有施教的资格也深深知道施

---

① “……孔子……独取先王之法,诵而传之以诏后世。……三千之徒,盖莫不闻其说,而曾氏之传独得其宗,于是作为传义,以发其意。”参见[宋]朱熹撰:《大学章句序》,《四书章句集注》,第2页。

教的必要性所在。

作为当代教师,前有古人,后有来者。施教既是“引经据典”的传承过程,同时也是解释经典的“立言(创造新文本)”过程。新文本(解释性文字)的权威性由旧文本赋予,旧文本则藉新文本(解释性文字)不断展现出生命活力。据陈来教授考察,引经据典现象在春秋时代已经很常见①。可见,“教—学”乃是源远流长的现象。正是因此,《大学》作者才无须自行发明“教—学”这种活动,而是近乎自然而然地受益于前辈的施教,进而又自然而然地担负起施教者角色。正是因为身处这种已然存在的“教—学”传统和关系之中,《大学》作者才想不到要对它进行专门的交待和反思,而是在开篇之际即直奔主题,宣告他所要传授的最高纲领和实现这种纲领的节目次第。而在具体阐述节目次第之际,“古之欲明明德于天下者”作为起始语,终归还是折射出了《大学》作者的“教—学”意识。基于以上分析,我们再次强调,“教—学”意识乃是《大学》隐含的前提。

朱熹对《大学》中的“教—学”意识强调得比较充分,其《大学章句序》中的下述说法可资参考:“大学之书,古之大学所以教人之法也。盖自天降生民,则既莫不与之以仁义礼智之性矣。然其气质之禀,或不能齐,是以不能皆有以知其性之所有而全之也。一有聪明睿智能尽其性者,出于其间,则天必

① 可参考陈来:《古代思想文化的世界:春秋时代的宗教、伦理与社会思想》第六章《经典》,北京:生活·读书·新知三联书店,2009 年。

命之以为亿兆之君师,使之治而教之,以复其性。此伏羲神农黄帝尧舜所以继天立极,而司徒之职,典乐之官,所由设也。三代之隆,其法浸备,然后王宫国都以及闾巷,莫不有学。人生八岁则自王公以下,至于庶人之子弟,皆入小学,而教之以洒扫应对进退之节,礼乐射御书数之文。及其十有五年,则自天子之元子众子,以至公卿大夫元士之适子,与凡民之俊秀,皆入大学,而教之以穷理正心,修己治人之道。此又学校之教,大小之节,所以分也。……”[①]朱熹这个说法,直接导致后来的学者尝试从古代学校制度角度,考据《大学》成书年代问题,这一考据进路已为当代研究所否定[②]。尽管如此,朱熹在《序》中对“教”和“学”的强调,在笔者看来确实命中了《大学》的思想特质。与此相应,朱熹虽然将《中庸》“天命之性”概念引入了《大学》,但《大学章句序》并不像王阳明的《大学问》那样试图全方位贯彻“从自己出发”的“率性”意识;《大学章句序》并不谋求消解《大学》文本所固有的外在之“教”与外向之“学”意识。引入“天命之性”却又不充分利用“天命之性”概为朱熹《大学》解的双重(文本分析上的、义理上的)败笔,但《大学章句序》中浓烈的“教—学”意识却也表明,朱熹

① [宋]朱熹撰:《四书章句集注》,第1页。

② 参考梁涛《郭店竹简与思孟学派》,第104~107页;郭沂《〈大学〉新论——兼评新儒家的有关论述》,《新儒家评论》第二辑,北京:中国广播电视出版社,1995年。我不同意郭沂所谓《大学》作于子思门人或作于子思本人的说法,但接受其关于“先秦两汉文献中不存在有关古代学制与《大学》关系之论述”的考证。

的理解和解释在很大程度上还是忠于《大学》文本的。

第三节　“知识现成”凸显“意志软弱”

每一代教师曾经都有受教的经历,他们通过受教完善自己的“知识—理解”结构。这种经历会使他们倾向于认为:知识是现成的,就在书本中,就在前辈教师那里。相应地,当他们自己成为教师之后,他们自然而然地就会承担起传授既定知识的责任。总的来说,“教—学(施教—受教)”意识不要求学生担负发明知识的责任。知识被认为由施教者和教材提供。在从教师和教材那里领受知识的基础上,受教者的主要责任就是:把所领受来的知识落实为行动。相应地,能否忠实地践行所学之知,就成为教师评判学生的根本尺度。传承并践行既定之知既是“教—学”的基本目标,教师便自然会对学生身上的“知而不能行”问题,看在眼里急在心里。由于问题被认为是出在“行”而非“知”上,也就是说它被视为意志持守而非智力探究问题,我们也称之为“意志软弱”问题。

《大学》“所谓诚其意者”章,以入木三分的语言,呈现了这种“意志软弱”问题:

> 所谓诚其意者,毋自欺也。如恶恶臭,如好好色,此之谓自谦。故君子必慎其独也。小人闲居为不善,无所不至,见君子而后厌然,掩其不善而著其善。人之视己,如见其肺肝然,则何益矣?此谓诚于中,形于外,故君子

必慎其独也。曾子曰:“十目所视,十手所指,其严乎!”富润屋,德润身,心广体胖,故君子必诚其意。①

认为《大学》属于孟派者,多取本段作为重要论据,远的如王阳明,近的有郭沫若。我们需先对这种解读思路进行批驳。王阳明的说法是开创性的。在《大学问》中,他说:“凡意念之发,吾心之良知无有不自知者。其善欤,惟吾心之良知自知之;其不善欤,亦惟吾心之良知自知之;是皆无所与于他人者也。故虽小人之为不善,既已无所不至,然其见君子,则必厌然掩其不善,而著其善者,是亦可以见其良知之有不容于自昧者也。”②相比之下,郭沫若基于逻辑自洽性的议论则很简单:“正心诚意都原于性善,如性不善则心意本质不善,何以素心反为‘正’,不自欺反为‘诚’?”③

作为一种文本解释,郭沫若的上述说法比较笼统,只是指出了一个性善论的大体逻辑。从文本解释角度看,问题的关键在于,“性善—率性”思路能否将“格”“致”“诚”“正”四条目安排妥当?我们知道,除“致知在格物”一句之外,《大学》在首次排列八条目时,全部采用“欲……先……”句式。“欲……先……”和“……在……”的句式差别意味着什么呢?

---

① [汉]郑玄注,[唐]孔颖达正义,吕友仁整理:《礼记正义》,第2237~2238页。

② [明]王守仁撰,吴光、钱明、董平、姚延福编校:《王阳明全集》,第971~972页。

③ 郭沫若:《儒家八派的批判》,《十批判书》,第126页。

按照王阳明的“致良知”思路，“正心”“诚意”“致知”“格物”实为一事，王阳明因而不从时间先后角度解释“欲……先……”。郭沫若所谓的“都源于性善”，符合王阳明的思路，按照这个思路，“格”“致”“诚”“正”本质上都是“率性”。但既为一事，《大学》文本为何要郑重其事地排列先后呢？对此，王阳明的解释是，此乃“功夫所用之条理”①。王阳明似乎认为，将“条理”落实为实践，在时间上仍然不分先后。但就字面而言，“欲……先……”显然是在表达时间上的先后次序；相形之下，倒是“……在……”句式，更适合表达无时间性的“一事之条理”关系。那么，《大学》为何不通盘使用“在”字句组织对“八条目”的排列呢？

无论如何，强行取消“欲……先……”的时间性，从文本解释角度看是很别扭的。特别地，“修”“齐”“治”“平”四条目所对应的“身”“家”“国”“天下”，在经验上指称着不同范围的人际关系。尽管这些人际关系有相互重叠或关联之处（比如，“家”中之人，同时也是“国”与“天下”中人），但在成长的不同时段，修身者的社交范围还是有不同侧重的。“身修”“家齐”“国治”“天下平”这四件事情，在时间中，总的来说是分步实现的。“身修”之人虽已具有了优秀的品格，但还是需要在时间中等待上位，进而才有资格亲自把各种家事理

① 王阳明《大学问》：“盖身、心、意、知、物者，是其工夫所用之条理，虽亦各有其所，而其实只是一物。格、致、诚、正、修者，是其条理所用之工夫，虽亦皆有其名，而其实只是一事。”（[明]王守仁撰，吴光、钱明、董平、姚延福编校：《王阳明全集》，第971页）

顺;余者类推。与此类似,“格”“致”“诚”“正”对应的“物”“知”“意”“心”,也是分别有所指称的。实际上,正因为存在这种指称上的差别,才谈得上功夫所用之“条理”(否则,均指一物或完全同质,何谈条理)。而一旦有差别、有条理,生存者在实践上就不可能同时兼顾,而只能先后进行①。可以说,《大学》文本所固有的上述时间先后性,拒绝王阳明的“心”“意”“知”“物”一体训释。

沿着这一思路,我们来看前引《大学》“所谓诚其意者”章的那段文本。《大学》以“慎其独”解释“诚其意”,而我们知道,《中庸》开篇不久也谈到了“慎其独”。笔者认为,《中庸》的“慎其独”应该从“率性”的角度来解释,但《大学》“慎其独”(包括“毋自欺”“自谦[慊]”“诚其意”)却不能作如是解②。空说无凭,下面列出《中庸》首章的这段文字,以与前述

---

① 徐复观特别强调,格物与天下平之间的媒介体(其他六条目)绝非虚设,每两者之间实须增加新的因素。对此,笔者完全赞同。参考徐复观:《中国人性论史》,上海:华东师范大学出版社,2005年,第170～171页。

② 郭沫若的看法恰好与此相反。他说:“《大学》在我看来实是孟学。它是以性善说为出发点的,正心诚意都源于性善,如性不善则心意本质不善,何以素心反为‘正’,不自欺反为‘诚’?”参见郭沫若:《儒家八派的批判》,《十批判书》,第126页。对此,我们可以这样反驳:首先,《大学》对“所谓修身在正其心”的解释,不能简单概括为“素心为正”。其次,《大学》提出“不自欺”乃是在解释“诚其意”,而非单单解释“诚”。“不自欺”的“自”,其实即“意”;而“意”则是经由“格物致知”环节生成的,总的来说是外来的而非自己固有的。郭沫若自己也说“人心只是一张白纸,要假借于物才有知识”(同上,第127页,至少在表述上,这不是纯粹的“吾性自足—率性”思维),可惜的是,他并没有就此回头检讨自己对《大学》“正其心”“诚其意”的解释。

《大学》引文加以比较。《中庸》开篇这样写道：

> 天命之谓性，率性之谓道，修道之谓教。道也者，不可须臾离也，可离非道也。是故君子戒慎乎其所不睹，恐惧乎其所不闻。莫见乎隐，莫显乎微，故君子慎其独也。

《中庸》在谈及“慎其独”之前，先提出了“天命之谓性，率性之谓道”这两个命题。本书上一章指出，“天命之谓性”预设了“性”为人人生而固有，并且绝对可靠。“率”字则意味着，“性”是作为“内在向导”而存在的，它会自动发见指引。由于“性”属于每一个个体自己，“率性”因而是他人无法插手之事。反言之，如果有人试图按照别人（比如老师）的指示去率性，那么他实际上就不是在“率性”，而是在“率教”。由此观之，“性”的实在性或向导作用，是在“隐”“微”间也即在个人私人体验中彰显的。这就是所谓的“莫见乎隐，莫显乎微”，此“隐”此“微”不是指物理上的孤独，它们强调的是向导指引的内在性与相关体察的私人性。抓住这一点是理解《中庸》“慎其独”的关键所在。一个人，即便身处嘈杂或众目所视的环境之中，他也依然可以倾听自己内心的声音——生而固有之可靠向导的内在指引。数段之后，《中庸》又拿“鬼神”与“祭祀”，类比“性”与“率性”的微妙性。正如“鬼神”非肉眼可见、非肉耳能听，但人却可以在“祭祀”仪式中体验其临格那样，人若诚心诚意专注自己的内心，就一定能体验到

“性”的发见[①]。

可见,《中庸》所谓“慎其独”是用来解说“率性之谓道”的,这其中蕴含着深刻的“真知”问题意识。“率性之谓道”意味着,“性之发见”与“对性之发见的体认”,才是“真知”的源泉。故此,欲按真知遵行真道,就必须对“性之发见”时刻保持倾听姿态。这种不间断地留意倾听内在指引的意识,就是《中庸》所谓的“戒慎”“恐惧”“慎其独”。这些提法意味着,“率性”是一种冷暖自知的私人体验,“戒慎乎其所不睹(视之无人),恐惧乎其所不闻(听之无声)”[②]所形容的正是这种私密性。

相比之下,《大学》“诚其意”则特别顾虑旁观者的督察。它说:“小人闲居为不善,无所不至,见君子而后厌然,掩其不善而著其善。”“小人”通过受教(当代教师所主导的社会舆论),已经知道了什么是应该的什么是不应该的。他之所以为“小人”,乃是因为他知而不行。而由于“教—学”是在权威中进行的,人一旦受教,相应的知识(什么是应该的什么是不应该的)就会对他产生压力。每个社会成员面对这种压力,都有一个从外到内被驯服的过程。在施教者(包括舆论监督者)

---

① 《中庸》这段文字为:“鬼神之为德,其盛矣乎! 视之而弗见,听之而弗闻,体物而不可遗。使天下之人齐明盛服,以承祭祀,洋洋乎如在其上,如在其左右。《诗》曰:‘神之格思,不可度思,矧可射思。’夫微之显,诚之不可掩如此夫!”这段文字在什么意义上涉及“性”与“率性”议题,可参考拙作:《〈大学章句〉中的“出发点丧失”问题》,《周易研究》2011 年第5 期。

② 解释参考[汉]郑玄注,[唐]孔颖达正义,吕友仁整理:《礼记正义》,第 1987 页。

缺场的情况下,尚未完全被驯服的社会成员,往往会(近乎本能地)重新回到无教养状态。这就是所谓的“小人闲居为不善,无所不用其极”。不过,施教者一旦出场,弱化的压力感就会重新加强。《大学》这里所谓的“君子”,实际上就是作为施教者或督察者出场的而小人一旦“见君子”,就会趋于收敛,“厌然,掩其不善而著其善”。在《大学》式“教—学”论的语境中,小人与君子分享相同的应然之知。面对一位不与自己同流合污,而又突然出现在自己面前的君子,小人会有一种因畏惧指责而抬不起头来的感觉,“十目所视,十手所指,其严乎”形容的正是这种畏惧外在监督的体验①。

总而言之,《大学》论“诚其意—慎其独”,侧重的是“知而不行”问题。躲躲闪闪、人前人后两张皮的“小人”形象,正是知而不行的典型。在“教—学”语境下,这种人虽在施教者和舆论监督缺场之际能获得某种快感(“无所不用其极”),但权威之知始终给他造成深深的压力与心理阴影。就此而言,他活得并不痛快。鉴于此,《大学》作者顺水推舟,号召读者自觉做“诚于中,形于外”的“君子”。如此,一方面,经由“教—学”获得的应然知将得以自觉贯彻;另一方面,因为这种自觉贯彻,受教者亦可进入“心广体胖”的舒畅状态。小人的不痛快感,源于对“教—学”权威的违逆;君子的舒畅感,则归根结

① 笔者赞同朱熹对这段文字的解释:“此言小人阴为不善,而阳欲掩之,则是非不知善之当为与恶之当去也;但不能实用气力以至此耳。”参见[宋]朱熹撰:《四书章句集注》,第7页。

底是因为顺服了这种权威。《大学》在进一步解释“八条目”时，略过了“格物致知”而直接从“诚其意”开讲，恰好反映了“教一学”意识及由之凸显出来的“知而不行一意志软弱”问题意识，在《大学》作者头脑中的突出地位。

最后，我们再来看看《大学》中的“人之视己，如见其肺肝然”这一提法。这里的“人”，孔颖达释为“外人”；朱熹谓“[小人]欲掩其恶而卒不可掩，欲诈为善而卒不可诈”，同样是以“外人督察”作为语境①。但是，一个人的心态，当真那么容易被外人看透吗？对此，至少《中庸》不会苟同。前面指出，《中庸》更强调“率性”的内在性与私密性，甚至有“及其至也，虽圣人亦有所不知焉”的提法。这是因为：“率性”既是个人倾听自己内在向导指引的意识活动，外人指手画脚反而不利于当事人集中注意自我倾听。王阳明本着他的“致良知”立场，亦对这种注意力分散非常反感。依此《中庸》或王阳明式思路，上述“人之视己”之“人”当释为“己”，以便提醒读者注意消除“在乎外人督察”这一分散自我体察的专注力的因素。不过，综观《大学古本序》与《大学问》，我们看不到王阳明对这段文字的专门解释。王阳明主要侧重于通过重新解释地位耀眼的“三纲领”“八条目”以与朱学争夺话语权，被朱熹称为《大学》传文的部分他则无暇细考（除了在“格物致知补传”上与朱熹较劲儿外）。就此而言，王阳明的《大学》新解作

① 参考[汉]郑玄注，[唐]孔颖达正义，吕友仁整理：《礼记正义》，第2242页；[宋]朱熹撰：《四书章句集注》，第7页。

为一种文本研究(而非义理探究),乃是很不严肃的。而实际上,《大学》“所谓诚其意者”章的“见君子”“十目所视,十手所指”“大畏民志”(“子曰听讼”一段)等提法,皆是在表现外在督察的积极作用。我们因而不能按《中庸》或王阳明式思路,将该章中的“人之视己”解释为“当事人自己视自己”,而是应该按照孔颖达和朱熹的旧注,将其理解为“外在督察者”意义上的“外人”。——回到我们刚才提出的问题:《大学》为什么会认为外在督察者很容易看透被监督者的内在心态?在“教—学”语境下,《大学》作者的这种观点实际上不难理解。施教者和受教者共享相同的应然,此乃带着权威的共识之知。面对这些权威的共识,当事人只可能有躲躲闪闪(在知而不行的情况下)和正大光明(在知而力行的情况下)这两种心态。每个受教者心里都很清楚,这些知识就是其他有教养之人用来评判一切言行举止的标准,自己若不力行,就会被人戳脊梁骨乃至遭到社会惩罚。在这里,知识的公共性,是督察者洞察他人心态的前提——只要看看当事人的行为或迹象,便很容易判断出他当下正处在“知而不行的躲躲闪闪”还是“知而力行的正大光明”心态中。也就是说,《大学》在“教—学”意识与“应然共识”前提下,持有一种“心态二分”与“他心易知”信念。

以上,我们从施教者(教师)对受教者(学生)的期待,受教者对“教—学”权威的压力体验,《大学》《中庸》在思路上的差异,应然之知的公共性及施教督察的可能性这几个角度,展示了“教—学”意识下的“知而不行—意志软弱”问题。《大学》“所谓诚其意者”章对此问题下了大力气,并最终把人分成了两类：一类是能自觉“诚其意”，因而成功跻身“君子”行列者；另一类则缺乏力行的自觉性，在必要的情况下甚至需要借助执政者的声色成势强迫其在“怕觉”中就范（“无情者不得尽其辞，大畏民志”）的“小人”。

第四节　“格物致知”归结为“意志持守”

回到本章一开始提出的问题：《大学》为什么没有对“格物致知”作进一步阐述？我们知道，传授知识通常被视为“教—学”的基本任务。《大学》之“学”，如本章第一节所指出的，乃是“教—学”之“学”。就此而言，《大学》已然触及了“知识”与“知识的获取”问题。实际上，《大学》位于“八条目”最基层的三条，正是围绕知识问题而发：“欲诚其意者，先致其知。致知在格物。”对于《大学》“致知在格物。物格而后知至”的提法，读者难免会生出两方面疑问：一方面，格物（考察具体的人与事）一定能致知（获得知识）吗①？与此相关，格物者最终一定会认同《大学》“八条目”这套知识系统吗？格物难道就不可能引致与“八条目”相龃龉的知识吗？例如，《老子》不正是通过对自然与人事的观察，提出了“反者道之动”“守柔”“无为”“小国寡民……民至老死不相往来”等另类主张（知识）吗？另一方

① 关于“格物致知”，朱熹释“格物”之“格”为“至也”，“穷而致之”（穷尽），然朱门后学车若水、当代学者张岱年、陈来皆认为，在这里以“量”、“度”训“格”，更符合《大学》上下文。（文献出处参见陈来：《朱子哲学研究》，第286～287页。）

面，格物致知具体如何实施？我们知道，后来的王阳明曾格庭前竹子七日，没能致知反倒致疾①。既然存在诸如此类的深刻问题，《大学》为什么会在这个节骨眼上保持沉默呢？

由于“格物致知”处于“欲……先……”线性序列的最基层，读者自然会产生一种印象，即：《大学》似乎抛开了传统教义，而要求读者直接面对“物（事）”，以便从中探求有关“明明德于天下”的知识。朱熹便是走在这个思路上，故认为“格物致知”议题事关重大，《大学》原文断无语焉不详的道理。为此，他补作“格物致知传”，试图从存在论与方法论层面，对“格物致知”作进一步说明。朱熹补传的全文是：“所谓致知在格物者，言欲致吾之知，在即物而穷其理也。盖人心之灵莫不有知，而天下之物莫不有理，惟于理有未穷，故其知有不尽也。是以《大学》始教，必使学者即凡天下之物，莫不因其已知之理而益穷之，以求至乎其极。至于用力之久，而一旦豁然贯通焉，则众物之表里精粗无不到，而吾心之全体大用无不明矣。此谓物格，此谓知之至也。”②一方面，朱熹提出了类似“所知”（天下之物莫不有理）与“能知”（人心之灵莫不有知）的概念，以被认识对象与认识能力的存在，解说“格物致知”的可能性。另一方面，朱熹同时提出了认知的完善化问题，并以“尽”“极”“至”等程度副词进行相关表述，其中蕴含着自行

① ［明］王守仁撰，吴光、钱明、董平、姚延福编校：《王阳明全集》，第1223页。

② ［宋］朱熹撰：《四书章句集注》，第6~7页。

“格物致知”最终必将在知识上达到完善之境，与“古之欲明明德于天下者”必相契合之意。不过，前已指出，朱熹的“补传”行为遭到了清儒皮锡瑞等的猛烈抨击。而站在文本研究的立场上看，这些批评实际上提出了正视《礼记·大学》在“格物致知”问题上的沉默①。

在宋明儒学史上，朱熹的“补传”彻底激活了王阳明的“真知”问题意识，他对如何获得正确的知识这一问题要比朱

① 皮锡瑞的抨击参考［清］皮锡瑞著、潘斌选编：《皮锡瑞儒学论集》，第32～33页。当代研究者郭沂则认为：关于“格物致知”，“其实并不是《大学》本文没有论及，而是其所论为学者所忽视”。郭沂还认为，以下两小段正是《大学》解释“格物致知”的文字：“子曰：‘听讼，吾犹人也，必也使无讼乎！’无情者不得尽其辞。大畏民志，此谓知本”；“此谓知本，此谓知之至也”。参考张岂之主编：《中国思想学说史·先秦卷》（上），第272页。但问题在于，在《大学》原本中，以上两段文字分别位于“所谓诚其意者”和“自天子以至于庶人，壹是皆以修身为本”两段的末了。而作为一种解读方案，郭沂仅仅因为“物”“本”“知”字眼儿上的相关性，便断定这几处文本在谈论同样的条目（“格物致知”）。这是一种基于片断性相似，人为地割裂固有文脉而建立起来的关联。若将这些片断置于上下文中，则那段孔子语录及稍后的“知本”言论，实际上均是在探讨“诚其意”。而另一处“此为知本，此为知之至也”，则旨在强调“修身（品格修养）”乃实现最高境界的根本途径。郭沂的做法虽不像朱熹那般明目张胆，但实际上仍然是移易经文之举。站在尊重文本历史性与实在性的立场看，补传和移易经文，往往都不是文本解释的正途。作为一种文本研究态度，我们特别强调：文本是在历史中形成的，而在找到更原始的文本或相关硬证据之前，作为读者，我们没有资格根据自己理解、推测、想象重新编辑文本。允许研究者按照自己的心意编辑文本，并据此谈论文本思想——这既是在破坏研究者的读者身份，也是对文本作者身份的一种僭越。这种破坏与僭越从根本上扰乱了文本研究者的阅读理解活动，文本实在性（可阅读理解性）的彰显（原是阅读理解的基本任务）就此让位于研究者已有的理解或观念的自我强化。

熹更为严肃。在努力服膺朱熹“考察外物以求知”这一方法论而屡遭失败之后,王阳明最终改弦更张,以“致吾心良知于事事物物”重新解释《大学》“格物致知”。相比于朱熹,龙场悟道之后的王阳明从根本上排斥外在的“教—学”意识。但这种排斥有多少《大学》内文依据呢?在上一节中,我们曾指出:王阳明忽略了多处文本细节,实际上,他很少讨论朱熹所谓的《大学》“传”文部分。王阳明的阅读理解聚焦于《大学》“三纲领”“八条目”部分(也就是朱熹所谓的“经”),其对朱熹“格物致知”思想困境的体验,始终是其阅读理解并解释《大学》文本的思想。在本书第一章中我们早已从方法论反思的角度指出,王阳明的《大学》新解,本质上是将自己所体认的最佳义理“读进”文本的过程①。

而对于本研究来说,既然我们已经表明《大学》“三纲领”“八条目”总体上并不表达“率性之谓道”意识,那么我们就不允许自己像王阳明那样,硬将“格物致知”往“推致固有良知以正物事”方向上训释。相形之下,像朱熹那样,把“格物致

① 依《年谱一》记载,王阳明先是有义理之悟,而后“乃以默记五经之言证之,莫不吻合,因著《五经忆说》”。([明]王守仁撰,吴光、钱明、董平、姚延福编校:《王阳明全集》,第1228页)——“以默记五经之言证之,莫不吻合”,使得王阳明进一步巩固了自己对所悟原理的信心。由此,他就有了充足的底气向各种相反的思维宣战,而朱派《大学》“格物致知”论首当其冲。这种“先有义理之悟,而后再致力于化解挑战”的为学次序,使得王阳明在进行文本解释时,一方面特别推崇自己的所悟,另一方面则特别注意重新解释那些曾经使自己跌倒的段落。这两个因素合起来,使王阳明的《大学》新解带有了很强的先入为主色彩。

知”释为“考察外物以求知”,更为平实。那么,《大学》为什么不像朱熹“补传”那样对“考察外物以求知(格物致知)”作进一步的专门说明(犹如解释其他条目那样)呢?

我们完全可以从“教—学”意识出发,解释《大学》在“格物致知”议题上的沉默。前面指出,“教—学”的基本任务就是传授知识。而包括“格物致知”在内的“八条目”以及“三纲领”,本身就是一种知识。也就是说,《大学》在排列“三纲领”“八条目”的时候,已然是在向读者传授应然知识了。而尽管知识是关于“物(事)”的知识,但《大学》并不指望读者靠自己考察外在物事以求知,因为“教—学”的基本作用就在于加快受教者的知识积累速度。《大学》所关心的“物(事)”,就最高纲领而言,即“明明德,亲民,止于至善”。分而言之,“明明德”侧重执政者个人品格与德行修养,“亲民(使民亲附)”体现了《大学》的政治意识,“止于至善”则是个人修养与政治的完美结合。而从过程角度看,《大学》所关心的“物(事)”,无非就是:执政者如何“明明德于天下”。为此,《大学》基于“本末”“终始”“先后”的考虑,一字排出了朱熹的所谓“八条目”。排列“八条目”的过程,实际也是传授更具体的关于“物(事)”的知识的过程。

《大学》作者在其“教—学”意识中,并不要求乃至不鼓励读者独立考察“物(事)”。本着自信的施教者意识,《大学》作者主动带领读者对“意”“心”“身”“家”“国”“天下”作进一步的了解。特别地,跟随《大学》“所谓齐其家在修其身”“所谓治国在齐其家”“所谓平天下在治其国”三段文字,读者可进一步体会到“家—国—天下”的同构关系。在展示这种同构关系的同时,《大学》又展示了“孝”“弟”“慈”这三条家庭伦理德目的可推广性。这种可推广的家庭伦理德目,正是读者最容易下手的具体知识。那么,这些知识是否正确、有效呢？读者又否能够跟得上《大学》的进一步传授,从而真切地认肯这些具体知识呢？特别地,如果读者对《大学》进一步传授的上述知识缺乏共鸣,甚至更倾向于与之相反的知识或原则,那又该怎么办呢？

与这些消极的可能性相反,《大学》作者作为施教者,表现出了“过来人”的自信。他毫不怀疑自己所承继、所传授的这套“古之欲明明德于天下者”知识体系的正确性,且坚信“孝”“弟”“慈”及其推广原则在“家”“国”“天下”层面的有效性。“所谓平天下在治其国者”章甚至断言,那些一意孤行而违逆上述普适德目的社会成员,犹如“好人之所恶,恶人之所好,是谓拂人之性,菑必逮夫身”。这意味着,对于《大学》所教缺乏共鸣乃至背道而驰者,最终将会以遭受社会惩罚的方式体会到相关知识的力量①。就此而言,在

---

① 郭沫若曾这样评论《大学》这唯一一处带“性”的文字,他说:“如性为不善,则‘拂人之性’正为好事,何以反有灾害?”(郭沫若:《儒家八派的批判》,《十批判书》,第126页)郭沫若上述评论,逻辑上非常清晰,却脱离了《大学》的语境。这里所谓“人之所好”“人之所恶”,其实是指“人之所共好”“人之所共恶”。“人”在这里是带有全称意味的不定代词,“共好”“共恶”即具有社会共识的权威德目。“拂人之性,菑必逮夫身”进而从切身利害角度,指出了违逆这种共识权威的严重后果:将为一切人所不容。“是谓拂人之性”旨在强调德目共识的权威性,无论如何,这里毫无探讨“如何从‘性’获取‘知识’”之意。我们不应依据这仅有的一处“性”字,推论《大学》持有“天命之谓性,率性之谓道”式思路。

“教—学”之外,误打误撞的“格物”者,通过不断碰壁,最终也可以达至同样的“知”(只要有足够的时间)。然而,站在《大学》作者(作为自信的施教者)的立场看,既然代代相承的传统已然提供了现成的正确知识,那又何必再去走通过碰壁而领悟真知的弯路呢?受教者不如从一开始就乖乖接受施教者的传授与指导,并在接下来的“自修”过程中,按照所学留心“物(事)”,不断印证、细化自己对所学内容的亲知。

作为一个学有所成的施教者,《大学》作者对于自己所承继的知识体系充满信心。基于一种类似于“真理必定战胜谬误”的信念,《大学》作者相信,社会成员即便不主动受教,最终也一定会在待人接物的社会生活之中,殊途同归于他所传授的知识体系。正是基于这种信心,《大学》作者才会脱口而出“致知在格物”,在他看来,“物(事)”时刻不停地都在通过社会生活彰显《大学》所传授的传统知识的真理性。不过,《大学》作者同时认为,生存者没有必要单靠自己从零格致,这样做将无异于那些“好人之所恶,恶人之所好”的四面碰壁者。作为一个自信的施教者,《大学》作者自然希望学生先把自己传授的知识系统接受下来(不管有多大共鸣或切实认肯多少),然后再在持守的过程中去经历、体会这些知识的真理性。在他看来,由于“物(事)”时刻不停地在彰显这些知识的真理性,这种先入为主的“接受—持守—体认”模式非但不是一种误导,反而会大大提高知识的积累效率[1]。不难指出，在共鸣与认肯尚不充分的情况下，“持守”将主要是一种意志努力。“教一学”语境下的“格物致知”问题，就此归结为“意志力”的持守问题。《大学》在对“八条目”作进一步解释时，强调意志努力的“所谓诚其意者”章会覆盖“格物致知”而独占鳌头，原因也正在这里。

小 结

朱熹和王阳明关于“格物致知”的讨论自有其哲学价值。然而，我们不能将这种哲学价值，混同于文本研究的客观性。作为一个文本事实，《大学》在进一步解释“八条目”时，确实略过了最为“始”“先”的“格物致知”，而着重对“诚其意”大书特书。在辨析、批判朱、王《大学》解释的同时，本章从“教一学”概念入手，对长期困扰学术史的《大学》文本这一不同寻常之处，提出了自己的解释。归根结底，《大学》之所以会在触及“格物致知”议题之后却又将其弃置不顾，乃是因为《大学》作者特别服膺“教一学”这种隐而未宣的生存意识。《大学》的“教一学”意识，首先通过开篇的“学”字，以及“古之欲明明德于天下者……”这一提法透露出来。深入的文本与义理分析则表明，“教一学”意识大大凸显了受教者的“知

① 可参考《大学》自己解释“诚其意”的一处文本：“‘如切如磋’者，道学也。‘如琢如磨’者，自修也。”这里，“学”与“自修”对举，恰好印证了本章所谓的“学”是“教一学”关系中的“学”，而“自修”则是在接受与持守的基础上进一步体认所学的基本观点。

而不行—意志软弱”问题，而这正是“诚其意”的诊治对象。总之，正是因为“教—学”意识预设了现成的应然之知，《大学》才可以不去专门探讨“格物致知”何以可能以及如何“格物致知”；而又因为“知识现成”凸显了“知而不行—意志软弱”问题，“所谓诚其意者”章才会在《大学》下文中占尽先机。此外，“教—学”意识不提倡受教者单靠自己“格物致知”，而在“施教—接受—持守—体认”这种“教—学”模式中，“格物致知”最终被归结为非智力性的“意志持守”问题。这是《大学》下文没有对“格物致知”作进一步解释的深层原因，换言之，在“教—学”意识下，知识或智力问题已然归结为意志力持守问题。

第四章 《中庸》首章：本体论误区与生存论新解

《中庸》通常被视为最富哲学意味的儒家经典之一，宋儒曾将其与《易传》相会通，而熔铸出蔚为大观的"宇宙论—本体论"[①]系统。《中庸》首章（按朱熹《中庸章句》分章）的"宇宙论—本体论"解释进路，可以追溯到汉代的《郑玄注》和唐朝的《孔颖达疏》。本体论者总是试图对"体—用"之"体"进行规定，并在此基础上"由体推用"，这样，儒家伦常日用合法性似乎就找到了本体论根基。但细审相关论述则不难发现，论者对于特定之"用"的青睐（往往取决于主流共识，因而可称之为"教义"），从一开始就决定了他选用哪些"名言"来界定"本体"。就此而言，"界定本体—由体推用"乃是一种不折不扣的循环论证，除了强化推论者既定的义理偏好之外并无其他积极功效。

---

① 张岱年先生独创"本根论"提法，以之作为《中国哲学大纲》第一部分宇宙论第一篇的标题（张岱年：《中国哲学大纲》，南京：江苏教育出版社，2005 年，第 37～40 页）。鉴于"本根论"一词流行不广，这里遂以"宇宙论—本体论"提法代之。

本章所要指出的是,这种误入"循环论证"歧途的本体论思路,并不合乎《中庸》首章的文脉。

《礼记正义》之《郑玄注》《孔颖达疏》与朱熹《中庸章句》,虽贵为三家经典旧注,但在解读《中庸》首章时,却一脉相承地堕入了上述本体论误区。当代学者虽然试图回归早期儒学语境重新考究《中庸》文本,但迄今为止尚未发展出足以匹敌经典旧注的系统性新解。多年前,倪培民教授曾在安乐哲、郝大维的研究与翻译工作基础上,旗帜鲜明地反对"对形而上学的强调",提倡"从功夫论角度解读《中庸》"①,诚可谓开启了一个新的解释角度。不过,倪氏行文中的"自然倾向""内指本我""人心天赋本然倾向""天赋的喜怒哀乐之未发时的静"等提法,在一定程度上仍然带有本体论思维的痕迹。此外,陈明先生近年来给出的"即用见体"这个提法本身②,对于

① (美)倪培民:《从功夫论的角度解读〈中庸〉——评安乐哲与郝大维的〈中庸〉英译》,《求是学刊》2005年第2期。

② 参考陈明:《即用见体再说》,陈明主编《原道》第十一辑,北京:北京大学出版社,2005年。还可参考天心:《文化的政治:陈明的即用见体与公民宗教说——大陆新儒学试析之二》,《博览群书》2007年第12期。关于"即用见体",陈明自己的界定如下:"'即'意为'在……(历史、情境)之中'。'用'是指特定历史情境中的创造性活动。'见'意为'使……(体:生命的本真结构)呈现'、'使……(体:新的生活形式)完成'。'体'则是生命及其内在可能性。"上述提法,主要是服务于论者政治哲学建构,而非专门的《中庸》解释。特别地,"使生命的本真结构呈现"与"使新的生活形式完成"似乎蕴含了两种不同的思维:前者似预设了本章着力批判的本体论意义上的"生命的本真结构",后者所谓的"生活形式"则可在日生日成的非本体论的意义上理解。陈明简单地断定"见体"包含上述两方面意思,愚以为其在学理上有失严肃。

抑制"界定本体—由体推用"的"体用论—循环论证"误区亦有一定的积极功效,但惜乎未做更精致的概念安排与文本解释调试。

回归《中庸》首章文脉、体贴重点字词用意,具体而微地揭示并矫正旧注中的本体论误区,发展一种彻底摆脱了本体论依赖的生存论新解,是本章的基本任务。

第一节 "率性"还是"循教"

《中庸》首章共分三段,本节将结合三家旧注解析其第一段(开篇三句):

> 天命之谓性,率性之谓道,修道之谓教。(《礼记正义》卷第五十二《中庸第三十一》)

三句之中两句带有"性"字,可见这是一个关键字眼。针对朱子"人物各循其性之自然……莫不各有当行之路"(《四书章句集注·中庸章句》)的提法,王船山认为《中庸》中所说的"本性"与"道"只适用于人[1]。就此而言,《中庸》开篇三句旨在谈论人的生存。基于当事人的生存而涉及物性,而非将人、物之性相提并论,似更合乎《中庸》稍后所谓的"反求诸己"意识。

---

[1] 参考(韩)金东敏:《王船山〈中庸〉哲学之实践性质——以〈中庸〉首章首三句的诠释为中心》,载《衡阳师范学院学报》2010年第2期。

我们先来分析居中的“率性之谓道”句。《郑注》将其简单释为“循性行之之谓道”,《孔疏》则添了些油加了些醋:

> 率,循也。道者,通物之名。言依循性之所感而行,不令违越,是之曰道。感仁行仁,感义行义之属,不失其常,合于道理,使得通达,是谓“率性之谓道”。(《礼记正义》卷第五十二《中庸第三十一》)

“添油加醋”是指“感仁行仁,感义行义之属”“不失其常”“合于道理”之类的补充说明。在相对连续的儒家学术传统中,“其常”“道理”,以及尤其是“仁”“义”等术语,有其特定的内涵。规定这些内涵的共识性言说,属于我们通常所理解的“教—学”意义上的“教”的范畴,我们因而称之为“教义名言”。就此而言,《孔疏》所做的补充说明属于“以教定道”,即以“教义名言”界定“率性之谓道”。

但是,按“率性之谓道”句,“率性”或“性”才是“道”的界定者。“修道之谓教”位于“率性之谓道”之后,按理,“教”应该接受“性”与“道”的界定,而非相反。《孔疏》却完全将这个秩序颠倒了过来。实际上,《孔疏》非但“以教定道”,更有“以教定性”,乃至“以教义界定天命”的倾向:

> “天命之谓性”者,天本无体,亦无言语之命,但人感自然而生,有贤愚吉凶,若天之付命遣使之然,故云“天命”。《老子》云:“道本无名,强名之曰道。”但人自然感生,有刚

柔好恶,或仁,或义,或礼,或知,或信,是天性自然,故云“之谓性”。(《礼记正义》卷第五十二《中庸第三十一》)

有学者认为,《礼记正义》主张“《中庸》之‘性’有善有恶说”①,《孔疏》在解释“天命”时将“愚”“凶”与“贤”“吉”相提并论的做法似乎印证了这一点。但是,紧接着,在解释“之谓性”时,《孔疏》却再未使用贬义术语(按:“刚柔好恶”之“好恶”,非谓“善恶”,而是指人的“喜好和厌恶”倾向;而“刚柔”,即“刚强和温柔”的品质)。在《孔疏》的“之谓性”解释中,“刚柔好恶—天性自然”完全接受“仁”“义”“礼”“智”“信”这五条儒家传统德目教义的界定。这是一种权威教义规定下的“天命善性”论,作为一种解释,它颠倒了文本固有的“性→道→教”秩序。

更早的《郑注》与此类似,其云:“天命,谓天所命生人者也,是谓性命。木神则仁,金神则义,火神则礼,水神则信,土神则知。”(《礼记正义》卷第五十二《中庸第三十一》)《郑注》将“木”“金”“火”“水”“土”五行,与“仁”“义”“礼”“信”“智”五德相配——汉人所特别崇尚的“五行”理论,由此内在地规定了“德目教义”的话语系统,从而也规定了《郑注》对“天命之谓性”的注释。若撇开这种具体差异而仅论思维方式,则《郑注》和《孔疏》并无二致,均以违逆文本固有的“性→

① 参考张培高:《〈中庸〉的“性”是“善”的吗?——与〈性自命出〉对比研究》,《兰州学刊》2013 年第 4 期。

道→教”秩序为代价，采取了“以教义名言界定天命之性”的理解进路。《孔疏》在思维方式上直接承袭了《郑注》。

如下文本事实不应被忽视：《中庸》在提出“天命之谓性”之后，并未对“天命”与“性”做任何进一步的界定，而是紧接着就抛出了“率性之谓道”命题。这种“不加界定”，意味着“直接从性出发”（而非“从名言规定出发”），即“直接体察性之发见/率性”。在不加界定的情况下连用“天命”与“性”，最直接的效果就是藉正面的“崇天”情感，树立起了“人生而固有绝对可靠的内在之性”信念。《郑注》《孔疏》则按捺不住，而急于将权威的传统德目揉进对“天命之性”的界定，看似对《中庸》之“性”充满敬意，实则是在挤压“性”自我彰显的自由度。未经界定的“性”有着出乎意料的“发见”可能；而预先加以界定，则等于先入为主地规定了何为、何不为“性之发见”。后者等于要求“性”只能按照规定者的规定“发见”，而从总体上架空了“性”的主动权，“率性”实质上沦为“循教”。

再次强调，“修道之谓教”排在“率性之谓道”之后，这是一个至关重要的文本事实。按古汉语“……之谓……”句式“以上所称解下”的特点①，“率性之谓道”是以“率性”解“道”，“修道之谓教”则进而以“修道”解“教”。“率性”是“道”与“教”的最终定义者（“天命”的作用则仅止于在宗教

① 参考：[清]戴震：《孟子字义疏证》，见《戴震集》，上海：上海古籍出版社，2009 年，第 228 页；黄广生：《试论“谓之”“之谓”在先秦古籍中的用法》，《吉林大学社会科学学报》1963 年第1 期。

情感中，设定绝对可靠的“天命之性”，并树立起应然的“率性”原则）。《礼记正义》“以教定道”“以教定性”，乃至“以教义界定天命”的进路，反倒与服膺“教—学”意识的《大学》（而非《中庸》）颇有相通之处。

按照通常的理解，“教”“学”互为对应面。《大学》以“大学之道”开篇，意味着《大学》以“教—学”意识作为其论“道”的前提。在排列朱子所谓的“八条目”时，《大学》以“古之欲明明德于天下者”发语——自古以来的教义传承，被设定为了解“大学之道”的基本途径。后文中的“其家不可教而能教人者，无之”“君子不出家而成教于国”等提法，更直接地体现了《大学》对“教—学”之“教”的重视。可见，《大学》典型地处在“以教定道”的思维中。《礼记正义》之《中庸注疏》，不自觉地染上了《大学》式思路。

关于“修道之谓教”，《郑注》曰：

> 治而广之，人仿效之，是曰教。（《礼记正义》卷第五十二《中庸第三十一》）

《孔疏》则曰：

> 谓人君在上，修行此道，以教于下，是“修道之谓教”也。（《礼记正义》卷第五十二《中庸第三十一》）

《孔疏》虽直承《郑注》，但二者在此似有微妙的差别。整全地看“教—学”意义上的“教”,兼施教、受教两个方面。依《郑注》,施教者的地位或资格从“治而广之”地“修行率性之道”而来,“人仿效之”则是水到渠成的榜样效应使然。如此解释,则“教”在本质上并不外乎“修行率性之道”。《孔疏》则将“人君在上”作为“修行此道,以教于下”的前件,“人君在上”的施教者地位(作为“教”的内涵的重要组成部分)似不必经由“修行此道”获致。《中庸》“以道定教”的逻辑次序,在这种解释中被完全颠倒。而如果考虑到《郑注》《孔疏》中的“天命之性”已经被权威教义界定过,则无论“治而广之”还是“修行率性之道”,实质上就都是“循教而行”。《郑注》《孔疏》对“修道之谓教”的解释,因而实质上是“循教而行之谓教”的循环定义。

按“修道之谓教”,是否走在正道上,是“有教”与否的唯一的标志。受教者因为走在正道上才成其为有教养的,施教者则因能以合乎正道的方式促成他人沿正道而行,故才配得上教师称号。《论语·学而》记载子夏曰:“贤贤易色,事父母能竭其力,事君能致其身,与朋友交言而有信。虽曰未学,吾必谓之学矣。”这段语录意味着:读书与拜师,并非“有学(有教养)”的实质性标志;“有学(有教养)”与否,关键在于能否按应然之道为人处事。那么,如何得知应然之道?是服膺既定的“权威教义”,还是直接体察活泼机动的“性之发见”呢?

我们对“率性之谓道”与“修道之谓教”做更细致的辨析。关于“率性之谓道”,《郑注》《孔疏》一致主张“率”训为“循”,进而将整句分别释读为“循性行之之谓道”与“依循性之所感而行”。(《礼记正义》卷第五十二《中庸第三十一》)我想指出的是："循性""依循性之所感"之后补充了"行之""而行"字样，这意味着注疏者觉得"率""循"二字"行"义不足，或根本不具有"行"义。而如果"率"字不具有"行"义，那么严格来讲，"率性之为道"宜释为"循性之谓道"或"循性之所感之谓道"。剥离"行"义之后的"率性/循性"，纯然是"对应然方向感的体认"。这种"应然方向感"源于"性之发见"，相应的"体认"即"率/循"。也就是说，"率性之谓道"谈论的是道路认知或方向感如何获得的问题。"修道之谓教"的"修"字，《郑注》《孔疏》释为"治"或"修行"（《礼记正义》卷第五十二《中庸第三十一》），我们从"率性之谓道"《注疏》中删除的"行之""而行"义项，至此正好可以安排为对"修"字的解释。"修道之谓教"义即切实践行从"性之发见"处体察到的应然方向感，相应的生存样式即为"有教养的"。

用更直白的话总结一下以上对《中庸》开篇三句的解读："性"是人生而固有绝对可靠的内在向导（"天命之谓性"），体认此内在向导的指引所获得的方向感即应然之正道（"率性之谓道"）①，切实按照所体认到的方向感行事便是有教养的

① 廖名春主张将"率性之谓道"之"率"释为"统率、率领"（廖名春：《荆门郭店楚简与先秦儒学》，见姜广辉主编：《中国哲学》第二十辑《郭店楚简研究》，沈阳：辽宁教育出版社，1999年）。"天命之性"作为被"统率、率领"的对象，当然是"恶"的（或至少是"不善不恶"的），准此，《中庸》开篇的"性→道→教"秩序反而应该反转为"教→道→性"，即"教以修道，道以率性，性自天命"。不得不说，廖教授作为知名《荀子》专家，他提出的上述解释恐怕是不自觉地将《中庸》荀子化了。

（“修道之谓教”）。这种解释虽然在大思路上挑战了《郑注》《孔疏》，但在文字训诂上却对《郑注》《孔疏》保持了足够的尊重，乃至在很大程度上可以取得《郑注》《孔疏》的支持。

朱熹《中庸章句》虽然在形式上比较尊重“性→道→教”秩序，但实际上却重蹈了《礼记正义》“以教蔽性”的覆辙。《中庸章句》这样诠释开篇三句：

> 命，犹令也。性，即理也。天以阴阳五行化生万物，气以成形，而理亦赋焉，犹命令也。于是人物之生，因各得其所赋之理，以为健顺五常之德，所谓性也。率，循也。道，犹路也。人物各循其性之自然，则其日用事物之间，莫不各有当行之路，是则所谓道也。修，品节之也。性道虽同，而气禀或异，故不能无过不及之差，圣人因人物之所当行者而品节之，以为法于天下，则谓之教，若礼、乐、刑、政之属是也。盖人之所以为人，道之所以为道，圣人之所以为教，原其所自，无一不本于天而备于我。学者知之，则其于学知所用力而自不能已矣。故子思于此首发明之，读者所宜深体而默识也。（《四书章句集注·中庸章句》）

朱子以“循其性之自然”（“率性”）为“当行（而暂不考虑‘实行’问题）之路”，这与我们去掉“率性之谓道”之《郑注》《孔疏》中的“行之”“而行”字样的主张相合。朱熹所谓“盖人之所以为人，道之所以为道，圣人之所以为教，原其所自，无一不本于天而备于我”“学者知之,则其于学知所用力而自不能已矣”,明显抓住了“率性”这个总纲。这种以“性”为本、从“性”出发的解释取向,与儒家性善论思潮在宋代的兴起直接相关。但虽然如此,《中庸章句》还是明显继承了《礼记正义》的“本体论误区”。其所谓“天以阴阳五行化生万物……于是人物之生,因各得其所赋之理,以为健顺五常之德,所谓性也”,基本上继承了《郑注》《孔疏》将权威教义揉进对“性”的界定的具体方案。这种在“宇宙论—本体论”框架下揉“教义”定“性体”的言说策略①,看起来非常有助于理直气壮地排抑释老,但问题在于,“宇宙论—本体论”的推论框架一经确立,“道”“教”之内涵便不必再由“率性(体认内在向导的指引)”实时赋予。在评论《礼记正义》之《注疏》时,我们已经指出:这种“以教定性”的做法,架空了“性(生而固有的内在向导)”的发见主权,《中庸》“性→道→教”哲学由此沦为“从既定教义到既定教义”的自封闭循环,而循环论证的编织者则因此被局限在了对特定教义的特定理解的执着之中。所幸,这种循环论证式的解释方案,并不符合“性”在先而“教”在后的《中庸》文本的固有秩序。对于《中庸》开篇的“性→道→教”秩序,更恰当的理解应该是“在崇天情感中不加界定地设定绝对可靠的内在向导→随时随地体察此内在向导的指引→切实按照所体认到的应然方向感践行”。“内在向导的主动指引

① 参考陈来:《朱子哲学研究》,上海:华东师范大学出版社,2000年,第194~197页。

(性之发见)”,为生存者更新其理解保留了可能空间。

值得一提的是,将《中庸》之“性”解释为“内在向导”,进而以“体察内在向导指引—获得应然方向感”解释“道”,这种释读可以通过《中庸》内文找到文字训诂上的支持。《中庸》后半篇中有“诚者自成也;而道,自道也”提法。其中,后一“道”字,郑玄注曰:“道,音导,注同”(《礼记正义》卷第五十三《中庸第三十一》)。《中庸》开篇的“道”字虽不必非得读为“导”,但对于将“性之发见”理解为“内在向导”,“道”字具有“导”的音义,无疑是一种有力的佐证。

第二节 两种“慎其独”

“道”是《中庸》首章第二段的关键词。本文上节指出,《中庸》开篇三句中的“道”即“率性”,即“通过体察内在向导指引获得应然方向感”。《中庸》首章接下来将进一步阐发这一思路,“故君子慎其独也”是这一阐发的结语。我们知道,《大学》“所谓诚其意者”章也强调“故君子必慎其独”。鉴于“率性”(《中庸》)和“教—学”(《大学》)是两种非常不同的生存意识,在解释《中庸》首章时,必须注意廓清《大学》《中庸》两种“慎其独”的差异①。

---

① 廖名春和梁涛是“相同”说的代表,他们以及许多学者的观点可参见梁涛、斯云龙编:《出土文献与君子慎独——慎独问题讨论集》,桂林:漓江出版社,2012 年。

《中庸》首章第二段如下:

> 道也者,不可须臾离也,可离非道也。是故君子戒慎乎其所不睹,恐惧乎其所不闻。莫见乎隐,莫显乎微,故君子慎其独也。(《礼记正义》卷第五十二《中庸第三十一》)

在先秦学术语境中,“道”是诸家公认的地位最高的术语。“道”的地位虽然被抬得极高,但在其他学者或文本的谈论中,是否到了“不可须臾离也,可离非道也”的地步呢?

以《老子》和《论语》为例,它们皆推崇“道”字,而将如何“为道”或“行道”作为探讨的主题。其中,《老子》视“道”为万物之母,并声称“我独异于人,而贵食母”。“贵食母”者“独异于人”,这意味着许多人在很多情况下,实际上是“离于道”的。《论语》中的孔子提倡“志于道”,这反而意味着有的人非但在事实上“离于道”,更有甚者甚至连“志于道”的主观意愿都不具备。这些旨在揭示并批评人缺乏自觉“修道”的责任意识的提法,却同时伤害了“道”理应统摄一切的高大光辉的形象。

鉴于此,《庄子·知北游》(作为《老子》后学)转而宣称“道在屎溺”,可谓“道大无外”的最强音。但如此一来,那些“不贵食母”“无志于道”的人,也可以说自始至终“与道同在”。人为“修道”的自觉性或责任感却又因此隐而不彰。《论语》中的孔子在极端情绪中会认为“道之将行”“道之将废”是“命也”(《论语·宪问》),这固然意在“长自己志气,灭他人(如公伯寮之流)威风”,但其中所蕴含的“道之兴衰不受人为影响”的逻辑,亦会瓦解自己的“修道”锐气——既然是“命也”,人为修道又有什么决定性意义呢?!“道”的伟大性与人为“修道”的必要性,如何才能表述得并行不悖呢?《中庸》提出“率性之谓道”,将“道”重新界定为“应然方向感”,正有助于打破这种困局。

作为“应然方向感”的“道”不是实体①,也不是概莫能外的实然境界,而是生存者随时随在所当行之路。本章上节强调,《中庸》开篇三句并没有进一步界定“天命之性”。就此而言,“性本身”或“性本体”不是直接观察与规定的对象,《中庸》第二段将其形容为“不睹”“不闻”“隐”“微”(这种解读的合理性,本节后详)。“性体”本身虽无法直接观察,但由之发见出来的“应然导向”却随时随地可资体认,第二段以“莫见乎隐,莫显乎微”形容这种发见与体认。作为一种解释语言,本文一直在使用的“性之发见”这一提法,其文本根据即在于此“见”与“显”字。

“道”即“应然方向感”,对于这种应然方向感缺乏体会即“迷路”。迷路是危险的,因为歧途上充满陷阱。《中庸》在首章之后即援引孔子语录,刻画这种迷路状态的危险性:“驱而

① 倪培民(《从功夫论的角度解读〈中庸〉——评安乐哲与郝大维的〈中庸〉英译》,《求是学刊》2005年第2期)认为:“《中庸》里所有的核心概念,无一表达实体的宇宙观。”

纳诸罟擭陷阱之中而莫之知辟也”——迷路之人对于自己身处险境浑然不知,这是最大的危险!“道也者,不可须臾离也,可离非道也”,应当从这个角度来理解。《郑注》谓:“道,犹道路也。出入动作由之,离之恶乎从也?”(《礼记正义》卷第五十二《中庸第三十一》)其中的“由”“从”二字颇能体现出“道是应然路向”之意。《孔疏》将《郑注》的“离之恶乎从也”提法,进一步演绎为“若离道则碍难不通,犹善道须臾离弃则身有患害而生也”(《礼记正义》卷第五十二《中庸第三十一》),正与上述“迷路—危险”的解释相接近。至于《孔疏》转而以“修行仁、义、礼、智、信”,并以这些教义名言所主导的“教化”,作为“开通性命”之道,则再次背离了《中庸》首段基于“率性之谓道”谈论“修道之谓教”的初衷。

“不可须臾离”之“道”既然就是从“性之发见”处体认到的“应然方向感”,那么,究竟如何体认“性之发见”呢?对此,《中庸》给出了如下点拨:“是故君子戒慎乎其所不睹,恐惧乎其所不闻。莫见乎隐,莫显乎微,故君子慎其独也”。解读这段文字涉及一个技术性问题——即“不睹”“不闻”的逻辑主语和逻辑宾语究竟是什么?带着这个问题,我们先查考一下“戒慎—恐惧”节的《郑注》与《孔疏》:

> 小人闲居为不善,无所不至也。君子则不然,虽视之无人,听之无声,犹戒慎恐惧自修正,是其不须臾离道。(《郑注》,《礼记正义》卷第五十二《中庸第三十一》)
>
> “是故君子戒慎乎其所不睹”者,言君子行道,先虑

其微，若微能先虑，则必合于道，故君子恒常戒于其所不睹之处。人虽目不睹之处犹戒慎，况其恶事睹见而肯犯乎？故君子恒常戒慎之。

"恐惧乎其所不闻"者，言君子恒恐迫畏惧于所不闻之处。言虽耳所不闻，恒怀恐惧之。不覗不闻，犹须慎惧，况睹闻之处，恐惧可知也。(《孔疏》，《礼记正义》卷第五十二《中庸第三十一》)

《郑注》以监督之"人"、舆论之"声"，作为"不睹""不闻"的逻辑宾语，义即没有觉察到有舆论监督者在场。《孔疏》中的"人虽目不睹之处"等提法，同样是在谈论外在监督的有无问题，不过，按照《孔疏》的解说，作为被监督者的当事人才是"不睹""不闻"的逻辑宾语，而外在的舆论监督者则是逻辑主语，即在舆论监督者看不到当事人的情况下。可见，《郑注》《孔疏》对于"戒慎—恐惧"句的语感(语法判定)并不一致。至于"莫见乎隐，莫显乎微，故君子慎其独也"句，《郑注》《孔疏》分别如下：

慎独者，慎其闲居之所为。小人于隐者，动作言语，自以为不见睹，不见闻，则必肆尽其情也。若有覗听之者，是为显见，甚于众人之中为之。(《郑注》，《礼记正义》卷第五十二《中庸第三十一》)

"莫见乎隐，莫显乎微"者，莫，无也。言凡在众人之中，犹知所畏，及至幽隐之处，谓人不见，便即恣情。人皆占听,察见罪状,甚于众人之中,所以恒须慎惧如此。以罪过愆失,无见于幽隐之处,无显露于细微之所也。

“故君子慎其独也”者,以其隐微之处,恐其罪恶彰显,故君子之人,恒慎其独居。言虽曰独居,能谨慎守道也。(《孔疏》,《礼记正义》卷第五十二《中庸第三十一》)

鉴于“不见睹/不见”“觇听/占听”系“不睹”“不闻”之化用,“自以为不见睹”“若有觇听之者”(《郑注》)与“人皆占听”“谓人不见”(《孔疏》)提等法,分明意味着“外在的舆论监督者”是“不睹”“不闻”的逻辑主语。就此而言,关于“戒慎—恐惧”句的语法判定,《郑注》所谓前后矛盾,《孔疏》则一以贯之,《孔疏》更接近《郑注》后一种读法。实际上,关于“所”字结构的古汉语语法研究,根本无法帮助我们裁断上述分歧;语法研究虽然归纳出了所谓的“大多数情况”(“主语+所+动词”)与“偶然情况”(“宾语+所+动词”)①,但根本无法先验地确定这里的“所”字结构究竟属于“大多数情况”还是“偶然情况”!所以,我们还是直接推敲解释思路吧。

看得出来,《郑注》作者非常熟悉《大学》。在解释“莫见乎隐,莫显乎微,故君子慎其独也”句时,《郑注》上来即引《大

① 可参考:方有国:《上古汉语“所”字与所字结构再研究》,见四川大学汉语史研究所:《汉语史研究集刊》第二辑,成都:巴蜀书社,1999年,第64页;殷国光:《“所”字结构的转指对象与动词配价——〈庄子〉“所”字结构的考察》,《语言研究》2006年第3期。

学》"所谓诚其意者"章的"小人闲居为不善,无所不至也"句。《大学》这段文字入木三分地展示了"小人"在舆论监督缺场之际的恣意妄为,以及"小人"在外在监督者("君子")出现之际的遮遮掩掩("掩其不善而著其善")态势。舆论监督之所以具有令人生畏的震慑力,归根结底是因为舆论监督所依据的标准具有社会权威性。这些标准往往就是传统教义或社会共识,我们时或也称之为"教义共识"或"权威共识"。《礼记正义》对《中庸》首章第二段的解释虽然存在语法分歧,但其"在舆论监督意识中谈论教义践守问题"的大思路却始终如一。而这种解释思路正是我们所极力反对的,因为它将《大学》的思路读进了《中庸》,并混淆了《中庸》"慎其独"与《大学》"慎其独"。

相形之下,朱熹《中庸章句》对于本段的解释,更值得称道:

> 道者,日用事物当行之理,皆性之德而具于心,无物不有,无时不然,所以不可须臾离也。若其可离,则为外物而非道矣。是以君子之心常存敬畏,虽不见闻,亦不敢忽,所以存天理之本然,而不使离于须臾之顷也。(《四书章句集注·中庸章句》)
>
> 隐,暗处也。微,细事也。独者,人所不知而己所独知之地也。言幽暗之中,细微之事,迹虽未形而几则已动,人虽不知而己独知之,则是天下之事无有著见明显而过于此者。是以君子既常戒惧,而于此尤加谨焉,所以遏

人欲于将萌,而不使其滋长于隐微之中,以至离道之远也。(《四书章句集注·中庸章句》)

朱熹于“四书”首重《大学》且用功最深,《中庸章句》似乎没有理由打破《礼记正义》引《大学》释《中庸》的成规。令人称奇的却是,《四书章句集注》别具匠心地锤炼出一个“人所不知而己所独知之地”的提法,在字面上同时适合阐释《大学》“慎其独”和《中庸》“慎其独”,但在各自语境中却又可以承载不同的思路和内涵。

《中庸章句》以“道”为“性之德而具于心”,如此一来,“君子之心常存敬畏”的首要对象(“不睹”“不闻”的逻辑宾语)就不再是外在的舆论监督,而应该是那“具于心的性之德”。此与《郑注》《孔疏》以及《大学》特别措意于外在舆论监督之有无(以及舆论监督所依据的权威准则)就拉开了距离[①]。相应地,“虽不见闻”作为对“不睹”“不闻”的解释,可以从“性本体不可直观”的角度加以理解。当然了,“性本体不可直观”不等于“根本不存在所谓的天命之性”。“性之德而具于心,无物不有,无时不然”是在“德”与“心”的意义上论“性”,这句话意味着:“性”不是一种僵死的预设,而是能在一切处境中随时发见,为当事人提供“应然”指引的“向导”。较之《大学》对外在舆论监

① 《四库全书总目》卷三十五谓:“况郑《注》之善者,如‘戒慎乎其所不睹’四句,[朱子《中庸章句》]未尝不采用其意。”此评语恐经不起深入的辨析推敲。

督的忌惮,《中庸》意义上的于“人所不知而己所独知之地”的“率性”,则是一种纯粹的自我或内在体察。作为对“戒慎”“恐惧”的解释,《中庸章句》所谓的“常存敬畏”,也并非是指对外在舆论监督以及现成社会规范的忌惮,而是指:时刻保持警醒姿态,以免错失对“性之发见—应然指向”的体认。所谓“遏人欲于将萌,而不使其滋长于隐微之中”,则是指切实践行所体认到的“应然方向感”(也即“道”)。

《大学章句》虽然也使用了同一个“人所不知而己所独知之地”提法,但其语境却是“闲居”“见君子”“人之视己”“十目所视、十手所指”等外在舆论监督意识,这些提法自然引导读者将“大学之道”理解为“传统教义”或“社会共识”。不得不承认,在字面上,“人所不知而己所独知之地”是对“慎其独”的忠实翻译,以至于它可以像“慎其独”一样分别适应《大学》《中庸》两种语境。但也正是因此,单纯亮出这种巧妙的字面翻译,并无助于具体理解《大学》或《中庸》的“慎其独”。类似地,当代学者廖名春尝于《“慎独”本义新证》一文,考证“慎”字本义应是“心里珍重”或“珍重”,认为传世及出土文献中的“慎独”均应解作“珍重内心”①——但被珍重的“内心”,究竟是天生固有,还是后天修养的结果呢?“珍重内心”这个提法,犹如作为字面翻译之辞的“人所不知而己所独知之地”,本身并不能规定读者的理解方向。

仅就《中庸》首章第二段的解释而言,《中庸章句》要比

---

① 参见廖名春:《“慎独”本义新证》,《学术月刊》2004 年第 8 期。

《礼记正义》更贴切首章文脉。《礼记正义》因为字眼上的相关性，误将《大学》“所谓诚其意者”章的语境，植入对《中庸》第二段的“戒慎恐惧—慎其独”论的解释。《中庸》文本所欲凸显的“自我体察”意识，遂被外在的“舆论监督”与“权威共识”意识所干扰乃至遮蔽。朱熹《中庸章句》受益于宋代“性善论”思潮，故而能够传达《中庸》第二段的“率性/自我体察”意识。但不容讳言的是，朱子终究未能自觉割舍“界定性体”的思维定式头，《中庸章句》在进而解释《中庸》首章第三段时，遂重蹈《礼记正义》“以教蔽性”之覆辙。

第三节 “未发”之“中”即“中立心态”

最后来看《中庸》首章第三段：

> 喜怒哀乐之未发，谓之中；发而皆中节，谓之和。中也者，天下之大本也；和也者，天下之达道也。致中和，天地位焉，万物育焉。（《礼记正义》卷第五十二《中庸第三十一》）

这里出现了“本”“道”二字，解释者们常常将之与开篇三句中的“性”“道”直接对应。《礼记正义》和《中庸章句》均如此。这当然意味着《中庸》首章并非隽语杂凑，而是有其一贯之思路。不过，将此“未发”之“中”理解为“性体”或“本体”，背后着实是本体论情结在推动，这是本节所要着力批判的。

《郑注》《孔疏》《中庸章句》对上引文字的解释如下：

> 中为大本者，以其含喜怒哀乐，礼之所由生，政教自此出也。(《郑注》，《礼记正义》卷第五十二《中庸第三十一》)
>
> “中也者，天下之大本也”者，言情欲未发，是人性初本，故曰“天下之大本”也。(《孔疏》，《礼记正义》卷第五十二《中庸第三十一》)
>
> 喜怒哀乐，情也。其未发，则性也，无所偏倚，故谓之中。……大本者，天命之性，天下之理皆由此出，道之体也。……是其一体一用虽有动静之殊，然必其体立而后用有以行，则其实亦非有两事也。(《四书章句集注·中庸章句》)

在逻辑上，把“未发”之“中”等同于“性体”，不免导致“体”静(“未发”意味着静)、“用”动(“发”意味着动)之割裂，所谓“一体一用虽有动静之殊”(《四书章句集注·中庸章句》)。而为了论述静“体”、动“用”之间“由体而用”的关联，解释者往往又不得不额外引进诸如“感而遂通”“动而无动，静而无静，神也”(《周敦颐集·通书》)、“二义(在中、时中)虽殊，而实相为体用”(《朱子全书·四书或问》)等新原理①。

① 还可参考肖永明、戴书宏：《由“诚”而“中”，由“中”而“和”——理学视域中的〈中庸〉中和论》，《求索》2013年第8期。

这些义理构造并无《中庸》文本作为直接依据,其灵感与术语来自《易传》。这种“以经解经”锻造“体用论”的做法,其底气源于“道统论”解释学的“正典一体”信念。对于这种“道统论解释学”,我们在第一章已经作了长足的批判,此不再赘言。

此外,受《中庸》本段中的“天下”“天地”“万物”字眼激发,现代解释者还可能倾向于从中发掘宇宙论或自然哲学思想。打眼一看,“天下”“天地”“万物”似乎都是“不以人的意志为转移”的“客观存在”。然而,《中庸》却是将“致中和”的人为努力,作为“天地位焉,万物育焉”的前提条件。就此而言,“天地”“万物”并非独立于“人为”的所谓的“客观存在”。通过“致中和”而确立的“天地”、而化育的“万物”,可以理解为人类生存的应然格局,以及在这种格局中处置的各种事项。也就是说,“致中和”是生存者进入“天地位焉,万物育焉”的应然境界的“功夫”。那么,这是怎样一种功夫论呢?

前面已经指出,《中庸》开篇设立了“率性而行”作为总纲,其中,对“性之发见—内在指引”的体察是关键之所在。作为“应然方向感”的源泉,“性之发见”必须能在一切处境下涌现,以便作为当事人随时随在的方向指引。“性之发见”一有间断,“率性”者就会茫然而无所指归。那么,在概念上如何表述“性能够在一切处境中发见应然指向”呢?只要当事人的生存尚未完结,他就总会步入新处境,“性之发见(应然指引)”因而必须能在哪怕是极端出乎意料的新处境中提供指引。至大无外的“天下”、无所不包的“万物”,的基本意思正是“囊括一切处境”。相反,抽掉“性之发见的处境”这一内涵，而将“天下”“万物”视为与生存者生存意识无关“客观世界”，这在概念上反而是在否定“性能够在这些处境中提供指引”！

从概念上讲，作为本体的“天命之性”，是每个当事人所天生固有的，而非出自后天的人为造作。但“致中和”的“致”字——《郑注》：“致，行之至也”；《孔疏》：“致，至也”……“言人君所能，至极中和，使阴阳不错”（《礼记正义》卷第五十二《中庸第三十一》）；《中庸章句》：“致，推而极之也”（《四书章句集注·中庸章句》）——意味着：“致”是一种人为努力，“中”因而是人为努力的结果。也就是说，“喜怒哀乐之未发”之“中”，是需付出人为努力才能达致的主观心态。这个意义上的“中”，当然不是“天命之谓性”意义上的“性本体”。倪培民教授指出：“‘中’乃是人心‘喜怒哀乐之未发’时的自然倾向，是‘天下之大本’。能致中，就能和，能‘发而皆中节’，能导致‘天地位焉，万物育焉’的功效。”①这个讲法大致合乎《中庸》这段文本的思路。顺着倪教授的论述，我们正可以进一步追问：为什么说“能致中，就能和”？

作为情感，“喜怒哀乐”总是针对特定对象而发，因而伴随着相应的“知”或“观念”。而按照“率性之谓道”的原则，生存者不宜沉溺于特定的“观念—情感”之中，而是应该随时注意体察活泼的“性之发见”（内在向导指引）。一旦沉溺于既

① 参见（美）倪培民：《从功夫论的角度解读〈中庸〉——评安乐哲与郝大维的〈中庸〉英译》，《求是学刊》2005年第2期。

定的“观念—情感”倾向之中,生存者自然就不会注意新涌现的“性之发见”。就此而言,能否从上一时刻的“观念—情感”倾向中超拔出来,乃是当事人能否及时体察到新的“性之发见”的主观条件。

《中庸》作者大概是乎注意到了,每种情感皆有其反面情感。同一观念(例如,想占有别人的东西),结合了相反的情感(例如,巧取豪夺的霸道感、损人利己的可耻感),就会成为相反的生存倾向。从这个角度看,超拔于各种相互对反的“观念—情感”倾向的主观状态,岂不正好就是无所偏向的“中立”心态。金景芳先生曾指出:“‘喜怒哀乐’是人在感情上的四种表现,这四种表现不是中,都是偏于一个方面。但是当它们都还没有表现出来的时候,无所偏倚,就叫做中。这句话是解释‘中’的定义。朱熹给《中庸》作注,说‘其未发’是性,这种解释显然是不对的。”[1]结合金景芳先生的论述,以及本节上述分析,我们认为:“喜怒哀乐之未发”之“中”,实际上就是“中立心态”[2]。

传统解释则认为,“中”是具有丰富内涵的“本体”,“仁义礼智信”等内容蕴含其中。将“中”解为“无所偏向的中立心态”,则完全剔除了这种本体论编织。“中立心态”的重要性或积极意义仅仅在于,只有尽可能地超拔于上一时刻的“情

① 参见金景芳:《论〈中庸〉的“中”与“和”及〈大学〉的“格物”与“致知”》,《学术月刊》2000 年第 6 期。

② 在《中庸》“子路问强”一段中,孔子有“中立而不倚”之语,这一提法支持将“中”字解为“中立”。

感—观念”倾向，当事人才能心无旁骛地体察新的、正在涌现的“性之发见（内在指引）”，而作为“中立心态”的“中”本身，则并不具有“仁义礼智信”等意涵。“中也者，天下之大本也”，此“天下”是“致中和，天地位焉，万物育焉”意义上的“天下”——生存者在变化着的处境中“不断体察性之发见—获得应然方向感”是这种“天下”的基本标志。考虑到“中立心态”是体认至关重要的“性之发见”，并由此获知“应然方向感”所必不可少的“主观条件”，我们说，“大本”二字实际上正是旨在言说“中立心态”的这种“条件”地位。金景芳先生所谓“‘本’是根本，形容重要。‘天下之大本’就是天下的根本，是最重要的”①，可以从这个角度加以理解。

此外，有学者认为，《中庸》“在前人以‘和（龢）’为美论的启示下，提出了情感‘发而皆中节’的理念，它为人之情感的满足与控制提供了一个适合的‘度’——‘中节’”，“在《中庸》作者看来，人之性无善无不善”，“《中庸》虽然主张‘率性’，但还是提倡‘修道之谓教’，认为对性情应有所修限，需要‘中节’，否则将会出现情感泛滥失控的情况，而这是情感、情欲和正之大义。”②——这种解释颇具代表性，它虽然不谈论“本体”，但仍未能摆脱“以教定道—以教蔽性”的误区。这是因为：一旦设立某种“和—中节”作为规范情感发作的

① 金景芳：《论〈中庸〉的“中”与“和”及〈大学〉的“格物”与“致知”》，《学术月刊》2000 年第 6 期。

② 马育良：《〈中庸〉首章“中”“和”“中节”解读》，《皖西学院学报》2003 年第 6 期。

"度","性之发见(内在指引)"这一随时随在地"自我显现"的"善"就会被忽视。至于说《中庸》之"性无善无不善",则明显是对"天命之谓性"所蕴含的"崇天"情感缺乏体会(或不愿正视)。置身这种正面的宗教情感之中,《中庸》作者心目中的"天命之性"当然是纯善的。当然,与《孟子》即"四端"言"性善"不同,《中庸》作者在其宗教情感中只是抽象地认定了"性"为善,而并不对这种"善性"进行概念或教义界定。这种在宗教情感中认定的"善性",只通过"性之发见"自动彰显其内涵,并且,只有这种活泼自主的"发现",加上当事人随时随在的"体认",才是当事人所应持有的"善观念"的即时定义者。

《中庸》"性善"论严格拒绝对"性本体"进行界定,这里因而不存在"从用(教义)到用(教义)"的自封闭循环。与此相关,我想指出:音乐上的"中节"与"和"之精髓并非外在规范,处境化的理解与实践才是这种"中节—和"的妙处所在。《论语·学而》曾记载有子曰:"礼之用,和为贵。先王之道,斯为美;小大由之,有所不行。知和而和,不以礼节之,亦不可行也。"这里,"和"与作为外在规范的"礼"相对,"知和而和"被认为需要"以礼节之"。站在儒家思想史演进的角度看,《中庸》首章第三段的"中—和"论则与此相反,它认为,在"中立心态"中体察、遵行"性之发见"必然为"和"为"美"。

小 结

《郑注》《孔疏》《中庸章句》在解释《中庸》首章时,一脉相承地沿袭了援引既定的教义名言对性体加以界定的思维定式。这种“以教定性”的路数,颠倒了文本固有的“性→道→教”秩序,而陷入了“有教无性”或“以教蔽性”的误区。与此相应,《郑注》《孔疏》引《大学》“小人”论解释《中庸》“慎其独”,致使以现成教义为准绳的“外在监督”意识取代了活泼机动的“性之发见”与“率性”意识。旧注往往还先入为主地将“喜怒哀乐之未发”之“中”视为“性体”,本着为儒家日用伦常奠定“本体论”根基的动机,先界定“中(体)”后推论“和(用)”,功夫论意义上的《中庸》“中—和”说遂被曲解为“体—用”论的循环论证。旧注所犯“本体论误区”的症结在于颠倒了文本固有的“性→道→教”秩序,走出误区的出路则在于:重新树立“性之发见—率性”意识的出发点地位,将“喜怒哀乐之未发”之“中”重新解释为“当事人体察性之发见(内在指引)的主观条件”,也即从既有“观念—情感”倾向中超拔出来的“中立心态”。

本章对《中庸》首章的新解可概括如下:“天命之谓性”并未对“性”进行本体论界定,而是满足于诉诸正面的“崇天”情感,抽象地设定人生而固有绝对可靠的内在向导。“率性”即随时体察此内在向导的指引,所体察到的“应然方向感”,即当事人在相应处境下所当行之“道”。而“切实践行所体察到的应然路向”,便是“有教养的”。由于《中庸》拒绝对“性”本身进行本体论界定,《中庸》的读者遂无由根据“性体”内涵推论“性之发见(内在指引)”的具体内涵;如此一来,随时随在的“率性(体察内在向导指引)”体验便成为获知“应然方向感”的唯一渠道。《中庸》首章接下来的“戒慎恐惧—慎其独”论,则旨在进一步表现“性”本体的不可直观性,并提醒读者时刻警醒,以便随时体察“内在向导在变化着的处境中的即时指引(性之发见)”。相应地,“致中和”作为一种有待人为努力的功夫论,则特别要求生存者要注意不断从上一时刻的“观念—情感”倾向中超拔出来,因为只有这样才能不断回归“中立心态”,从而专注地体察内心所涌现出来的新鲜活泼的“性之发见(内在指引)”。《中庸》首章第三段之所以说“中也者,天下之大本也”,正是因为此“中立心态”实乃是生存者体察“性之发见(内在指引)”所不可或缺的“主观条件”。

补论 何为“本性之善”
——评谢文郁的《中庸》解

2007年左右,我曾阅读谢文郁老师的《〈中庸〉的君子论和〈约翰福音〉的恩典论》[①]。那篇文章给我留下一个深刻印象:“诚”是生存的出发点。如今,又读到谢文郁老师(以下我将直呼其名)讨论《中庸》的新作:《君子困境和罪人意识》《康德的“善人”与儒家的“君子”》[②]。它们延续了那一篇的思路,在文本分析和概念表达上则更趋深入。谢文郁的《中庸》

① 原名《君子之路》,载于《恩福》杂志总第8期,2003年7月。

② 前者见王博主编:《哲学门》(总第二十六辑),北京:北京大学出版社,2012年12月。后者载于《云南大学学报》(社会科学版)2011年第3期。

解，一个引人注目的亮点是：提出了“本性之善”和“善观念”这两种“善”。

我们知道，《中庸》第二十章①有“诚身有道，不明乎善，不诚乎身矣”这一提法。谢文郁认为：这里所谓“明乎善”，即“在诚中观看本性之善”。进而，下文的“诚之”被他解释为“在诚中观看本性之善，并将其观念化”，这就有了所谓的“善观念”。——下面，我想首先对照朱熹《中庸章句》，展示谢文郁《中庸》解的创造性。进而，我会从概念与论证、历史与文本两方面，发表自己的评论意见。

一、贡献

朱熹《中庸章句》本着忠于文本的精神解释《中庸》，乃是后世《中庸》研究不可回避的参照物。表面上看，谢文郁对“不明乎善，不诚乎身矣”的解读，似与朱熹《中庸章句》相去不远。但实则不然。

朱熹这样解释《中庸》第二十章的“不明乎善”：

> 谓未能察于人心天命之本然而真知至善之所在也。②

我们需要对朱熹的解释做些解释。朱熹使用了两个动词：一

① 《中庸》分章依朱熹《中庸章句》。

② ［宋］朱熹撰：《四书章句集注》，北京：中华书局，1983年，第31页。

个是“察”,一个是“知”。谢文郁所谓“在诚中观看本性之善”,与朱熹所谓“察于人心天命之本然”似差别不大。朱熹所谓的“人心天命之本然”,完全可以理解为谢文郁所谓的“本性之善”。但是,朱熹的“察”字具体究竟该如何理解?“察”与“知”的关系又是如何哪般?“真知至善之所在”是指“面向并观看天命之本然”,还是指获得一套“善观念”?——朱熹似乎并不在意这些区分,但谢文郁却认为这是解读《中庸》的关键所在。

我们来看《君子困境和罪人意识》中的一个片断:

> 这里,“明乎善”和“诚乎身”是在同一层次上说的。“明”是一种自我呈现,而不是概念表达。因此,在“诚”中“明善”也就是呈现本性或生存本身。也就是说,这个“善”和概念中表达的善是完全不同的东西,因而不受任何善恶观念的影响。在这个意义上,在“诚”中所呈现的善就是生存自身的冲动,因而是绝对的善。

这是在解释《中庸》第二十章的“不明乎善,不诚乎身矣”。谢文郁特别强调,“明乎善”与“诚乎身”实际上是一回事(“是在同一个层次上说的”)。这里,“自我呈现”与“概念(观念)表达”,被严格区分开来。我把谢文郁所谓的“自我呈现”或“在诚中呈现”,理解为“面向并观看/在诚中观看”。谢文郁认为,在这种“观看”中的“本性之善”不是“善观念”,并特别强调它是“绝对的善”。

在《康德的"善人"与儒家的"君子"》一文,谢文郁同样谈到了这种"绝对的善":

> 并且因为在人开始生存之初它就存在,所以它对人的思想来说是原始的,故超越于任何善恶判断。在这个意义上,它是绝对的善。①

在上下文中,"它"指"本性"。按照谢文郁的思路,"善观念"乃是从"观看本性之善"而来。善观念只能努力表达或表现本性之善,而没有资格规定什么是本性之善。在这个意义上,本性之善"超越于任何善恶判断(观念)"。本性之善的绝对性,与其非观念性密切相关。——朱熹的"察于人心天命之本然",如果是指"观看"而非"观念",那么,谢文郁的工作就算是朱熹的翻版。但事实并非如此。除了一个"察"字,朱熹还使用了"知"字。"真知至善之所在":"知……所在"似乎是在号召"面向……并观看",或者说多少有点这种意思。但考虑到朱熹对"至善"作了具体的界定,他实际上并没有这层意思。《中庸》文本中没有"至善",这是《大学》"三纲领"中的一个术语,朱熹《大学章句》把它界定为"事理当然之极"。据此,朱熹所谓"真知至善之所在",实即"真知事理当然之极"。"知"与"事理"联用,"善观念"的意味远远压倒了"对本性之

① 谢文郁:《康德的"善人"与儒家的"君子"》,《云南大学学报(社会科学版)》2011年第3期。

善的观看”。就此而言,朱熹所谓“察于人心天命之本然而真知至善之所在”,实际上更侧重观看的结果:获得并拥有正确的善观念。

此外,《中庸章句》中还有这样的提法:“未至于圣,……则必择善,然后可以明善。”这里,“明善”系化用《中庸》第二十章的“明乎善”。朱熹认为“必择善,然后可以明善”,谢文郁的思路则是“明乎善,方能择善”。我们不能说朱熹丝毫没有体会到“观看本性之善”与“拥有观念之善”之间的区别,但区分这二者显然不是其《中庸章句》的关键。明确提出并强调对二者进行区分,乃是谢文郁《中庸》解的一大亮点——这一亮点的思想深意义是什么呢?

在《康德的“善人”与儒家的“君子”》这篇论文中,谢文郁提出了“善观念”的更新问题。他认为,这是《中庸》区分“本性之善”与“善观念”的动力所在。归纳起来,该文结合《中庸》及《仅论理性限度内的宗教》(康德)提出了如下论述:(1)人需要在“判断—选择”中走向未来;(2)判断需要标准,而这标准就是当事人的善观念;(3)以善观念(作为标准)为基础的“判断—选择”,不可能使判断者否定、放弃作为基础或标准的善观念;(4)考虑到现实拥有的善观念不可能没有缺陷,上述“不可能”因而就是一种自我封闭与自我窒息。——这就是所谓的“善观念的封闭性”问题,相应地,“善观念的更新”问题随之浮出水面。谢文郁将这个问题的发现权归予《中庸》,而在我看来,这是他本人对《中庸》解读史的一个贡献。

按照谢文郁的说法，直面或观看“本性之善”乃是打破善观念的自我封闭的关键所在。然而，并非每个人都能充分利用这“本性之善”。大多数人在大多数时候，实际上都在高举自己已有的“善观念”，把它(们)设定为自己全部生存的出发点。观念的封闭性与这样的人同在。谢文郁认为，这种人或这种生存状态，便是《中庸》所谓的“小人”——“愚而好自用，贱而好自专”。在批评“小人”的同时，《中庸》高扬“君子”。谢文郁进而指出，所谓“君子”乃是这样一种人：他在“诚”中直面并观看自己固有的“本性之善”，通过不断抓住“新涌现出来的善观念”，不断打破封闭而实现理解上的更新①。《中庸》第二十章所谓的“诚之者，择善而固执之者也”，谢文郁认为，说的正是上述“君子”人格或“理解力更新”机制。

既有问题，又有方案。谢文郁的《中庸》解，可谓五脏俱全，而自成一体。

二、评论：概念与论证

谢文郁进而对《中庸》解决问题的方案做了进一步的分析与评论。我们来看《君子困境与罪人意识》第二节中的一段：

---

① 参考谢文郁(《康德的“善人”与儒家的“君子”》)的如下说法：“而善观念则是在诚中所见之善的概念化。经过这样一个观念化，它既可能符合在诚中所见之善，但也有可能误解之。误解一旦被发觉，善观念就会相应地被改变(改进)。”

人们在心理上有这种倾向:当一种善观念形成之后,作为善恶判断的出发点,它不会把自己判断为不善。因此,善观念对于持有者来说有着深刻的情感支持。也就是说,如果我们持定一种善观念,我们在情感上不希望其中有任何差错,即它应该是真正的善。实际上,一旦发现它的错误,我们就会放弃它。这就是说,在情感上,我们有把善观念绝对化的倾向。这种情感上的绝对化倾向要求所有的人都能够接受它。当我们向他人传播它,并等到他人的共鸣时,它就上升为共同的善。反过来,作为共同的善,我们对它的情感支持就会得到进一步加强。显然,一种善观念在社群生活中在情感上是相互支持的。随着它在更大的人群中得到共鸣和接受,在更长的历史中不断传承成为传统,它的善性就会不断积淀,乃至于被当作至善。在这个过程中,我们看到,某种个人的善观念可以通过共鸣而成为共同之善,进而作为外在力量反过来加强持有者对它的情感支持,直至被赋予了至善性。至此,善观念的完善过程便中止了。这是君子走向小人的生存过程。

按照谢文郁的提法,"诚"是一种情感状态。关于这种情感状态,《君子困境与罪人意识》第一节末曾有一言:"总的来说,《中庸》认为,在'诚'这种原始情感倾向中所呈现的是赤裸裸的人类生存实在(即本性之善)。"与此同时,谢文郁指出,附加在"善观念"头上的"至善性/绝对性",也是一种情感。这种情感,即毫无保留地委身于某种判断标准的理直气壮感。我们有时也称之为"安身立命"。然而,这种情感若占了上风,生存者的观念就彻底进入了封闭状态。在上引论述中,谢文郁力图指出:随着时间推移,这种封闭性的"理直气壮"感(基于对特定的"善观念"的服膺),势必会压倒或遮蔽"直面并观看本性之善"这种原始情感("诚")。换言之,"君子"势必要沦为"小人"!——果真如此吗?

我在此关心的还不是结论对错的问题。实际上,我赞成谢文郁的结论。我更关心的是,谢文郁上述概念与论证,是否完全支持这一结论?

就概念(谢文郁所使用的概念)分析而言,"君子走向小人的生存过程"可能并不必然。我们注意到:为了把"本性之善"和"善观念"区分开来,谢文郁常以"赤裸裸的生存冲动""赤裸裸的人类生存实在"等提法称呼"本性之善"。这些提法是在描述"本性之善"吗?——无论如何,如果"本性之善"可被描述,那么,描述者就可以借助诸如上述的描摹准确地把它指出来。借助这种"描述—准确地指出来",再加上坚强的意志努力,生存者原则上可以不断保持其"面向"并"观看""本性之善"的姿态。在这种情况下,谢文郁所谓"君子走向小人"的过程可以有效避免。

然而,谢文郁给出的"赤裸裸的生存冲动""赤裸裸的人类生存实在"等提法,是在描述"本性之善"吗?鉴于他强调"本性之善不是善观念","赤裸裸的生存冲动""赤裸裸的人类生存实在"等提法,在他的使用中应该并非描述语言。"描述”其实就是谢文郁所谓的“观念”,“本性之善”一经描述就沦为了“善观念”。换言之,以描述的方式不可能指出非观念的“本性之善”。那么,谢文郁究竟是在什么意义上说“存在本性之善”的呢?从“在诚这种原始情感倾向中观看本性之善”这一提法来看,“本性之善”即“伴随诚这种原始情感的非观念性体验”。只要能准确抓住“诚的情感”及其“非观念性”这个特点,当事人就一定能够做到“直面并观看本性之善”。考虑到“支持善观念的情感”并非“原始的诚的情感”(否则怎么能说是两种情感呢),生存者自然可以采取措施防范前者对后者的覆盖,这样,他就可以始终“直面并观看本性之善”,从而可以避免由“君子”堕入“小人”。

那么,谢文郁的结论错了吗?不,我说过,我赞成他的结论。我的基本想法是:“诚的情感”和“支持善观念的情感”,很难说是两种可区分的情感。实际上,除了说“诚”是“真真切切的体验”之外,我们很难再对这种情感作更多界定。至于“观念”和“非观念”:“非观念”的意识状态根本无法被指出来,我们充其量只能感觉到一个个具体观念的“出现”。作为概念,“出现”常被定义为“从无到有”,但人实际上只能捕捉到“有了”的瞬间,而无法直接把握“无”——凡思维对象都是某种“有”。谢文郁所谓的“原始”,故而最多只能追溯到“有了”的瞬间。这样一来,《中庸》所提倡的生存状态无非就是:在始终维持“真真切切”感的同时,不断抓住那些“有了”的瞬间,并将在这些瞬间体察到的“新鲜的善观念”付诸行动。这种生存模式,用谢文郁的术语说,就是“在诚中择善(善观念)”。

但作为一个事实:我们再熟悉的善观念,也不是一直不住地在我们脑海里徘徊。实际上,这些观念常常“从无到有”重新闪现。而且,“在诚中择善”并不要求针对善观念的具体内容“喜新厌旧”。(因为:凭什么说旧的一定不善呢?)只要有“真真切切”感相伴,当事人就必须把那些“重复出现的善观念”当作自己“应该择取的善观念”。在这一机制中,旧观念的累积优势会非常明显,因为:旧观念背后有一系列成功的历史经验,这些经验给予当事人以很大的安全感(“真真切切”感)。相比之下,新观念反而会显得势孤力单,即便出现,其“真真切切”感也往往不敌有着历史经验支持的旧观念。这种势力对比一旦定型,在诚中择善的君子,就已然陷进了观念的封闭性深渊而论为“小人”。

三、评论:历史与文本

谢文郁的《中庸》解还有一大倾向,那就是:追求最简单的一致性。前面指出,他从《中庸》文本中读出了“善观念的封闭性”这一问题,以及“在诚中观看本性之善并择取善观念”这一解决方案。——谢文郁似乎有意将这一方案纯化,并视之为《中庸》一以贯之的唯一思路。特别地,他不太愿意接受“教化”概念,拒绝将其纳入《中庸》的解决方案。从历史与文本角度看,我认为这有失偏颇。

“性/天命之性”概念,在早期儒学(如《周书》《论语》《大学》)中非但不显赫,反而还处于受压制状态。这个局面主要是由殷周之变与《尚书·周书》传统造成的。我们知道,在殷商末年,“王权天命”意识一度极其浓厚。《尚书·周书·西伯戡黎》记载了殷纣王的著名一叹:“呜呼!我生不有命在天!”这里,纣王认为“天命—王权”是他这个王天生固有(注定要有)的,故而轻看“后天的人为努力”。但周人正是凭借这种人为努力,最终赢得了王权。但与此同时,“天生固有—有命在天”的意识形态,也给胜利者周人造成了深刻的不安①。为抚慰自己的这种不安同时弹压以此为借口而起事者,周人逐步建立起“敬德修德以配享天命”的新意识形态。“敬德修德”作为一种“人事人为”精神,遂开始实际主导西周文化圈。“天生固有—有命在天”信念,相应地,便被涂上了“愚妄”的色彩。

《尚书·周书·召诰》中有这样一段:“王乃初服!呜呼,若生子,罔不在厥初生,自贻哲命!今天其命哲?命吉凶?命历年?知今我初服。宅新邑,肆惟王其疾敬德!王其德之,用祈天永命。”②——以“疾敬德”“德之”作为“祈天永命”的手段,实际上是要以“人事人为”精神改造传统宗教观念。引文

---

① 《史记·周本纪》记载,周武王为此焦虑地连觉都睡不着:“武王征九牧之君,登豳之阜,以望商邑。武王至于周,自夜不寐。周公旦即王所,曰:‘曷为不寐?’王曰:‘告女:维天不飨殷,自发未生于今六十年,麋鹿在牧,蜚鸿满野。天不享殷,乃今有成。维天建殷,其登名民三百六十夫,不显亦不宾灭,以至今。我未定天保,何暇寐?’”

② 引自顾颉刚、刘起釪:《尚书校释译论》第三册,北京:中华书局2005年,第1441~1442页。

中的三个反问句,差不多已经将"天生固有—有命在天"信念打倒在地;而"自贻哲命"的提法,则是把"天命—天生"变成了"自命—自生"。

《中庸》开篇曰"天命之谓性":"天生固有—有命在天"是此所谓"性"的基本特征。但"人事人为"精神既已压倒了"天生固有—有命在天"信念,殷周之变的精神继承者(如《论语》《大学》)便很难对"天命之性"抱有太多好感。实际上,直至楚简《性自命出》,天生固有之"性"仍然未被视为"原始起点—本性之善"。《性自命出》开篇曰"人虽有性心,无定志,待物而后作,待悦而后行,待习而后定",强烈暗示出后天之教与习的决定性意义①。"性"或"性心"不过是这种"后天人为"的加工对象而已,而加工的目标及方向则由外来的"教化"指示出来。——但如此这般的"教化—人为"传统,又如何能接受"天命之谓性,率性之谓道"呢?

对此,我们可以这么看:教化者如果仅止于陈述应然规范,那么,受教者的后天人为也还是可能出偏,因为受教者总可能误解这些规范。考虑到"理解"的个人性或内在性特点,受教者"亲自开窍"乃是正确理解的关键。《中庸》第四章所谓"人莫不饮食也,鲜能知味也",在我看来,涉及的便是这个

① 李零:《郭店楚简校读记》(增订本),中国人民大学出版社,2007年,第136页。——"性心"处句读,则依文物出版社《郭店楚墓竹简》(1998年)释文。李零教授认为:"简文的上下篇是属于同一篇。上篇是讲教习和心性的关系,以及礼乐的教化功能;下篇是讲心术,即施行教化必须掌握的心理技巧。后者和前者在内容上是有密切关系的。"(第151页)

"亲自开窍"问题。那么,人凭什么能亲自开窍呢?这便回到了《中庸》的开篇:"天命之谓性,率性之谓道"。"天命之谓性"意味着每个人天生固有开窍的资源,而"率性"则正是一种在"自我体察"中"开窍"的体验。——"教化—人为"语境下的"理解—开窍"问题,最终促使"天生固有—有命在天"的"性",大张旗鼓地在儒学传统中重新登场。

"亲自开窍"虽然是其关注焦点,但《中庸》并未简单抛弃"教化"概念。于是,便有了开篇的第三句——"修道之谓教"。本书第一、二章已经指出,"教—学"意义上的"教"旨在指定一套应然规范。而在不考虑"误解"问题的情况下,指定了规范就等于传授了知识。没有这种指定,在日常生活中,我们无从谈论对错。而一旦认定了某种指定的规范,将它们彻彻底底落实于社会人生,"教"的目标就算彻底实现。"实现既定目标"乃是一种"境界"或"终点"意识。作为对比,"天命之谓性,率性之谓道"则关心凭借什么(手段、途径)达到正确知识或理解?这是一种"起点"意识。我认为,《中庸》"修道之谓教",保留了"教—学"之"教"的"境界—终点"意识。"境界(终点)"与"起点"这两种相反的生存意识并存,造成了《中庸》思维的巨大张力;在这种张力中,"教—学"之"教"将被《中庸》改造为"教—化"之"教"(后详,还可重点参考本书第五章)。

按照谢文郁的解释,《中庸》所谓"诚",即"直面并观看性(本性之善)";而"诚之",即"在这种观看中择取善观念"。谢文郁对"诚"与"诚之"的解释,涉及的正是我们所谓的"起点”意识。特别地,谢文郁强调在“无息”意义上理解“至诚”,意在将这种“起点”意识贯彻到底。这是其《中庸》解的另一个重要特色。但尽管如此,谢文郁还是不可避免地会触碰到《中庸》的“境界(终点)”意识。在《君子困境与罪人意识》一文第二节,他这样写道:

> 而且,问题的严重还在于,《中庸》强调君子对社会的教化功能。它是这样期望君子的:‘是故君子动而世为天下道,行而世为天下法,言而世为天下则。远之,则有望;近之,则不厌。’(29:5)这一强调的直接后果是:社会的共同之善得以强化为至善。至善性是完善化的中止。不难指出,君子的社会教化作用在现实中是带领人们走小人之路。

既然如此,我的问题是:与其孤立强调这一节具有“教化—境界—终点”意识,为什么不大大方方承认更多《中庸》片段亦具有这种“教化—境界—终点”意识,进而专门探讨《中庸》思想的内在张力?——似乎有种单纯的“一以贯之”情结,在影响着谢文郁的《中庸》解释,使他不情愿面对这种张力。

联系前面的分析,“性”不是“观念”,而“诚”是“直面并观看性”的唯一方式。就此而言,“诚”“性”一体。而“诚”,我们前面指出,无非就是“真真切切”感。实际上,除了“直面并观看性”,人还可以通过别的方式拥有“真真切切”感。例如,《大学》认为“格物致知”先于“诚其意”,“诚其意”所面对的是观念性的“知—意”,而非面对非观念的“性”[①]。借助这种“诚其意”修炼,修身者可以获得“诚于中”的体验。也就是说,只要经过持之以恒的“诚其意”修炼,当事人完全可以对外来观念建立起“真真切切”的认同感。《中庸》第四章引用孔子语录批评“知者过之”“贤者过之”现象——这些“智者”“贤者”,实际上都是很努力的修身者。他们之所以“过之”,只因他们对“不正确的知识”,建立起了挥之不去的“真真切切”感。——那么,在这种引用和观察中,《中庸》会不会提出“究竟什么是真正的诚”“如何达到真正的诚”之类的问题呢?

正是沿着这个思路,《中庸》第二十章所谓的“诚身有道,不明乎善,不诚乎身矣”,便有了不同于谢文郁的解释。在笔者看来,《中庸》这句话应理解为:有办法让自己对特定的“善观念”保持真切的认同感,却不能准确地认识“真正的善观念”,那就不算达到了真正的诚。——上面这句话,中华书局1983年版《四书章句集注》的标点为:“诚身有道:不明乎善,不诚乎身矣。”[②]谢文郁采用的正是这种标点,其中的冒号,引导他把“不明乎善,不诚乎身矣”理解为“诚身有道”的定义。在“天命之谓性,率性之谓道”的语境中,他进而将“明乎善”与“率性”联系起来,提出了所谓的“本性之善”与“直面并观看本性之善”解释。——这种解读相当巧妙,颇具王阳明心学的气派,但同时却也把《中庸》的思想过分单一化了。

---

① 可参考朱熹的解释,见[宋]朱熹撰:《四书章句集注》,第7页。

② [宋]朱熹撰:《四书章句集注》,第31页。

实际上,一旦提出“什么是真正的诚(率性)”“如何到致真正的诚(率性)”问题。“诚(率性)”就不再是获取真知或真正的善观念的“起点(途径)”,而是沦为有待被探讨、有待被界定、有待通过修养去达至的“境界(终点)”。与谢文郁不同,朱熹是这样解释《中庸》第二十章的“诚之者,择善而固执之者也”这句话的:“未至于圣,则不能无人欲之私,而其为德不能结实。故未能不思而得,则必择善,然后可以明善;未能不勉而中,则必固执,然后可以诚身,此则所谓人之道也。……择善,学知以下之事。固执,利行以下之事也。”①在朱熹的解释中,“诚之”不折不扣正是冲着“诚—圣”境界的人为努力。然而,这种努力的起点(途径)又在哪里呢?

我们回到谢文郁虽然提及却未能深掘的“君子对社会的教化功能”这一议题。一方面,《中庸》充分注意到“理解—开窍”只能由当事人亲自完成,故第二十五章说“诚者自诚也,而道自道也”。但另一方面,由于触及“如何认识、如何达到真正的诚(率性)”的问题,《中庸》又不得不引入某种不可或缺的辅助性力量。为此,第二十五章又说“诚者非自诚己而已,所以成物也”。这实际上为“至圣”者的教化功能埋下了伏笔。而由于当事人在“真正的诚(率性)”问题上存在“理解—开窍”问题,“至圣”者要想解决这一问题就不能见仅止于“说出知识”,而是必须同时有能力让当事人开窍以便正确理解他所传授的知识。正如我们在第三十一章所看到的,至

① [宋]朱熹撰:《四书章句集注》,第31页。

圣者“见而民莫不敬,言而民莫不信,行而民莫不说”——至圣者与一般施教者的区别就在于,他的教化工作能出神入化地在受教者身上造成“明乎善—诚乎身”的境界。也就是说,“真正的率性”这个问题,将通过至圣者获得最终的结果。而且,只要有能力促成当事人真正“率性”,教化者是否传授观念性知识似乎也就无关紧要了,因为真正的率性之人完全可以通过体察“性之发见”而自行获得真知。

当然,如果上述“至圣”者只是一种想象(作为理想),那么,“什么是真正的诚/如何达到真正的诚”,进而“什么是真正的善观念/如何获取真正的善观念”问题就远未解决。鉴于本部分的“评论”性质,这方面的讨论就不再展开,读者可进一步参阅本书下一章。

谢文郁《中庸》解的贡献在于,从文本中读出了“善观念的封闭性”问题。与此同时,他创造性地提出了“本性之善”概念,并以“在诚(直面并观看本性之善)中择善(善观念)”作为《中庸》解决善观念的封闭性问题的方案。有问题,有方案,且力求贴近文本文脉,这显然是一种既严肃又新颖的《中庸》解读。

不足之处在于,谢文郁回避了“什么是真正的诚/如何达到真正的诚”这个《中庸》已然有所涉及的问题。这给谢文郁的《中庸》解造成了两个软肋:其一,如果“什么是真正的诚/如何达到真正的诚”根本不成问题,那么,生存者完全可以凭借这“诚”永远“面向并观看本性之善”,从而避免堕入谢文郁所谓的“善观念的封闭性”。这样,他对《中庸》解决方案的批评就落了空(谢文郁认为《中庸》从根本上无法解决这个问题——笔者赞成此结论但不赞成谢文郁的一些相关文本解释与论证)。其二,谢文郁努力避开这个问题,似乎是为了维持解释思路的单纯一贯性。然而,《中庸》似乎并不这么单纯。这种“单纯”情结造成的最大遗憾就是,我们读不到谢文郁对《中庸》“教—化”论的深入探讨。

第五章 “真知”问题与儒家政教困境的可能出路

较之道家追求“清静”或“逍遥”的“修炼”，儒者“修身”的最大特点在于，它以驾驭政治权力并担负社会责任为指归。“修身”的目的即在于“施教”。但在现代政治理念与政治实践的映衬下，传统儒家政教模式有时显得专断而封闭①。儒典对君主（通常称为“天子”）角色的定位，集中蕴含并体现了这一弊端。辨析《大学》“教—学”论与《中庸》“教—化”论，揭示二者背后不同的问题意识与基本预设，有助于深入剖析相关症结。

宋明以来，《大学》《中庸》在儒典中的地位极为突出，以之作为探讨儒家政治哲学的文本基础，虽不完备但也不失大格。以朱熹和王阳明为代表的宋明儒学主流认为，《大学》《中庸》一以贯之地承载着相同的道统真理（尽管二人对于道统真理的内容具体是什么存在深刻分歧）；但自冯友兰、牟宗

① 儒家政教在不完整的意义上也被称为“礼教”。新文化运动，便是站在反对专制（民主）、谋求新知（科学）的立场上，激烈地批判“吃人的礼教”的。这种批判已然成为当代学统的重要组成部分。

三等以来,这种“道统一贯”的解读范式开始备受质疑,近年来更有学者旗帜鲜明地以“《大学》《中庸》不同论”为题作文[1]。鉴于《大学》《中庸》解读在当代是一桩远未尘埃落定的事业,我们无现成的权威解读可资采信故必须在辨析《大学》《中庸》的“政教”理念的同时,适度回护自己所持文本解释的合理性。

总的来说,儒家政教的根本瓶颈在于低估了“真知”问题的棘手性。在这个问题上,《中庸》虽然比《大学》深刻得多,但其解决问题的方案却仍然功亏一篑。本文的基本任务在于:揭示《大学》对于“知识—理解”问题的轻忽,展示《中庸》对于“真知”问题应对不力,分析上述轻忽和应对不力在儒家政教中埋下的消极伏笔,进而尝试探讨走出困境的可能出路。

第一节　《大学》:服膺“教—学”意识,淡漠“知识—理解”问题

《大学》的主导性问题意识与相应的义理方案究竟是什

---

① 任蜜林:《〈大学〉〈中庸〉不同论》,《哲学研究》2015 年第 3 期。与宋明道统论以《大学》为思孟派作品针锋相对,冯友兰认为《大学》属于荀学,见氏著:《〈大学〉为荀学说》,《燕京学报》第 7 期(后收录于:罗根泽编:《古史辨四》,上海:上海古籍出版社,1982 年,第 175 ~ 188 页;冯著《中国哲学史》、《中国哲学史新编》皆用此说)。牟宗三则认为,“《大学》在内圣之学之义理方向上为不确定者,究竟往哪里走,其自身不能决定,故人得填彩而有三套之讲法”,又曰,“《大学》‘明德’根本不表示‘吾人之性’”。见氏著:《心体与性体》第一部,上海:上海古籍出版社,1999 年,第 15 页。此外,还可参考本书第一章。

么？弄清楚这个问题，是探讨《大学》政教理念的基础。

作为传世《大学》的唯一原始版本，《礼记·大学》似乎缺失了专门解说“致知在格物。物格而后知至”的部分；自二程相关讨论以及朱熹“窃取程子之意”补写“格物致知传”以来，如何解释“致知在格物。物格而后知至”俨然成为《大学》研究的焦点所在①。这种局面引起了皮锡瑞等经学家的强烈不满，批评这种做法是“疑经不已”，并斥之为“宋人之气”②，那么，究竟是《礼记·大学》遗失了《大学》原有的进一步解释“致知在格物。物格而后知至”的段落（阙文），还是《大学》进一步解释“物格而后知至。致知在格物”的段落在流传过程中落错简到了《礼记·大学》的其他位置，抑或《大学》原本就没有进一步探讨“物格而后知至。致知在格物”的动力与段落？而站在尊重现有文本的立场上，我们正可以顺着皮锡瑞的批评逆向追问：假设《礼记·大学》并无错乱或阙文，那么，能否从《大学》文本中找到内证，恰如其分地解释《大学》轻忽

① 参考李纪祥：《两宋以来大学改本之研究》，台北：台湾学生书局，1988年。

② “宋人不信注疏，驯至疑经；疑经不已，遂至改经、删经、移易经文以就己说，此不可为训也。……朱子……独于《大学》，移其文，又补其传；《孝经》分经传，又删经文；未免宋人习气。而移《大学》先有二程子，删《孝经》云本胡侍郎、汪端明，则未可尽为朱子咎。……宋、元、明人说经之书，若此者多，而实宋人为之俑始。”见［清］皮锡瑞：《经学历史·经学变古时代》，［清］皮锡瑞著，潘斌选编：《皮锡瑞儒学论集》，成都：四川大学出版社，2010年，第32～33页。朱熹补传见［宋］朱熹撰：《四书章句集注》，北京：中华书局，1983年，第6～7页。

"致知在格物。物格而后知至"问题的缘由？

《大学》开篇的"学"字暗示了问题的答案。而通常认为，"教—学"活动的基本特征，即在于"授受知识"。换言之，在"教—学"意识下，人们一般认为"知识"是现成的，就在教师或教材那里。而《大学》作者，确实也正是以学有所成的教师自居的（证据后详）。

《礼记·大学》开篇曰：

> 大学之道，在明明德，在亲民，在止于至善。
>
> 知止而后有定，定而后能静，静而后能安，安而后能虑，虑而后能得。（《礼记正义》卷第六十《大学第四十二》）①

"学"字当先，进而宣告"三在"宗旨或目标（按：此"在"字，当解为"旨在"）所传达的正是教师施教或劝学的姿态。相应地，"知止"即"立志"，志有定向方能"定→静→安→虑→得"。"虑而后能得"之"得"，显然是渗透着"知识—理解"的"得"。这是一种先确立为学宗旨，然后在时间中精确把握宗旨的为学之道。而正是有了教师的"施教"或"传授"，初学者才能于懵懵懂懂之际确立宗旨或目标（严格来讲，无知者无法自己树

① 本文征引《大学》《中庸》以此版本为准（后仅随文夹注书名、卷名）：［汉］郑玄注，［唐］孔颖达正义，吕友仁整理：《礼记正义》上海：上海古籍出版社，2008 年。

立他所不理解的宗旨或目标)。就此而言,《大学》意义上的学习者,并非孤立的原子个体,而是从一开始即镶嵌在“教—学”这种关系之中。教师(及教材)所拥有的知识,正是学生立志要掌握的目标。

而且,《大学》并不鼓励立定了志向的学习者独自揣摩“三在”宗旨或目标,而是进一步给出了条目性指导:

> 物有本末,事有终始,知所先后,则近道矣。
>
> 古之欲明明德于天下者,先治其国。欲治其国者,先齐其家。欲齐其家者,先修其身。欲修其身者,先正其心。欲正其心者,先诚其意。欲诚其意者,先致其知。致知在格物。物格而后知至,知至而后意诚,意诚而后心正,心正而后身修,身修而后家齐,家齐而后国治,国治而后天下平。自天子以至于庶人,一是皆以修身为本,其本乱而末治者否矣。其所厚者薄,而其所薄者厚,未之有也。此谓知本,此谓知之至也。(《礼记正义》卷第六十《大学第四十二》)

“揣摩”并不是完全被动的“反映”,而是深深受制于揣摩者既有的意向与思路。在学有所成之前,学者在一定意义上都是无知者或知有偏差者;放手让无知者或知有偏差者独自揣摩,无异于放任学习者误入歧途。“本末—终始—先后”之说,意在进一步精调读者(学习者/立志者/揣摩者)的志向——只有精准的志向,才能导向正确的“知识—理解”之

"得"。而有了精准的定向,剩下的就只是功夫与时间问题了,此即"知所先后,则近道矣"。

"古之欲明明德于天下者"作为条目性指导的发语词值得深究,它意味着上述条目性解说并非《大学》作者自己的发明创造,《大学》作者深信自己只不过是自古以来的优秀知识传统的继承者。也就是说,《大学》作者虽然以读者们的教师自居,但他始终未忘记自己也是先贤与传统的学生。前所谓"《大学》作者以学有所成的教师自居",其文本依据即在于此。由此可见,《大学》对"教—学"(由其是"受教")意识的服膺何等深彻,即便已经学有所成、足以为师,仍不忘"受教"与"学习"是自己的成功之道,并自觉地将这种成功之道向后学开示。而作为成功掌握了优秀传统知识的学有所成者,教师所主导的"教—学"活动,则继而成为后学获取应然之知的起点与凭借。

总之,在《大学》式"教—学"意识中,学习者既不应该也无必要凭一己之力从零求知:所谓"不应该",是因"自行揣摩"易误入歧途;所谓"不必要",是因"教—学"授受效率更高。作为"始"与"先","知识—理解"问题虽然重要,但因"教—学"授受足以解决全部问题,《大学》遂无动力进一步探讨如何"格物致知",更遑论对"格物致知"何以可能进行前提分析了。这正是《大学》虽然触及了"格物致知"议题,却又不去深究文的内在原因。相形这下,能否以及如何将教师所代言的权威之知实行出来,就成了摆在《大学》师生面前的头等要务。

“知而不行”问题的严重性在于：它非但会使“教—学”授受沦为耳旁风，甚至还会导致“教—学”活动本身都难以为继，即：虽然知道“教—学”重要，但在行动上却既懒得教也懒得学。因为已然“知道”，此“懒得”遂被归为“意志力”问题，而非“智力”问题。针对此问题，《大学》浓墨重彩地耗费了近乎全文1/3的篇幅，苦口婆心地劝勉读者“诚其意”。

以下是“所谓诚其意者”章①的第一段与最后一段，我们先征引再分析：

> 所谓诚其意者，毋自欺也。如恶恶臭，如好好色，此之谓自谦[慊]。故君子必慎其独也。小人闲居为不善，无所不至，见君子而后厌然，掩其不善而著其善。人之视己，如见其肺肝然，则何益矣？此谓诚于中，形于外，故君子必慎其独也。（《礼记正义》卷第六十《大学第四十二》）
>
> 子曰：“听讼，吾犹人也，必也使无讼乎？”无情者不得尽其辞，大畏民志。此谓知本。（《礼记正义》卷第六

① 将其称为一“章”，乃至将其命名为“‘所谓诚其意者’章”，以及时或沿用朱熹“三纲领”“八条目”提法，主要是为了方便指称。李纪祥比较细致地考察了《四书·大学》与《礼记·大学》的差异，可参考氏著：《〈四书〉本〈大学〉与〈礼记·大学〉：两种文本的比较》，《文史哲》2016年第4期。实际上，离开了特定的解读谈论《大学》的经、传、篇、章划分，是无意义的。李纪祥教授很清楚地意识到，他的考察，总的来说属于解释史研究，而非朴学意义上的文献研究。这种自我定位是清醒而准确的。

十《大学第四十二》)

首先,作为"所谓诚其意者"章的结语,"此谓知本"将原本通过"欲……先……/……而后……"句式赋予"格物致知"的"本/始/先"地位,转而赋予"诚其意"。就行文而言,这是个前后不一属于明显瑕疵,但《大学》作者对此似乎浑然不觉。这从侧面反映出,"教—学"意识以及在其基础上凸显出来的"知而不行—意志软弱"问题,在《大学》作者心目中具有何等突出而压倒一切的地位!

其次,"见君子""人之视己""十目所视,十手所指"等提法意味着"外在监督","所谓诚其意者"章中的"小人",处处显露出畏惧"外在监督"的情态。这种"小人"人前人后两张皮:在没有外在监督的场合"为不善,无所不至","见君子"则遮遮掩掩文过饰非。这说明,此等"小人"并非不了解"君子"所代表的权威知识("非不知善之当为与恶之当去也"),而只是"不能实用其力"①以致"知而不行"。与此相伴的,是一种不"自慊(快足于己)"的愧疚感。

而作为监督者的"君子"与"人",则具有"人(指监督者)之视己(指小人),如见其肺肝然",也即具有洞悉被监督者心灵的能力。我们知道,能否以及如何"认识他心",是西方心灵哲学中的一大疑难——《大学》何以会觉得"他心易知"呢?对此,我们可以这样解析:《大学》作者在"'知识—理解'是现

① 两处引语见[宋]朱熹撰:《四书章句集注》,第7页。

成”的“教—学”意识中，预设了监督者与被监督者共享相同的“应然之知（传统知识）”，而基于共同的“应然之知（传统知识）”，面对同一事务，人们自然就会有相同或类似的心理反应。可以设想，每一位监督者都有“知而不行—意志软弱”的经历，至少都是从“知而不行”阶段走过来的，对于“遵守社会共识则快足于己，违逆社会共识则深感罪责，遇到外在监督者还会遮遮掩掩”的心理反应也行事机制，他们心知肚明。可见，“教—学”意识下的“知识现成”与“知识共享”预设，是《大学》认为监督者不难洞察“他心”的根由所在。

由此观之，本章中的“毋自欺”“慎其独”“诚于中”等，无不以“知识现成”预设为前提，并专门针对“知而不行—意志软弱”问题而发。割裂相关语境，仅凭这里的“自”“独”“诚”等字眼，而读出“自性”“独体”“良知良能”等意思，则是先入为主地将《中庸》《孟子》思路读进了《大学》。这种非历史的、宋明道统论的文本解释进路，本文不取！

但是，上引“所谓诚其意者”章第一段，还留下了一个问能够自觉地“诚其意”固然好，但“小人”既然倾向于“为不善，无所不至”，则可想而知，“知而不行—意志软弱”问题势必具有顽固性。特别地，“小人”在监督者不在场的情况下“为不善”，而一旦对簿公堂，这种“小人”又会极尽狡辩之能事为自己开罪（“掩其不善”）。这种“狡辩”，恰与“教—学”关系中所应有的“谦虚受教”心态截然相反，可谓“大学之道”的蛀虫与死敌。“所谓诚其意者”章最后一段借孔子语录，道出了对治这种顽疾的基本手腕：“听讼，吾犹人也，必也使无讼乎？无情者不得尽其辞，大畏民志。此谓知本。”

在一个崇尚传统知识或拥有应然共识的社会中，断案标准是现成的，对同一个案件，合格的法官不会做出两样的判决，孔子因而也不追求在判案结论上标新立异（“听讼，吾犹人也”）。孔子更关心的是，如何以审案、断案为契机，更有力地对治“知而不行—意志软弱”的心态，以便防患于未然（“使无讼”）。旨在普及传统应然之知的“教之”（《论语・子路》）只是第一步，针对“小人”明知故犯复推诿狡辩的态势，《大学》作者借孔子之口主张：执政者宜在听讼之际动用声色威势，震慑“小人”气焰，给行动上缺乏“自制力”者造成一种“怕觉”，从而造就“无情者**不得**尽其辞”，“**大畏**民志”[①]的社会风气。至此，《大学》“教—学”意识进一步落实为一种“威势—施教”的政教理念。

那么，这种“威势—施教”的政教模式，前景如何呢？作为预告，我想指出：《中庸》在谈论“教”（“教—化”）的时候，反而主张“不大声以色”，认为“声色之于化民末也”。也就是说，“威势—施教”并非最理想的政教模式。为什么呢？

① 参考［汉］郑玄注，［唐］孔颖达正义，吕友仁整理：《礼记正义》，第2249页。整理者将“无情者……大畏民志”置于孔子语录引号外，意味着这句话是《大学》作者的评论语。朱熹《大学章句》虽然移易了这段文本的位置，但中华书局版《四书章句集注》（第6页）对本段的标点与《礼记正义》相同。

第二节 《中庸》:重编孔子语录,突出“真知”问题意识

《中庸》以“天命之谓性,率性之谓道,修道之谓教”开篇,“天命之性”由此被设定为“道”和“教”的基础与起点。相形之下,《论语》《大学》则基于“教—学”意识谈论儒家之“道”①,对它们来说,“天命之性”并非必不可少的议题。

《论语·公冶长》记载子贡曾感叹曰:“夫子之言性与天道,不可得而闻也!”子贡一方面感叹“不可得而闻”,另一方面仍然称孔子为“夫子(老师)”。这意味着,在不闻“夫子之言性与天道”的情况下,他仍然可以师从孔子为学修德。就此而言,“性与天道”并非原始孔门为学修德的起点性议题②。

---

① 《论语》以“学而时习之,不亦说乎”开其端,可视为《论语》首重“教—学”的直观证据。

② 子贡这句感叹,存在多种解读的可能:其一,子贡可能发自内心地认为,大谈“性与天道”这种难有定论的议题是大而无当的表现,孔子因为意识到了这一点故而不言“性与天道”。按照这种解读,“性与天道”议题之于孔门为学修德有害无益。而孔子既然不言,学生便自然“不可得而闻”。其二,子贡可能发自内心地认为,能够理解“性与天道”是境界高超的表现;但鉴于议题高深,高人如孔子者很少对普通人讲论“性与天道”,子贡作为资质不够者故而听不到孔子“言性与天道”;或者,即使孔子偶有讲论,子贡因为境界不够高亦听不懂。听不到与听不懂,都可称为“不可得而闻也”。我们更关注的则是:“夫子之言性与天道,不可得而闻也”,丝毫不妨碍子贡追随孔子为学修德。这意味着,探讨“性与天道”问题或理解“性与天道”议题,并非原始孔门为学修德的必要起点,它顶多只是修身者在臻于完善境界之际才有必要操心的有助于自己更上一层楼的台阶(而按照第一种解读,修身者甚至永远都没有必要为“性与天道”议题操心)。

实际上,按照上节对《大学》思路的演示,只要存在合格的教师,普通人便可以在教师的具体指导下为学修身;再加上足够的权势,这种合格的教师便有能力教育包括最顽固者(小人)在内的一切人。"教—学"既然足以解决修身与政教问题,《大学》遂无动力额外高举"性与天道"。实际上,"性"字在《大学》中仅一见,位置比较靠后,且是用来形容"'(众)人之所好/(众)人之所恶'(实即'社会共识/传统共识')牢不可破不宜冒犯"的[①],而根本不成其为一个独立的概念,更遑论拥有《大学》"三纲领(三在)""八条目"或《中庸》开篇三句式的显赫地位。可以说,《大学》延续了原始孔门(以《论语》为代表)罕言或不言"性与天道"的基本特点。至于宋明儒者普遍"《大学》'明德'即《中庸》'天命之性'",本书第二章已基于对原始儒家宗教哲学运动的考察,提出了一套"《大学》'明德'并非《中庸》之'性'"的思想史叙事作为反驳,此不再赘言。

现在的问题是:原始孔门所并不重视的"性与天道(天命之性)",为什么会一跃成为《中庸》的起点性概念?《中庸》作者是基于什么样的问题意识,高抬"天命之性"概念之地位的?可以设想,推动"天命之性"概念地位上升的问题意识,就主导是《中庸》的问题意识。而把握住《中庸》的主导性问题意识,无疑是准确理解《中庸》政教理念的关键所在。

---

① "好人之所恶,恶人之所好,是谓拂人之性,灾必逮夫身。"(《礼记正义》卷第六十《大学第四十二》)

作为一段议论体裁的文字,《中庸》首章更多的是在铺陈方案,其所针对的问题意识,则是通过接下来的孔子语录加以呈现的。同为孔子语录,《中庸》的语录体部分和《论语》遵循着不同的编辑理念。《论语》作为集体编辑的成果,旨在如实荟萃妙语箴言,节与节、章与章之间仅有相对松散的联系①。《中庸》中的孔子语录,虽然绝大多数可在《论语》中找到相似或相关者②,但作为个人(通常认为是子思)或另类编纂成果,《中庸》对孔子语录的遴选与编连,则服务于叙述、探讨编者所关注的核心问题与解决方案。特别地,通过精心编纂前七则孔子语录,《中庸》作者成功地从孔子遗产中,托举出了全篇的主导性问题意识:

> 仲尼曰:“君子中庸,小人反中庸。君子之中庸也,君子而时中;小人之中庸也,小人而无忌惮也。”(第一则)
>
> 子曰:“中庸其至矣乎!民鲜能久矣!”(第二则)

---

① 王博教授对《论语》编纂有比较系统的考察,他试图揭示《论语》全书及各章的编辑原则,但也仅止于发现诸如“形式上非常整齐”(如第一到七章,全部讨论与“仁”有关的问题,而以后的十九章,竟无一处出现“仁”字)、“以主题来组合材料”(如《八佾》每章都与“礼”或“乐”有关)等外在特征,而并未发现贯穿全书或某一章的严谨一贯的内在理路。参见氏著:《中国儒学史·先秦卷》,汤一介主编:《中国儒学史》,北京:北京大学出版社,2011 年,第 99~137 页。

② 张岂之主编:《中国思想学说史·先秦卷(上)》第二篇第三章《子思的思想》(该章由郭沂执笔),桂林:广西师范大学出版社,2007 年,第 282~287页。

子曰:“道之不行也,我知之矣:知者过之,愚者不及也。道之不明也,我知之矣:贤者过之,不肖者不及也。人莫不饮食也,鲜能知味也。”(第三则)

子曰:“道其不行矣夫!”(第四则)

子曰:“舜其大知也与!舜好问而好察迩言,隐恶而扬善,执其两端,用其中于民,其斯以为舜乎!”(第五则)

子曰:“人皆曰予知,驱而纳诸罟擭陷阱之中,而莫之知辟也。人皆曰予知,择乎中庸,而不能期月守也。”(第六则)

子曰:“回之为人也,择乎中庸,得一善,则拳拳服膺而弗失之矣。”(第七则)(《礼记正义》卷第五十二《中庸第三十一》)

第一则语录中的“君子”是褒义词,“小人”是贬义词,“君子中庸,小人反中庸”故而意味着“人应该走中庸之道”。但何谓“中庸”呢?“君子之中庸也,君子而时中”是一个关键性解释,该“时”字意味着:实行中庸必须灵活机动,随时随地顾及处境,而非机械地墨守某些“中庸”规条。

“小人之中庸也,小人而无忌惮也”句,《礼记正义》之《孔颖达疏》谓“王肃本作‘小人之反中庸也’”,朱熹曰“程子亦以为然”①。“小人之反中庸也,小人而无忌惮也”使得“反”字和“无忌惮”凑在了一起,容易给读者造成“小人胆大包天地

① 参见[汉]郑玄注,[唐]孔颖达正义,吕友仁整理:《礼记正义》卷第五十二《中庸第三十一》,第1990页;[宋]朱熹撰:《四书章句集注》,第19页。

明知故犯”的印象(这种意义上的“小人”正是《大学》式声色威势的管教对象)。而没有“反”字,这种印象便不复成立。我们可以这样分析“小人之中庸也,小人而无忌惮也”句:“小人而无忌惮”既是贬义的,则这种“小人”便不可能真正在“中庸”;所谓“小人之中庸也”只能是“小人自以为中庸”,即“小人”错误地将“反中庸”的行事方式当作了“中庸”,并因为这种错误认识而“无忌惮”地坚持错误言行。如此一来,“知识—理解”或“真知”问题,也即“何谓真正的中庸(道)”的问题,便显露出端倪。

通常认为,动植物(尤其植物)是在本能中对处境做出反应的,而人的生存特征则在于,是在“认识—理解”中对处境做出反应。即便那些自称能“坐忘”的人,其在坐忘之际,至少也还保有“吾在坐忘”的意识。否则,坐忘者一旦苏醒过来,将没有任何意识内容可资回忆,从而无法做出“今者吾丧我”(《庄子·齐物论》)的夫子自道①。所谓“吾在坐忘”,总归是“吾在特定的处境中坐忘”,这种意识因而仍是一种处境化的“知识—理解”。在“人总是在‘知识—理解’中对处境做出反应”这一前提下,第一则孔子语录的整体意思就是:小人之所以“反中庸”,归根结底是因为他们的“知识—理解”出了问题,即信誓旦旦地持守着不合乎处境的“知识—理解”;相

① 关于这一点,可参考维特根斯坦关于“私人语言”不可能与“私人经验”不可言说的分析与论证。可参考(英)维特根斯坦著,江怡译,张敦敏校:《维特根斯坦论感觉材料与私人语言》,杭州:浙江大学出版社,2011年。

形之下,“君子时中”的秘诀就在于,君子总能及时获取并践行适切处境的“知识—理解”真正即时有效的“中庸”之知(“真知”)。

再来看第二则孔子语录。其中,“中庸其至矣乎”,朱熹理解为“中庸之德为至”,并进而从“世教衰,民不与行”的角度解释“民鲜能久矣”①。通过“世教”促成全社会对于特定德目的践行,这正是《大学》式“教—学”论思路。朱熹这种“重行轻知”的《大学》式解读思路,与上一则《中庸》语录所透露出来“重知”取向背道而驰。“中庸其至矣乎”,其实也可以读为反问句(按:这则语录中的第一个叹号相应地改为问号),整则孔子语录的意思因而就是:“难道中庸是穷高极远之事吗,(为什么)民众总是很少能做到中庸呢?”在否定“中庸是穷高极远之事”的同时,这则语录也提出了“为什么难以中庸”的问题。接下来的几则语录,将继续从“知(知识—理解)”或“真知”问题的角度,回应这个问题。

第三则孔子语录以“道之不行也,我知之矣”承接第二则,读者因而可以断定此“道”与“中庸(时中)”同义。这则语录进而以“过之”“不及”言说“道不行”,这是“道”与“中”(“时中”“中庸”)同义的进一步印证。其中,“愚者不及,知者过之”之“愚”“知”二字表明,这里的“不及”与“过之”显然是“知识—理解”出了问题。“愚者不及”可归咎为“愚者不善于运用智力,其‘知识—理解’不能及时地反应处境变换”,

① [宋]朱熹撰:《四书章句集注》,第19页。

“知者过之”的症结则在于“智力活跃之辈好高骛远或钻牛角尖,其‘知识—理解’因而每每与时下处境不合”①。

这则语录的细节透露出了打通“知”“行”的意向。在谈论“知者过之,愚者不及”时,它用了一个“行”字(“道之不行也”);而在谈论“贤者过之,不肖者不及”时,它则使用了一个“明”字。“行”在字面上更多地指“实行”,而“明”则有“理解”义(如《中庸》后半篇中的“不明乎善”之“明”)。准此,第三则语录的严谨行文似乎应该是:“道之不明也,我知之矣:知者过之,愚者不及也。道之不行也,我知之矣:贤者过之,不肖者不及也。”《中庸》中的语录原文为什么要颠倒过来,用“不行”谈论“知者过之,愚者不及”呢?对此,笔者的体会是:以“行”字论“知”“愚”,其中隐含着“有什么样的知,就有什么样的行”的“知行一体”意识。而较之“知”“愚”,“贤”“不肖”似更侧重“意志力—实行力”,而非“智力”因素。语录以带有“理解”义的“明”字谈论“贤者过之,不肖者不及”,同样隐含着将“实行”问题还原为“知识—理解”问题的意思。这则语录最后以“人莫不饮食也,鲜能知味也”画龙点睛,“鲜能知味也”的结语不容争议地把问题的焦点指向了“知”。

特别值得一提的是,在《大学》式“教—学”意识与“知行二分”思路中,意志力只患“不及”而无所谓“过之”。如果说

① 朱熹的评论可接受:“知者知之过,既以道为不足行;愚者不及知,又不知所以行,此道之所以常不行也。”见[宋]朱熹撰:《四书章句集注》,第19页。

“贤者”更多地是指“力行者”的话，那么，《大学》很难说出“贤者过之”这样的话——在“知识—理解”或“真知”不成问题的情况下，作为执行力的“意志力”越坚强越好！而一旦将“知识—理解”问题突出起来，《中庸》所谓“贤者过之”就很好理解了：“贤者”主观上当然愿意“中庸”，更有强大的意志力用来践行自己的“中庸”之“知”，但因其“知识—理解”存在偏差，坚强的“意志力”反而是在固执偏见。对“贤者过之”现象的揭示与强调，对《大学》式思维造成了深刻的冲击，“小人之中庸也，小人而无忌惮也”问题因而更加发人深省。

第四则语录和第二则相似，其“道其不行矣夫”与“民鲜能[中庸]久矣”均为全称命题，意味着夹在中间的第三则语录已经道出了全部问题。也就是说，“道不行/不能中庸”并不外乎“知者过之，愚者不及”“贤者过之，不肖者不及”这几种情况。作为诊断结果，导致“过之”“不及”的“知识—理解”偏差问题，遂被认定为一切生存问题的根本症结。由此可说，“知识—理解”或“真知”问题，就是主导《中庸》的核心问题意识。继续分析第五、六、七（特别是第六）则孔子语录，可进一步坐实这一判断。

第五、六、七则语录，顺承第三则的“鲜能知味”结语，进而从“知味”的角度，剖析了舜与颜回的知与贤。其中，第五则语录指出，舜的“大知”被表现为“好问而好察迩言，隐恶而扬善，执其两端，用其中于民”，恰好与小人“自以为中庸”而“无忌惮”的姿态形成了鲜明的对比。也就是说，舜不是成心自师、固守规条，而是在广泛听取意见的基础上，具体问题具体分析。

此与我们在解释“时中”时所揭示的“随时随地顾及处境,及时获取并践行适切处境的‘知识—理解’”原则正相一致。

第六则语录中的“人皆曰予知”,相当于第一则中的“小人之中庸也(自以为中庸)”。面对他人劝诫或建议,自以为是人常会不耐烦地表示:“予知——别说了,我知道!”但进一步观察他们的行为举止则发现,这些自称“予知”的人,往往正在被自己的各种冲动“驱而纳诸罟擭陷阱之中”且浑然不觉(“莫之知辟也”)。这表明,当事人并不以这些坏的、终究于己有害的冲动为恶——“莫之知”这一提法准确地表现了当事人的“知识—理解”出了问题。总之,他们所自以为的“予知”,不是“真知”(正确的知、真理性的知)!

至于“人皆曰予知,择乎中庸,而不能期月守也”:“择乎中庸”却“不能期月守也”,表面上看,似乎是一个“知而不行”问题;但放在“人皆曰予知……”整句中,“择乎中庸,而不能期月守也”则旨在否定“人皆曰予知”之“予知”。这其实就是王阳明后来所明确表达出来的“知而不行只是未知”“真知必然实行”的“知行一体”思想①。《大学》式的“知而不行”问

① 王阳明曾说:“……今人却就将知行分作两件事去做,以为必先知了然后能行,我如今且去讲习讨论做知的工夫,待知得真了方去做行的工夫,故遂终身不行,亦遂终身不知。”(参见[明]王守仁撰,吴光、钱明、董平、姚延福编校:《王阳明全集》卷一语录一,第4~5页。)按照陈来教授的梳理,王阳明关于“知行一体”的说明性提法包括:“知行合一”“知行本体”“未有知而不行者,知而不行只是未知”“真知即所以为行,不行不足谓之知”“知是行之始,行是知之成”“知是行之主意,行是知之工夫”“一念发动即是行”等。(参考陈来:《宋明理学》,第294~299页。)

题,就此被彻底还原为“真知”问题①。

第七则语录涉及孔门标志性人物颜回。《论语·雍也》记载孔子多次称赞颜回,其中一则孔子语录为:“贤哉,回也!一箪食,一瓢饮,在陋巷。人不堪其忧,回也不改其乐。贤哉,回也!”。对此,我们可以做出这样的分析:“人不堪其忧,回也不改其乐”既是一种身体力行的践行境界,同时也是一种“知识—理解”境界。一个人如果对自己的持守若缺乏通透的“认识—理解”,无论如何是“乐”不起来的。这里的“择乎中庸,得一善”之“择”与“得”,刻画的正是颜回对于“中庸”之“善”的“认识—理解”。较之“人皆曰予知,择乎中庸,而不能期月守也”的假知,“择乎中庸,得一善,则拳拳服膺而弗失

① 读者也许会质疑这种“还原”的技术含量与可信度。实际上,西方哲学提供了一个非常坚实的关于“知行一体”的生存分析,谢文郁教授的短文《真理情结:从柏拉图到基督教》(《中国社会科学报》2010年5月4日,第6版)对此做了清晰的疏理。其中,关键一段摘录如下:“在《美诺篇》中,柏拉图借苏格拉底之口提出‘人皆求善’命题时,遇到一个问题:从经验观察出发,似乎既有求善者,也有求恶者。如果人皆求善,如何解释这个事实?苏格拉底采取了一种排除法的论证。他说,在现实中,我们能够看到有人求善(A),有人求恶(B)。有人善恶不分而以恶为善,在善的名义下求恶(B_1),有人明知为恶而求恶(B_2)。进一步,有人明知为恶但因为有利而求恶(B_{2-1}),有人明知为恶且无利而求恶(B_{2-2})。就广延来看,这里的 $A+B_1+B_{2-1}+B_{2-2}$ 等于全部人。显然,A 是求善者;B_1 在自我意识上也是求善者(虽然善恶不分);对于 B_{2-1},如果把‘利’理解为暂时利益,尽管目光短浅,但当事人认为他是在追求善;B_{2-2} 是空项,无法找到个例,人不会选择从各个角度看都是恶的事物。由此看来,在现实世界,所有的人都认为自己在追求善。至于那些被认为是追求‘恶’的现象,原因在于人们的善恶观念出了问题。”

之矣”才是真知,颜回是“真知必然实行”的典范。

不过,以持久的“乐”与“弗失之”强调“真知”的“知行一体”特征,也会留下一个问题:“期月守”或“拳拳服膺而弗失之”的恒定持久性,会否妨碍当事人随时随地顾及处境变化?反而言之,“随时随地顾及处境变化”是否意味着“知识—理解”上必然“无恒”?对此,儒家传统纲常的持守者与提倡者们或将辩称:处境本身具有万变不离其宗的恒常性,“真知”作为对处境的体贴,因而也会具有相应的稳定性。然而,一旦预设了这种恒常性与稳定性(且不去追究这种预设是否可靠),各种“自以为是的中庸(予知)”势必借机大行其道,当事人遂难免堕入“小人之中庸也,小人而无忌惮”境地。这实在是一个“两难”问题,本章第四节将适当予以回应。

以上,通过精心解析《中庸》前七则孔子语录,并通过与《大学》的“教—学”意识与“知而不行—意志软弱”问题意识相比较,我们已经比较充分地呈现了《中庸》的“真知”问题意识。此外,还值得一提的是,这些孔子语录尤其是“舜……用其中于民”一段,已经初步显示出了“真知”问题与“政教”议题的相关性。而从逻辑上看,既然“真知”问题是一切生存问题的症结所在,那么,它自然也会是儒家政教的关键所在。在本节剩余篇幅中,我们再来辨析一则较长的孔子语录,着重强调一下“‘政教’问题本质上即‘真知’问题”这一洞见。《中庸》中的这则长语录如下:

哀公问政。子曰:

“文武之政，布在方策。其人存，则其政举；其人亡，则其政息。人道敏政，地道敏树。夫政也者，蒲卢也。故为政在人，取人以身，修身以道，修道以仁。

仁者人也，亲亲为大；义者宜也，尊贤为大。亲亲之杀，尊贤之等，礼所生也。在下位不获乎上，民不可得而治矣。故君子不可以不修身；思修身，不可以不事亲；思事亲，不可以不知人；思知人，不可以不知天。

天下之达道五，所以行之者三。曰君臣也，父子也，夫妇也，昆弟也，朋友之交也，五者天下之达道也。知、仁、勇三者，天下之达德也，所以行之者一也。

或生而知之，或学而知之，或困而知之，及其知之，一也。或安而行之，或利而行之，或勉强而行之，①及其成功，一也。”（《礼记正义》卷第五十二《中庸第三十一》）

这则语录针对哀公问政而发，当然是在谈论政教议题。其中，“文武之政，布在方策”，若从上下文中割裂出来，似乎是在传递《大学》式“古之欲明明德于天下者……”意识，即记录在“方策”上的“文武之政”，已然为现实政治提供了应然范本。但与《大学》根深蒂固或想当然的“知识现成”意识不同，上引《中庸》语录紧接着强调：“其人存，则其政举；其人亡，则其政息”“人道敏政”“为政在人”。这意味着，记录在方策上

① 上海古籍出版社版《礼记正义》此处使用分号，现根据上下文对仗关系及笔者理解改之。

的政治文献,还存在着具体该如何理解、如何运用的问题——所谓“其人”,即能够恰当地理解并运用这些文献所记录的为政之道的执政者。缺乏激活文本、活学活用之能力,而只知道囫囵吞枣、生搬硬套的执政者,根本不可能恰如其分地运用文献中的为政之道。由此可见,恰当的“知识—理解”才是好政治的直接起点。

读者或许会反驳说,接下来的“修身以道,修道以仁”,似乎破坏了“知(知识—理解)”的出发点地位。特别地,稍后还有“知、仁、勇三者,天下之达德也,所以行之者一也”的提法。将这两句语录相挂钩,读者很容易形成这样的印象:“仁”才是“修道”或实行“知仁勇三达德”的出发点①,“知”则相对次要。但这同样是一种断章取义的读法,而且是将阅读《论语》的某些感觉,直接移植到了《中庸》阅读中的结果。

基于《论语》文本,学界通常认为,“以仁释礼”是孔子思想的基调。考虑到《论语》反映了孔门弟子的集体记忆,可以说,以“仁”为本(既是出发点也是归宿点)是孔子语录的常态。不过,如果要继续保持这种以“仁”为本的常态,那么,“三达德”的恰当排序应该是“仁、知、勇”或“仁、勇、知”,而非《中庸》语录所采取的“知、仁、勇”。“知、仁、勇”这一排序,反

① 关于“所以行之者一也”,孔颖达、朱熹提供了两种不同读法,前者大致将此“所以”理解为“……的原因或道理”,后者则将其理解为“用来……的办法或途径”。笔者取后一种读法。参考[汉]郑玄注,[唐]孔颖达正义,吕友仁整理:《礼记正义》,第2015页;以及[宋]朱熹撰:《四书章句集注》,第29页。

而暗示了“知”比“仁”（以及“勇”）更基要①。假设上述“反常”现象并非出自《中庸》作者（语录编辑者）的私意篡改，那么，我们或可大胆推测：孔子的思想存在一个从“以仁释礼”到“更看重知”的发展进程，《论语》反映了前者，《中庸》则继承了后者。而为了坐实这种推测，我们至少应该指出，对于孔子来说，上述思想演进的动力何在？不难设想，“仁”的地位既然被老师抬得那么高，学生们自然希望能准确把握何为“仁”，孔门弟子因而不断向孔子“问仁”；而实际上“何为仁/如何做到仁”这种追问本身就属于“知识—理解”或“真知”问题。

不难指出，只有恰当地认识—理解“仁”，修身者才能切实做到“修道以仁”，也即真正做到从“仁”出发并止于“仁”。为此，语录在“修身以道，修道以仁”之后，立即做出了“仁者人也，亲亲为大”的进一步指点。这实际上就是在回应“何为仁/如何做到仁”的问题。而尽管“亲亲”比“仁”显得更具体、更有可操作性，但孔子还是觉得须作进一步申述：“思事亲，不可以不知人；思知人，不可以不知天。”归根结底，关于“事亲”仍然存在着“何为真正的事亲/如何做到真正的事亲”，乃至“何谓亲”“如何事”的“知识—理解”问题；两处“不可以不

① 朱熹《中庸章句》在解释“所以行之者一也”时，径谓“一则诚而已矣”，而不以此“一”为“仁”或“三达德之一”。这种解释是可接受的，参见[宋]朱熹撰：《四书章句集注》，第29页。需要补充指出的是：《中庸》所谓的“诚”，本质上即“率性”；而朱熹所理解的“诚”，则更具《大学》“诚其意”的意味。

知”遂直接将问题焦点转向了“知”——“知人”与“知天”。

有一种浮浅的观点认为，知人易，知天难，因为人近在咫尺，天则高远难及。但是，只要相信人和天之间存在着关联，生存者就不得不在“知识—理解”中打理“天人关系”，否则他对“人”的知就是不健全或严格来讲就是不正确的（非真知）。就此而言，“知人”必须同时“知天”，对“天”无知者必然对“人”无知。那种浮浅的“先易后难”“先知人后知天”的认知路线，其实是在回避“真知”问题的严肃性，放纵当事人在“非真知”境界所谓的“仅限于人”的界限内中流连徘徊。“思事亲，不可以不知人；思知人，不可以不知天”这句语录，则将“真知”问题一竿子捅到了底，以“天”的终极性，对人事之“知”提出了最严格的“真知”要求。

那么，如何获得这种严格意义上的“真知”呢？这则长语录在最后一段，指出了三种可能的“认知”模式：“或生而知之，或学而知之，或困而知之”。与此同时，语录提出三种“实行”模式，与之逐项对应：“或安而行之，或利而行之，或勉强而行之。”作为结语，“及其知之，一也”亦有“及其成功，一也”相呼应①。这种认知模式与行动模式严格对应的叙述再次表征了《中庸》所持有的“知行一体”观。而既然“知识—理解”或“真知”问题是包括政教在内的一切生存问题的症结所在，那么究竟如何获得适切处境的“真知”呢？按照“在变化的处

① 朱子明确指出过这种对应关系，参见［宋］朱熹撰：《四书章句集注》，第19页。

境中体察适切处境的真知”的《中庸》知识论原则，人的认知与理解不是深受处境与经历的历史性限制吗——三种认知模式“及其知之，一也”究竟从何谈起，所谓“一也”又是什么意义上的“一也”？

第三节 “真知”问题求解：“率性”与“教—化”

《中庸》作者的“真知”问题意识既明确又深刻。《中庸》所编辑的孔子语录，将“道之不行也”与“鲜能知味也”串联起来，意味着一切行为上的偏差归根结底都是“知识—理解”出了问题。这是一种根本而又普遍的“真知”问题意识。

“真知”问题的“真”字，包含两层意思：其一，当事人是否真的认同某种“知识—理解”？换言之，当事人所真切认同的“知识—理解”究竟是什么？很多时候，自己口头上宣称的，未必就是自己所真切认同的；所谓的“知而不行”问题，其实正是“口头宣称”与“真切认同”之间的分裂。其二，当事人所认同的“知识—理解”，是否真的适切当下处境？这涉及什么才是真正适切当下处境的“知识—理解”？

《大学》在不完整的意义上涉及了“真知”问题的第一个层面。它认为传统共识或权威共识就是“真知”。由于传统（以经典文本为载体）与权威（以知名教师为代表）似乎是现成的，《大学》不再把“知识—理解”视为有待解决的实质性问题，而是转而关注社会成员能否真切认同并践行这些既定的“真知”。“诚其意”之所以在《大学》下文中后来者居上，成为独领“条目性解释”风骚的鳌头，正是受上述问题意识主导所致。特别地，对于那些不能自觉“诚其意”的社会成员，《大学》在“所谓诚其意者”章结尾认为，执政者有必要通过声色威势加以震慑，以便使这种顽固者在“怕觉”中践行既定的权威之知。不难指出，“威势—政教”的合法前提在于，执政者持有现成的“真知”。不然的话，执政者的“知识—理解”一旦存在偏差，则声色威势的政教手段反将造成社会性灾难。这是《大学》的根本性盲点所在，而《中庸》则比较自觉地认识到了这一问题。《中庸》的“真知”问题意识，同时包括了前述“真知”之“真”的两个层面。

那么，究竟如何解决“真知”问题呢？对此我们可以这么看：既然现成的传统文献（如“文武之道布在方策”）无法直接提供“真知”，既然连孔子这样的优秀教师（《中庸》对孔子无比推崇）亦无法单方面向学生灌输“真知”，那么，如果这个“真知”问题还可解决的话，则解决的希望恐怕就只能系于学习者本人身上了。这是一个被逼无奈的选项，在教材与教师无能为力的地方，学习者本人若无资质解决问题，则面对这个无可逃避的生存问题人就只能陷入绝望。问题是，学习者本人凭什么负得起这种责任呢，他的资质究竟何在？考虑到孔门（包括《大学》《中庸》）强调“修身”，而“修身的必要性”则意味着“此身尚不完善”，这种学习者的“知识—理解”因而必定存在着缺陷。凭借这种带有缺陷故有待提升的“知识—理解”，当事人不可能获致严格意义上的“真知”。鉴于此，《中庸》遂只好预设每一个修身者（学习者）均生而固有绝对可靠的内在向导（“天命之性”），当事人通过体察此固有而可靠之向导的内在指引，便可不断获得适切处境的“真知”（正确合宜的“知识—理解”）。

下面，我们通过解析《中庸》首章，具体验证并细化上述推论：

> 天命之谓性，率性之谓道，修道之谓教。
>
> 道也者，不可须臾离也，可离非道也。是故君子戒慎乎其所不睹，恐惧乎其所不闻。莫见乎隐，莫显乎微，故君子慎其独也。
>
> 喜怒哀乐之未发，谓之中；发而皆中节，谓之和。中也者，天下之大本也；和也者，天下之达道也。致中和，天地位焉，万物育焉。（《礼记正义》卷第五十二《中庸第三十一》）

自殷周之变以来，尽管中国思想史的大势是“人事人为意识日趋自觉，宗教依赖意识日趋淡化”，但孔门对“天”仍然保持着正面的准宗教情感[①]。在这种正面的情感中，“天命之谓性”所设定的“性”，只能是“善”而非“恶”的。至于如何言说

---

① 在此使用“准宗教情感”这个提法，是基于如下考虑：“天”在总体上已经不是孔门学者生存上的直接依赖对象，但现实中的一些极端困境却又时或促使他们从“天”的角度解释相关遭遇。相关讨论可参考拙作：《早期儒家的宗教哲学运动——基于经典文本的分析》，陈明、朱汉民主编：《原道：第23辑》，北京：东方出版社，2014年，第39～70页。

或表现“天命之性”的“善”性，则暗含险滩且大有文章可做。

传统经注①在解释“天命之谓性”时，常常迫不及待地将“刚柔”“仁义礼智信”等儒家经典德目注入“性体”。这种做法实际上违背了《中庸》首章的基本思路。“天命之谓性”作为一个准宗教命题，只是在正面的情感中认定了“人生而固有绝对可靠的内在向导（‘性’）”，而不试图进一步规定“向导本体（性体）”的具体内涵。就旨趣而言，开篇两句可谓“心法传授”，而非“伦常教义灌输”。在“率性之谓道，修道之谓教”的文脉中，“道”和“教”的内涵须由“体察内在向导在具体处境中的指引（‘率性’）”实时赋予，而非反过来根据关于“道”（通常被理解为伦常）的现成“教义（传统共识或权威共识）”，规定“何为向导本体（性）”。“以教定性”无助于解决“真知”问题，因为在这种本体论界定中，学者始终只能根据自己对“教义（传统共识或权威共识）”的既有理解规定“性体”，进而再根据被自己的现有“知识—理解”界定过的“性体”推论“道”“教”内涵。但这实际上却是一种循环论证，只能强化论者带有缺陷的“知识—理解”，而无助于乃至严重妨碍其“知识—理解”的更新与提升。而《中庸》开篇三句的“性→道→教”哲学，则试图引入“对未经界定的内在向导指引的体察（‘率性’）”，以之作为处境化“真知”的起点与源头活水。这样，《中庸》首章就最大限度地避免了“循环论证”的误区与指控。

---

① 此所谓“传统经注”，指《礼记正义》之《郑玄注》《孔颖达疏》，以及朱熹《四书章句集注》。

不过,经过“教义(传统共识或权威共识)”界定的“天命之性”,显得更可捉摸,读者可以根据相关界定进行推论(当然,会受制于“知识—理解”上的缺陷)。而未经界定的“天命之性(生而固有且绝对可靠的内在向导)”,则近乎存而不论以难以捉摸。在后一种情况下,生存者完全无法根据“教义(传统共识或权威共识)”预期“率性”的具体内容。毋宁说,《中庸》首章意义上的“率性”,其首要特征就是“具体内容无法预判”。《中庸》首章以“戒慎乎其所不睹,恐惧乎其所不闻”来形容“率性(体察内在向导指引)—慎其独”体验,这实际上是大有深意而大异于《大学》式“诚其意—慎其独”的。凡“可睹”“可闻”者皆可在概念中加以界定,“率性”若是“戒慎乎可睹者,恐惧乎可闻者”,则“率性而行”终究与“遵守既定规范(现成的教义规定)”无异。在这种情况下,“性”有名无实,话语权在根本上仍是被“教义”传统与当事人既定的“知识—理解”所垄断,这种意义上的“率性”无异于《大学》所谓的“诚其意”。而“戒慎乎其所不睹,恐惧乎其所不闻”则撇开了现成的“教义”与“知识—理解”(以及基于此二者的“外在的监督”),传达出一种“直接从未经界定的天命之性出发”的意识与姿态①。如此一来,《中

① 《礼记正义》之《郑注》《孔疏》将此“不睹”“不闻”理解为“没有外人监督”,朱子《中庸章句》则似乎认为这是指“天命之性”而言(联系朱子对“莫见乎隐,莫显乎微,故君子慎其独也”的注释看,尤其如此)。(参考[汉]郑玄注、[唐]孔颖达正义,吕友仁整理:《礼记正义》,第 1987 ~ 1989 页;[宋]朱熹撰:《四书章句集注》,第 17 页)此从朱子(或笔者所理解的朱子)。相关讨论还可参考本书第二章。

庸》首章所谓的“故君子慎其独也”,便与《大学》“所谓诚其意者”章中的“故君子必慎其独也”,大大地拉开了距离。《大学》侧重从“舆论监督”与“形于外”的角度谈论“慎其独”,认为人作为社会性生存者只有练就了“在不受监督的情况下诚心诚意遵守伦常共识”的功夫,才能在社会生活中表里如一“自谦(慊)”于己,并免于因“知而不行”遭受“十目所视,十手所指”的指摘。《中庸》“慎其独”则指向未经界定的“天命之性(生而固有且绝对可靠的内在向导)”,“莫见乎隐,莫显乎微”进一步将“性之发见”与“率性”体验刻画为“隐”中之“见”与“微”中之“显”。较之外在监督意义上的“人之视已发见其肺肝然”,《中庸》所谓的“率性—慎其独”则“如人饮水,冷暖自知”,而更具私密性或内在性。

《中庸》首章第三段“喜怒哀乐之未发谓之中”之“中”,亦非如传统经注所认为的那样指“性体”或“本体”。尽管本段使用了“大本”二字用来谓述此“中”,但“致中和”的“致”字却意味着,此“中”与“和”并非天生固有之“性”,而乃是通过人为努力所达至的“境”。就此而言,“中也者,天下之大本也;和也者,天下之达道也”并不承载传统解释所谓的“本体论”或“体用论”思维。金景芳先生认为:“‘喜怒哀乐’是人在感情上的四种表现,这四种表现不是中,都是偏于一个方面。但是当它们都还没有表现出来的时候,无所偏倚,就叫做中。这句话是解释‘中’的定义。朱熹给《中庸》作注,说‘其未发’是性,这种解释显然是不对的。”金先生还指出:“‘中也者,天下之大本也’。‘本’是根本,形容重要。‘天下之大本’就是天下的根本，是最重要的。什么事都能做到中，那是最好的，所以是‘天下之大本’。”①金景芳先生在反对“中”是“性”这一宋明传统解释的同时，实际上仍然倾向于将“中”释为最基本的德目。沿着金景芳先生的相关思路（有取也有舍），笔者建议将此“中”字解释为“观念—情感”无所偏向的“中立”心态。这种心态，需要付出一定的人为努力才能达至，也即须从现有的“观念—情感”倾向中超拔出来。这种“无所偏向的‘中立’心态”之所以被《中庸》奉为“大本”，乃是因为：在既定“观念—情感”倾向的左右下，当事人不可能留心体察“内在向导（‘性’）的实时指引”。只有在“无所偏向的‘中立’心态”下，当事人才能专心体察内心中涌现出来的“性之发见（内在向导指引）”。换言之，“无所偏向的‘中立’心态”构成了当事人“率性（体察内在向导指引）”的主观条件——“大本”二字即旨在表现“中（‘中立’心态）”的这种“条件”地位②。

按说，《中庸》对“真知”问题的求解似乎可以到此为止，剩下的，就是每个当事人在处境中自行“体察内在向导指引（‘率性’），并切实按照所体察到的方向感而行（‘修道’）”了。然而，深刻的“真知”问题意识却使得《中庸》作者欲罢不能地将“真知”问题反加诸“率性（体察内在向导指引）”，并因

---

① 金景芳：《论〈中庸〉的“中”与“和”及〈大学〉的“格物”与“致知”》，《学术月刊》2000年第6期。

② 更多相关讨论，请参考本书第四章。

而触及了“何为真正的率性/如何做到真正的率性”问题。我们来看一段相关文本：

> 在下位不获乎上，民不可得而治矣；获乎上有道，不信乎朋友，不获乎上矣；信乎朋友有道，不顺乎亲，不信乎朋友矣；顺乎亲有道，反诸身不诚，不顺乎亲矣；诚身有道，不明乎善，不诚乎身矣。（《礼记正义》卷第五十三《中庸第三十一》）

在上海古籍出版社版《礼记正义》中，“获乎上有道”“信乎朋友有道”“顺乎亲有道”“诚身有道”后面的标点均为逗号，中华书局版《四书章句集注》则标点为冒号①。不过，《郑注》《孔疏》《中庸章句》均认为，“获乎上有道”“信乎朋友有道”“顺乎亲有道”“诚身有道”后面的句子分别是在解释如何“获乎上”、如何“信乎朋友”、如何“顺乎亲”、如何“诚身”。按照这种理解，政治问题被环环相扣地归结为各级执政者的“诚身”问题，而“诚身”问题最后又被归结为“明乎善”问题。前已指出，“明”字含有“知道”“理解”“认识”义，“明乎善”即“知道善/理解善/认识善”，“明乎善”问题因而就是“真知”问题。就标点符号而言，笔者倾向于采取逗号句读，但建议在理解上变换一下语感，以便读出这种意味：“有办法取得上级认

① 参见［宋］朱熹撰：《四书章句集注》，第31页；［汉］郑玄注，［唐］孔颖达正义，吕友仁整理：《礼记正义》，第2020页。

可（‘获乎上’），却做不到取信于朋友，这不算‘（真正的）获乎上’；……；有办法做到表里如一（‘诚身’），却不明了什么是真正的善，这不算‘（真正的）诚乎身’”。其中，最后一句意味着：主观的“诚其意—意诚”不等于真正的“诚身”，真正的“诚身”必须得有“真知”。“真知”问题就此被加到了“诚身”头上。

在《中庸》首章奠定的语境下，《中庸》所谓的“诚身”或“诚”，本质上即“率性”。一方面，《中庸》“率性—慎其独”论，可视为是对《大学》式“诚其意—慎其独”的深刻改造。在《中庸》作者看来，《大学》式“诚其意”的最大盲点在于：当事人在主观的“意诚”之际所持守的“知—意”，未必是切合处境的“真知”。《中庸》遂以“体察内在向导指引（‘率性—慎其独’）”，取代了“对在想当然中预设的既定共识的认同与服膺（‘诚其意—慎其独’）”。《中庸》首章虽然没有提及“诚”字，但作为《大学》“诚其意”的同义词，“慎其独”既然已经被《中庸》首章重新定义，则《中庸》自然就不会在“实行既定共识”的《大学》式意义上使用“诚”这个术语。另一方面，《中庸》所标举的“率性”，其基本特征在于摆脱了对外在权威和舆论监督的依赖与恐惧，在“隐”“微”之际的“率性”因而无非就是“诚实地面对自己内心深处的倾向”。就此而言，《中庸》意义上的“率性”，乃是一种“自我体察”。在上引《中庸》文本中，政治问题被归结为执政者（官员）在人际关系中的修养问题，这一人际关系中的修养问题进而则被归结为个人的“诚身/诚乎身”问题。《中庸》文本的这种推论趋向表明，它所谓的“诚身(诚乎身)”实即“率性”。如此一来,加在“诚身”头上的“真知”问题,同时也就加在了“率性”头上。《中庸》的“真知”问题意识,由此表现出深刻的彻底性,即本着“真知”问题意识,反过来考察、追究作为“真知”问题解决方案的“率性之道”的运作情况。此即“何为真正的率性”与“如何做到真正的率性”问题。

但是,到了这一步,问题将变得极为棘手。本来,“率性(体察内在向导指引)”是作为“真知”起点被提出来的。现在,将“真知”问题反加诸“率性”,等于转而强调个人身上的“非真知”因素亦可能对“率性”构成干扰。如此一来,要想真正做到“率性”,尚需费一番艰难的周折。就此而言,“何为真正的率性/如何做到真正的率性”问题的提出,严格来讲,无异于取消了“率性”的“真知起点”地位,这等于取消了生存者自行解决“真知”问题的资质。由于“何为真正的率性/如何做到真正的率性”本身也是一个“真知”问题,而被取消了资质的生存者已然无法凭自己解决“真知”问题,“何为真正的率性/如何做到真正的率性”这一关键问题因而陷入了僵局。正是在这个节骨眼上,《中庸》的“至圣—教化”论显示出了特别的意义。我们来看部分相关文本:

> 仲尼祖述尧舜,宪章文武,上律天时,下袭水土。譬如天地之无不持载,无不覆帱,譬如四时之错行,如日月之代明。万物并育而不相害,道并行而不相悖。小德川流,大德敦化,此天地之所以为大也。

唯天下至圣，为能聪明睿知，足以有临也；宽裕温柔，足以有容也；发强刚毅，足以有执也；齐庄中正，足以有敬也；纹理密察，足以有别也。溥博渊泉，而时出之。溥博如天，渊泉如渊。见而民莫不敬，言而民莫不信，行而民莫不说。是以声名洋溢乎中国，施及蛮貊。舟车所至，人力所通，天之所覆，地之所载，日月所照，霜露所队，凡有血气者，莫不尊亲，故曰配天。

唯天下至诚，为能经纶天下之大经，立天下之大本，知天地之化育。夫焉有所倚？肫肫其仁！渊渊其渊！浩浩其天！苟不聪明圣知达天德者，其孰能知之？

《诗》曰“衣锦尚絅”，恶其文之著也。故君子之道，闇然而日章；小人之道，的然而日亡。君子之道：淡而不厌，简而文，温而理，知远之近，知风之自，知微之显，可与入德矣。《诗》云：“潜虽伏矣，亦孔之昭。”故君子内省不疚，无恶于志。君子所不可及者，其唯人之所不见乎！《诗》云：“相在尔室，尚不愧于屋漏。”故君子不动而敬，不言而信。《诗》曰：“奏假无言，时靡有争。”是故君子不赏而民劝，不怒而民威于斧钺。《诗》曰：“不显惟德，百辟其刑之。”是故君子笃恭而天下平。《诗》云：“予怀明德，不大声以色。”

子曰：“声色之于化民，末也。《诗》曰‘德輶如毛’，毛犹有伦；‘上天之载，无声无臭’，至矣！”（《礼记正义》卷第五十三《中庸第三十一》）

在上引文本之前,《中庸》曾引用孔子赞扬大舜的语录“大德必得其位,必得其禄,必得其名,必得其寿”,并曰“大德者必受命”。而在上引《中庸》文字中,“仲尼”的名号与“尧”“舜”“汤”“武”等“至圣”“至诚”的“君子”级别相当;然而,正是这样一位孔子(仲尼),在世之时并却未获得最高执政者地位。《礼记正义》之《孔疏》因而认为,“此一节明子思申明夫子之德与天地相似,堪以配天地而育万物,伤有圣德而无其位也”①。但尽管如此,孔子的声名并未因此黯淡,反而大有“声名洋溢乎中国,施及蛮貊……凡有血气者,莫不尊亲”之势。《中庸》用“故曰配天”来概括形容这种大境界与大影响力。

当然,《大学》也用“天子”指称最高执政者,不过,这在《大学》只是传统术语的惯性沿袭。“天子”至少自晚商以来即被用来指称作为最高执政者的君主②,这是商朝宗教意识形态浓厚的表现之一(人间的最高权位与宗教上的至上神被直接关联起来)。但殷周之变以来,人事人为的“敬德修德”意识,从根本上架空了“天”的主权。《大学》谓“自天子以至于庶人,一是皆以修身为本”,自主自为的“修身”意识完全屏蔽了宗教性因素发挥功能的空间——做“天子”亦无非(和普通人一样)是自觉自主地“以修身为本”而已。按照本书第二

① [汉]郑玄注,[唐]孔颖达正义,吕友仁整理:《礼记正义》,第2046页。

② 《尚书·西伯戡黎》记载纣王“呜呼!我生不有命在天!”一叹(或反问)。按:“天”即至上神,与“帝”对等,纣王此语反映了“商王是天子”的商代(至少是商末)意识形态。

章的分析,这在很大程度上是因为《大学》对“人事人为”的有限性与极端处境,缺乏体会与关照。《论语》和《中庸》与《大学》有所差别(当然,《论语》和《中庸》之间也有较大差别)。《论语》中的孔子,每每会于“人事人为”极限处,以“天”的名义发表感慨。特别地,在“施教”活动难以取得预期成效的情况下,孔子会感慨:“中人以上,可以语上也;中人以下,不可以语上也”(《论语·雍也》);“唯上知与下愚不移”(《论语·阳货》)。这是一种有差等的“天资—禀赋”概念(后世的“性三品”说即源于此);作为一种准宗教意识,它所涉及的是“教—学”活动中人无能为力的层面[①]。按照本章已经给出的叙述,《中庸》作者因面对普遍根本的“真知”问题,且不甘心此一问题是不可解决的,遂高调启用“性与天道”议题,赋予一切修身者以同等可靠(绝对可靠)的“天命之性”,以之作为认识、理解应然之道的资质基础。就概念使用的历史演变而言,这实质上是将《论语》中的“中人以上”或“上知”的“天资—禀赋”,同等地赋予了一切人。这种以“天”之名义赋予人以绝对可靠之资质的做法,使得《中庸》具有了深刻的“准宗教”特征,即尽管它不提倡直接依赖“天”,但有意识地仰仗“天”的终极性源头地位设立解决方案的基石。

但现在的问题是,生存者似乎也无法自主地凭借此绝对可靠的资质,也即通过“率性(体察内在向导指引)”解决“真知”问题生存的根本问题——。这是因为,一旦严肃地将“真

① 参考本书第二章。

知”问题加诸“率性(体察内在向导指引)”,就会导致层出不穷的自我怀疑:尽管我真真切切觉得“应该如此这般”,但是,这种“真切的应该感”真是出自“对内在向导指引的体察(率性)”吗?任何回答,都将面临新一轮的“这是真的吗”怀疑与追问。而不容分说地回拒这种怀疑与追问,则又可能将“不是出自对内在向导指引的体察(率性)的应该感”误当作出自“对内在向导指引的体察(率性)的应该感”。这真是一个两难困境!面对这种困局,诸如仲尼(孔子)这种“至圣”“至诚”的“君子”人物,被《中庸》重新寄予了厚望。上引《中庸》文字,将“如天”“配天”等字眼加在这种杰出人物头上,蕴含了这样一种情感认定:“至圣”“至诚”的“君子”有资格、有能力促成“真正的率性”。

那么,这会是怎样一种“促成”呢?《中庸》所谓的“至圣—至诚”者,会像《大学》“所谓诚其意者”章结尾的执政者那样,诉诸声色威势吗?与这个问题相关,本节前半部分已经指出,过分关注外在监督,反而会转移当事人体察“内在向导的指引(性之发见)”的注意力。实际上,一旦诉诸外在的声色威势对被治理者进行管教,则“天命之性”在被治理者一方就形同虚设。而按照前面的分析,声色威势无法在被管教者意识中直接造就“真知”,反而常常徒增“苟且—求免”的心机。在“真知来自率性(体察内在向导指引)”这一《中庸》大前提下,唯一可能有效的施教手段乃是:“至圣—至诚—君子”凭借其潜移默化的感染力,直接感化受教者进入“体察内在向导指引(率性)”的状态。所谓“君子不动而敬,不言而信”,所谓“君子不赏而民劝,不怒而民威于斧钺”,所谓“君子笃恭而天下平”,正可以从“通过感化促使人民率其性”的角度加以理解。至于“予怀明德,不大声以色”“声色之于化民,末也”,则直有与《大学》“无情者不得尽其辞,大畏民志”唱反调的意味。“天命之性—率性”意识下的“教—化”,与缺乏“天命之性—率性”意识的“教—学”,由此便呈现出了深刻的差异。

第四节　儒家政教的君主困境与可能出路

《大学》用“齐家—治国—平天下”概括执政者特别是君主的责任与权力。为了能够胜任这种责任,行使好相应的权力,《大学》强调各级执政者(“庶人”也负有家内政治与管理的责任)应“以修身为本”。《大学》关于“修身”的论述,当然也涉及了“知识”问题,即“格物致知”问题。但是,正如我们前面分析指出的,由于《大学》奉传统知识或权威共识为圭臬,且在很大程度上认为这些知识是现成之物,故而失去了深入探讨“知识—理解”问题的动力。本来,这个问题可以通过进一步解说“格物致知”而大谈特谈,但正如后世读者们所看到的(尽管不愿看到),传世《大学》在这方面付之阙如。如此一来,《大学》式政教的最好局面(指克服了“知而不行”问题),不过就是:执政者以传统或权威知识的代言人自居,竭尽全力乃至动用声色威势推行自己所理解的应然之知。执政者所自以为是的应然之知,是否真正符合传统文化的精髓并适切当下处境,则始终是个可疑的问题。《大学》在这个问题上存在着致命的盲点。

作为竞争对手,法家常常遭受儒者诟病。但实际上,若往深层看,是否使用严刑峻法,并不构成儒家、法家的本质区别。如果执政者真的持有“真知”,那么,按照《大学》“所谓诚其意者”章最后的论述,严刑峻法作为“大畏民志”的强力措施,不失为正当的执政手段。在这种情况下,《大学》赋予执政者以动用威势的权力,乃是合情合理的。但是,执政者的“知识—理解”若存在缺陷,则赋予执政者以声色威势推行其政见的权力,就难免会酿成社会性灾难。这是上述盲点的重大隐患所在,其根本症结就在于轻忽了“真知”问题。

《中庸》比较自觉地意识到了上述盲点,并将解决“真知”问题的希望寄托在了“人生而固有的绝对可靠的内在向导(天命之性)”上,认为“在具体处境中体察内在向导指引(‘率性’)”是“真知”的起点。普遍的“天命之性(生而固有且绝对可靠的内在向导)”预设,加之个体本位的“率性(体察内在向导指引)”意识,逻辑上可以引申出类似“基本人权”(西方自由主义)的政治理念。但挥之不去的“真知”问题意识稍后却瓦解了“率性”的自明性,使得生存者通过“自我体察”解决“真知”问题的路径受阻,再加上受孔门重“教”传统的影响,《中庸》最后转而欣赏“至圣—至诚—君子”的“教—化”作用。本章上一节指出,《中庸》意义上的施教者不以推行现成知识为己任,其基本功能在于凭借自己高明的理解力与修为,润物细无声地“感化”其他社会成员进入“率性(体察内在向导指引)”状态。鉴于此,我们将《中庸》文本中分别出现的“教”“化”二字连用,组成“教—化”这个提法,用以指称《中庸》理想中的君主职能。“唯天下至诚为能化”“至诚如神”等提法意味着,这种“感化”意义上的“教—化”是出神入化而不着痕迹的(痕迹即声威势)。它的作用在于促成其他社会成员自行体察在自己内心中自动涌现的“真知(适切处境的应然感)”,而非在社会成员身上“造就”或向社会成员“灌输”真知(适切处境的应然感)。“知识—理解”归根结底是个体亲自的认知与理解,而在《中庸》作者看来,本真意义上的“认识—理解”均出自“率性(体察内在向导指引)”。《中庸》小心翼翼地要求施教者(“教—化”意义上的施教者),不去破坏受教者“率性(体察内在向导指引)”的“自我体察”特征,其“至圣—至诚—君子”的“感化”或“教—化”作用,仅止于促成其他社会成员亲自进入“自我体察”状态。这种“教—化”似具有“物以类聚”的“感通”与“共鸣”特征。

但是,《中庸》的“至圣—教化”方案太过想象化。我们可以对它作如下追问:每个时代或时期,一定存在一名“至圣—至诚—君子”吗?即便存在,又如何辨认?如何保证这种“至圣—至诚—君子”,一定登上作为政治顶峰的君主之位?抑或“至圣—至诚—君子”即便起于江湖,最终也一定会因其超凡的感化力而被推举上庙堂的君主之位?谁有资格判断实际居君主之位者是不是真正的“至圣—至诚—君子”(又是“真知”问题)?在这些问题上,《中庸》显得天马行空而矛盾丛生。一方面,它信誓旦旦:“大德者必得其位,必得其禄,必得其名,必得其寿”,“大德者必受命”。但另一方面,众所周知,被《中庸》推崇为“至圣—至诚—君子”的孔子(仲尼),在有生之年却从未获得君主之位。《礼记正义》之《孔颖达疏》这样总论前引“仲尼祖述尧舜……”这最后五段《中庸》文本:“伤[孔子]有圣德无其位也。”①理论与现实之间显然存在着巨大的鸿沟:按照“大德者必得其位”的逻辑,大德如孔子者理应获得君主之位;反之,或将从“孔子有生之年未获大位”的事实,反推出“孔子实际上并不具备大德”的结论,此又与《中庸》对孔子的推崇(具体表现为对孔子语录的推崇)相龃龉。顺此,还可进一步追问:究竟什么是真正的“大德”与“至圣—至诚—君子”?乃至追问:就“知识—理解”水平而言,《中庸》作者本人究竟有没有资格谈论(包括通过选编孔子语录而谈论)这种“大德”与“至圣—至诚—君子”?而一旦遇到诸如上述的追问,“至圣—至圣—君子”施行“教—化”的《中庸》式政教方案,势必近乎崩溃。

而泛观历史则发现,后世的中国政治实践,基本上是无条件地将“圣”字加冕给了现实中的君主(所谓“天子圣明”或“皇上圣明”)。这实际上是逆用了《中庸》“大德者必受命”的逻辑,即趋炎附势地设定“居君主之位者必有大德(至诚、至圣之德)”。但“至圣”须具有“配天”的气象,现实中的君主遂通过遵行一系列象征“天人感应”的仪规,象征性地表现

① [汉]郑玄注,[唐]孔颖达正义,吕友仁整理:《礼记正义》,第2046页。

《中庸》理想中的“君子笃恭—不大声以色”气象。然而,这些君主礼仪行为的实际“感化”或“教—化”效果如何呢?面对利益攸关的人际事务与现实矛盾,我们看到,明明暗暗的权势较量往往无情地替代了“不大声以色”的“君子笃恭”。由于缺乏具体有效的“以‘感化’或‘教—化’促成受教育‘率性(自我体察)’”的制度机制,《中庸》结尾所推崇的“至圣—至诚—君子”称号,在现实中势必只能沦为《大学》式“威势—教学”君主的荣誉性虚衔。如此一来,儒家政教中的“真知”问题,便只能继续停留在黑暗的深渊。其出路究竟何在呢?

就初衷而言,儒家之“教”蕴含着深刻“纠错”意识,而意在追求更好的“知—行”。《大学》“教—学”论和《中庸》“教—化”论的共同之处在于,二者均认为:只有“知—行”上的完善者,才有资格担任君师。而如果君师必须是完善者,则对君师的“知识—理解”来说就不存在“纠错”问题,相应的制度设计遂无需现考虑君师本人如何“纠错”以便寻求更好的“知—行”的问题。这样一来,现实中的君主对于其所代言的政见的信誓旦旦的坚持(在特定的“知识—理解”中坚持),就成为政治上的凝聚力与执行力的基石。在“君师政见理应完善无缺”的意识形态下,最高执政者(君主)若宣布自己的政见(“知识—理解”)是可错的,则无异于自毁执政基础,而解散现有体制的凝聚力与执行力。在这种情况下,任何蠢蠢欲动的野心家,就都可以打着“纠错”的旗号,跃跃欲试谋求那“理应绝对正确”的君主大位。问题在于,除了自我宣称和威势贯彻,君主究竟还有什么智力资源,可为自己的“绝对正确”背书呢?

务实的做法是,不如干脆取消“君师(君主)理应绝对正确”的预设与希冀。如此一来,以君主为代表的执政者群体,就不过是“既定政见”(作为一种“知识—理解”)的持守者。君主的权威性赋予了相应政见以权威性——当然了,一种“知识—理解”要想成为权威政见,必须经历某种遴选机制,而在一定程度上成为“社会共识”。君主所代表的执政者,在很大程度上正是这种既定共识的标举者、守护者与执行者。而标举、守护与执行的过程,同时也是对社会成员再教育的过程这是因为:“社会共识”并非同等地为社会成员所认同,而在很大程度上乃是教师或社会贤达与执政者等“权威”所代表的“知识—理解”。权威政见的遴选过程往往是博弈性的,所遴选出来的政见未必令全体社会成员心悦诚服。与此相关权威政见一旦产生,以君主为代表的执政者便有义务通过颁布法令、下达文件、动用媒体等手段,约束反对声音、统一社会意见。否则,这个社会就会在这些政见所关涉的公共事务上失去政治组织性而丧失集体行动力。而在遴选、产生权威政见之际,即便心悦诚服的支持者,也无法全面预料该政见在具体实施过程中可能遇到的新情况。特别地,在实施过程中一旦遭遇逆境,原来的支持者也可能转化为困惑者乃至反对者。但出现局部动摇或遭遇一时的挫折,未必等于相关政见全盘皆错。至少在改弦易辙遴选出新的权威政见之前,以君主为代表的执政者出于维系社会的政治组织性的需要计,仍有责任继续维护既定政见的权威性。——君主所代表持守的权威政见毕竟是“可错的”,这个问题究竟该如何处理呢?如何才能既维护社会的政治组纷呈性,又推动权威政见不断更新呢?

我们回到《中庸》“天命之谓性,率性之谓道”命题,前已反复指出,它强调:人生而固有绝对可靠的内在向导(“性”),唯有对此内在向导指引的体察(“率性”)才是“真知”的活水源泉。问题在于,《中庸》后半篇提出的“什么是真正的率性/如何做到真正的率性”问题,取消了“率性”的自明性,《中庸》最后甚至试图将“率性”的主导权(促成权)转交给想象中的“至圣—至诚—君子”之施行“教—化”。现在的问题却是,现实中的君主并非“至圣—至诚—君子”,而君主之外的社会成员若不具备自主体察“真知”的资格或能力,则整个社会就会彻底丧失“纠正君主谬见”的智力资源。鉴于此,有必要郑重预设:“率性”体验对于任何社会成员来说,都是自明的。换言之,任何人在任何处境中,只要真真切切地认为自己在“体察内在向导的指引”,他就是在“率性”。而当事人所体察到的应然方向感,就是对他而言适切处境的“真知”。这种个体性的“真知”体认当然可能(甚至常常)与既定的权威政见相冲突,而每当这时,“率性自明”预设就会成为当事人“表达异见”的权利基础与底气所在。这种“真知”体认与“异见”表达,正是纠正君主所代言的权威政见之可能谬误的智力资源。

但这只是一种“潜在”资源,原因有二:其一,围绕同一件政治事务,不同个体的“真知”体认往往未必一致,甚至尖锐冲突。众说纷纭的“异议”与众望所归的“新的权威政见”不可同日而语。其二,君主本人也可以说是(而且应该)本着自己的“率性”体验而持守“权威政见”的,凭什么说君主本人的相关体认与主张体认不是“真知”呢?这样,在“率性自明”的前提下,我们就遇到了“真知”与“真知”相互冲突的局面。在政见冲突尚未有效解决的情况下,君主势必只能继续坚持自己的“权威政见”体认,甚至不惜动用“专断”与“封锁异议”的威势手段,维护全社会的政治统一性与集体行动力。究竟如何才能使“率性—异议”成为“权威政见更新”的有效资源呢?

解析“率性的处境”之“处境”概念,有助于找到打破困局的出路。在解读《中庸》时,我们反复强调,“真知”只能是“适切处境的真知”。处境发生改变,“真知”诚宜与之俱进,“时中”的精髓即在于此。那么,什么构成了一个人的“处境”呢?分而言之,“处境”包括:当事人过去的阅历与记忆,当事人正在遭遇或面对的事态,以及当事人对于未来的特定预期。在这种基于时间的划分的基础上,还可继续细分。对于君主来说,围绕同一件政治事务,听到“异见”和没听到“异见”,乃是两种处境。对于其他社会成员来说,将自己的“异见”藏在心里,与说出自己的“异见”并因此面临各种政治压力,也是两种处境。处境改变了,包括君主在内的每一位当事人的“率性—真知”体验,自然也会发生改变。随着“异议表达”趋于阶段性终点(暂时再无什么新意见涌现了),随着君主所能施行的说服教育工作暂时做尽(暂时再无新的宣传花样,在引导舆情方面暂无明显进展),以君主和异议人士为代表的全体社会成员就进入了相同或相近的“处境”。考虑到在相同处境下,“天命之性”不可能有相异的“发见”,社会成员之间遂趋于达成新的“政见共识”。到了这一步，明智的君主(执政者)自然会抛弃旧的政见共识，而拥抱新的、更具群众基础的政见共识。就此“抛弃—拥抱”而言，新的政见共识的生成过程，同时也是对于君主(执政者)所持政见进行的纠错过程，与此同时，它何尝又不是对异议表达者以及其他社会成员的再教育过程呢？总之，通过上述“执政者以权威姿态坚持现有政见共识，率性者通过特定渠道表达自己的异见，在率性意识中相互承受压力并达成新的政见共识”的互动机制与过程，阶段性地更新着的“真知”就会不断进入社会政治生活。

既定的权威政见与五花八门的异见表达之间当然存在“紧张”关系。实际上，正是权威政见的存在，才造就了这种紧张关系。在一个没有政治权威的社会中，各种意见(因没有权威故谈不上异见)平等并立，这样的社会实际上是一盘散沙的无政府主义状态。严格来讲，除非受到物理区隔而民老死不相往来，现实中不可能存在这种无政府主义社会。道理很简单：只要生活在同一片物理空间中，自然就会出现同时涉及多位社会成员的公共事务，涉事成员之间如果毫无共识，相关公共事务就只能僵在那里无法进展。可见，社会是在共识中运作的，正如我们前面所指出的，政治权威所标举的政见共识，是政治执行力或集体行动力的基石。执政者及其维护的权威政见固然对异见表达构成了压力，但反过来，异见表达同样也对执政者及其所维护的权威政见构成压力。二者之间张力的每一次破裂，都会使社会在相关事务上暂时进入某种程度的无政府主义状态；但只要相关事务对社会来说足够重要

(若不重要又怎会引起破裂呢),围绕该事务的无政府主义状态迟早就会被新的权威共识所终结。当然,新共识可以通过多种渠道生成。除了我们上面所设想的“执政者以权威姿态坚持现有政见共识—率性者通过特定渠道表达自己的异见—在率性意识中相互承受压力并达成新的政见共识”机制之外,“强人统治—以力为义”似乎也可以在或长或短的时间内维持特定的权威共识。其中,“畏惧暴力”将成为普通社会成员和强人统治者之间的一项基本共识,并尤其构成普通社会成员屈从强人政见的心理基础。这恰恰正是本文所批判的“专断”“封闭”“缺乏纠错机制”的“威势—教学”政教模式的重要特征。

为了保住使更新着的“真知”不断进入政治生活的可能空间,制度设计就必须充分预留异见表达的特定渠道。特别地,不能因为支持既定的权威政见者人多势众,就断然否定异见表达“真知”性,从而堵死异见表达的渠道。相应地,异见表达者也不宜动不动便以决绝的姿态对抗权威政见,因为轻易撕裂有序互动的张力,反而是在给更专断的强人政治提供契机。假设执政者(君主)始终是在“率性”意识中体认并维护既定的权威共识的,那么,他拒绝改变其政见的唯一原因就是,他尚未进入足以促使其改变政见的“新处境”。而异议者之所以发表异议,既有可能是因为他的“率性”处境比执政者(君主)所置身的处境更广大、长远,也可能是因为他所感知到的处境比执政者所面对的处境更狭隘。对于率性者来说,处境不同是造成政见分歧的唯一根源,相应地,令人心悦诚服而众望所归的政见共识,便只能通过在张力互动中共享处境而生成。就此而言,制度设计也须充分正视执政者维护既定的权威政见的权力。

总之,在极具张力的"执政者以权威姿态坚持现有政见共识—率性者通过特定渠道表达自己的异见—在率性意识中相互承受压力并达成新的政见共识"机制中,普通社会成员的异见表达与执政者对权威政见的维护相互扩展(改变)着对方(与相关各方)的处境。预设中的"天命之性(每个人生而固有且绝对可靠的内在向导)",则每每会在"处境共享"之际,使全体社会成员体认到相对一致的"新的政见共识"。"率性(体察内在向导指引)"意义上的"真知",正是通过这种一轮又一轮的"共识→异见→张力互动→新共识"运动,而不断进入社会政治生活的。在此过程中,全体政治参与者(尤其是执政者与异议者)实际上是在张力互动中,共同深化了对相应政治事务的认识。放眼现实,则可说:正视并尊重执政者维护既定权威政见的权利,与此同时设立专门的异见表达与磋商渠道("专门"的意思是"不与执政者维护既定权威政见的执政活动直接冲突"),乃是落实上述"张力互动机制"的关键所在。

小 结

《大学》《中庸》虽然都使用了"教"字,但在各自语境中却意味着不同的政教模式。《大学》在"教—学"意识下认定"知识现成”,进而将“知而不行—意志软弱”视为最大难题,并在一定程度上允许执政者采取声色威势导民就范。但因轻忽了真知问题,这种政教模式蕴含着将执政者的错知谬解无节制地放大为社会灾难的风险。《中庸》则将包括“知而不行”在内的一切行为偏差归结为“真知”问题,并为此社里“性善(天命之性)—率性”意识作为当事人获取“真知”的出发点。而在触及“何谓真正的率性/如何做到真正的率性”这一特殊的“真知”问题之际,《中庸》后半篇转而诉诸“至圣/至诚”者的“教—化”,试图以之感化其他社会成员达到“真正的率性(诚)”。但是,由于缺乏切实可行的“至圣/至诚”者推举机制,这种浪漫的“教—化”想象在现实政治中注定只能沦为《大学》式威势“教—学”的装饰。大张旗鼓地强调“率性自明”,进而设立“执政者以权威姿态坚持现有政治共识,率性者通过特定渠道表达自己的异见体认,在率性意识中相互承认压力并达成新的政见共识”的制度机制,乃是走出上述政教困境的可能出路。

附论一　古“德”释考：，谋求

甲骨字与金文形极相似，后者为传世文献中的“德”字无疑。关于早期“德”概念的探讨，因而无法避开甲骨字。郑开教授在其《德礼之间》第一章第三节，花费了31页篇幅，对15家（共分8类）字释文进行综述、评判，并在此基础上尝试提出了“字演变的两条线索”①。在搜罗已有研究成果方面，本文能补充于郑教授者可谓寥寥。在少数漏网者中，何新的解释思路——“德、得相通”“得失尚未可定，有疑问有期求之际，用‘德’”“得已定，确有所获之际，则用得贝之‘得’”②——对于我们理解传世“德”观念之起源，很有启发意义。晁福林先生以“得”释《盘庚》诸“德”③，对于本研究也是一大鼓舞。

---

① 郑开：《德礼之间：前诸子时期的思想史》，北京：生活·读书·新知三联书店，2009年，第61页。

② 何新：《辨“德”》，《人文杂志》1983年第4期。另可参见于省吾主编：《甲古文字诂林》第三册，北京：中华书局，1996年，第2256页。

③ 参考晁福林：《先秦时期“德”观念的起源及其发展》，《中国社会科学》2005年第4期；此文又附录于晁福林：《夏商西周社会史》（第二版），北京：北京师范大学出版社，2010年。

总的来说,如果为“德”之初字,那么,释为“攻伐(徝)”则将无法解释传世“德”字何以反而会强调“节制”。而联系传世文献中的“巡狩”制度将其释为“循察(徝/循)”,虽不难从中析出传世“德”概念,却也无助于理解此一概念的历史发生。因为,这里的“德”概念,与其说是从“巡守—循察”制度中发展出来的,倒不如说它的现成存在是这种制度的运行前提。——相比之下,“德,得也”这条古训,能将我们带回更原始的古“德”语境。然而,我们需结合殷墟甲骨刻辞,对之进行还原。实际上,何新、晁福林虽重视“德,得也”,但皆未明确析出本文所主张的“德,谋求”这个基本义项。这是制约该思路解释力的主要瓶颈。本文力求打破这一瓶颈,尝试通过高举古“德”字的“谋求”义,架构一座从甲骨刻辞通向传世文献(仅限于《洪范》《盘庚》)的解释桥梁。

标题中的“释”字旨在强调,古“德”字研究,本质上是一个“解释”问题。

一、德()与伐()

在殷墟甲骨刻辞中,与关系密切,“某(某方)”“某(某方)”“某(某方)”语句大量出现[①]。,古文字学家一致释读为“伐”。

关于(伐)字含义,罗振玉率先将其解为祭祀先祖时

① 参考姚孝遂、肖丁主编:《殷墟刻辞类纂》中册,北京:中华书局,1989年,第887~897页。

用以旌扬武功的“武舞”。叶玉森、郭沫若、董作宾、陈直基本走在这个思路上。按照这种解释，伐中虽有“武”的因素，但因是“舞”，总归不算真刀真枪的“杀伐”。——吴其昌不袭成说。通过指出“伐人”在刻辞中与“卯牢”“卯牝”相提并论，而“卯义为以刀杀戮”“牢、牝”则为祭牲，吴其昌认为“伐”实为殷代“人祭”。商承祚试图反驳此说，然其论据（“若谓用人而祭……无乃残酷太甚”），主观臆测成分居多（案殷商考古发掘所见“墓道中常见有排列整齐之人头骨”，商氏立场尤不可取）。陈梦家则毫无保留地赞成吴其昌的“人祭”说。——此后一段时间，诸家再论伐字遂较严格地拘泥于“祭名”与“砍人牲之头”义，且试图在人祭与一般的武力杀伐之间设立界限。例如，屈万里试图强分“斩首”与“征伐”而谓“[伐]非谓征伐也”，罗琨则进一步将伐专有化为“表示杀人以祭”“指一种特定的牺牲”。——但是，传世文献中的“伐”字，往往指一般意义上的“武力攻击”。例如，《说文解字》谓：“伐，击也。”“人祭”作为“攻击”的特殊形态，这容易理解。但反过来，欲从这“特定的攻击形态（人祭）”引申出“一般的攻击”概念（消除前者的“祭法、祭牲”痕迹），则会很不自然①。

日本学者高嶋谦一，在祭祀语境下进一步推敲伐字解释。

---

① 以上诸家（包括下一自然段将要提到的高嶋谦一）关于伐字的见解，参见于省吾主编：《甲古文字诂林》第三册，第2335~2344页。

他发现:□所涉及的祭牲并非仅限于人,而且,□对祭牲的处理也不限于砍头①。鉴于此,高嶋谦一结合古音韵考察认为,□字至少在某些刻辞中应解为“分割”。显然,传世□(伐)字的“攻击”义,很容易由“分割—破坏—粉碎”引出。不难指出,以相对抽象的“分割”作为□字基本义,□便有了更广阔的义项空间。——然而,我想指出的是:“分割”当然是“宰杀祭牲”“斩首”“攻击”的共有义,但这个义项过于抽象,与“戈架在人的脖子上”这一具体意象距离过远。从发生学角度看,目标具体且祸福攸关的“攻击敌人”,最有可能是□字的原始义。实际上,人祭中的人牲,往往正由“攻击敌人”掳获而来。就此而言,“人祭”与“攻击敌人”,密切相关。人祭起初最有可能是在“攻击敌人”取胜之后举行,即所谓“献俘”(这符合“物以类聚”的自然思维)。鉴于此,我们认为,□字的核心义还是应当定为“攻击”。——不然的话,□字若专为祭祀(人祭)而造(出于宗教的严肃性而专字专用),那么,政事典册或日常语言在谈及“攻击—战争”(没有理由假设它比祭祀晚出)时,理当使用其他字形乃至词音。这种各司其职的分工假说,无法解释“攻击—战争”(而非“用牲之法或祭名”)何以反成为传世“伐”字的基本义。

我们知道,《周易》经文有“高宗伐鬼方,三年有成”(既济

① 还可参考高智群:《献俘礼研究(上)》《献俘礼研究(下)》,《文史》第35、36辑,1992年。

九三）、“震用伐鬼方，三年有赏于大国”（未济九四）。这里的“伐鬼方”，无论如何不能释为“以鬼方之人作祭牲”。不然，我们就必须追问：强调多年使用某一族的活人作祭牲而终有所成——这样一种宗教实践，究竟是以怎样的神灵观念为前提？难道受祭神灵有不同的吃人口味，故而需要专门计较人牲的种族？假如这种分门别类的吃人宗教真曾大行其道，那么，甲骨刻辞反复出现的各种“伐某/伐某方”刻辞①，岂不都暗示一个专吃特定族人的神灵？这样一种分门别类的吃人的宗教建制，怎会不在商代政治思想中留下深刻烙印！我们尝试推论这种烙印。如果以“用牲之法或祭名”解上述《周易》爻辞中的“伐”字，则“伐鬼方”义即“以鬼方人牲献祭以媚悦神灵”。相应地，“有成”“有赏于大国”不管具体指什么，归根结底是因“获得了神灵祐助”而成功。由此，我们可以析出这样一种宗教意识：献祭者向神灵献人祭（他通过自己的战事活动掳获人牲，这是他力所能及者），指望获得比战事胜利更重大的其他福祉（这是他力所不能及者，因而向神灵祈求）。如此一来，下列问题接踵而至：被用作祭牲的方国（如鬼方）若整族归顺或全部消灭，献祭者（如商殷）将如何对待专吃此一族人的神灵？鉴于这些神灵是重大福祉的赐予者，献祭者必须稳妥地为之一一建立人牲畜养保护制度？此外，人祭的有效性即是否真能导致特定的重大福祉，也是一大问题。这些神灵究竟是什么样的神灵？它们负责颁赐什么福祉？神名、

① 参考姚孝遂、肖丁主编：《殷墟刻辞类纂》中册，第887~889页。

福祉、人祭种族,又是如何绑定在一起的?假如这“分门别类的人祭宗教”真的曾经大行其道,则可想而知,殷商政治—宗教思想史便难以回避上述种种问题。可是,在传世《商颂》《商书》文本中,我们看不到这方面痕迹。这意味着,(伐)的“用牲之法或祭名”“攻击—征伐”二义的发生次序(或引申关系),其实应当是:“攻击—征伐”→“用牲之法或祭名”。——实际上,通行的“伐鬼方”解释即“征伐鬼方”,平实而又妥帖①。而甲骨文学者一般也不反对将伐某(某方)刻辞,释为“击伐某方国”②。笔者和他们的分歧仅在于:“攻击—征伐”不是“用牲之法,即斩人首以祭祀神祖”之义的引申③。我们的观点是:“伐(),击也”这一传统训释,即便在甲骨刻辞语境中也更也可取;“伐”的“用牲之法或祭名”义,则是“攻击—征伐”在祭祀场合的特定借用。

甲骨文研究,一方面依赖传世文献寻绎释读线索,另方面则试图依托甲骨刻辞超越传世文献,追溯某些字词更原始的含义。在实际研究中,这只能是一个不断往复的调试过程。特别地,在甲骨文系统成熟之前、成熟之际、成熟之后,先民同

---

① 刘大钧、林忠军《周易经传白话解》(上海:上海古籍出版社,2006年,第152~155页)即采取这种解释。

② 例如,陈梦家《殷虚卜辞综述》(第279页)曾明确将“伐”列为“记征伐”的动词之一。

③ 伍士谦认为“征伐之伐/以武力击打敌人”乃“属于引申的意义”,《甲骨文字诂林》编者案亦强调,“卜辞‘伐’为用牲之法……引申之为祭名……征伐亦为其引申之义……《说文》训‘伐’为‘击’乃后起之义”。(参考于省吾主编:《甲古文字诂林》第三册,第2339、2344页。)

时还有一套声音语言。甲骨刻辞作为声音语言的文字表达[①],未必能反映某一“字—音”的意义全貌。甲骨刻辞在保持原始字义方面,并不必然胜于早期传世文献。与此相关,以下做法尤不可取:简单地依据数量统计,认定某字在甲骨刻辞中的高频义项即该字基本义或原始义。以伐字为例,它在卜辞语境(甲骨刻辞主要是卜辞)中作为“用牲之法或祭名”的次数,明显多于用作“攻击—征伐”的次数[②]。但想想看:换个语境,比如在战报中,“攻击—征伐”之伐,完全可能在数量上压倒“用牲之法或祭名”之伐。就此而言,用例多寡并非判断基本义或原始义的决定性指标。——甲骨文研究者依赖传世文献寻绎释读线索,这是甲骨文研究所无法摆脱的基本路数[③]。就此而言,在甲骨学者的阅读理解中,甲骨刻辞与传世文献其实是一体的。当然,这种一体性,并不排斥歧义性。同一文字,在甲骨刻辞与在传世文献中,允许读出不同的意思。实际上,即便是阅读传世文献,我们一般也并不预设字词含义恒定不变。然而,阅读理解的一体性,要求我们对歧义现象

---

① 参考赵诚:《甲骨文字学纲要》,北京:中华书局,2005年,第四章。

② 韦政通曾在容肇祖统计数据的基础上指出:卜在殷人生活中的应用,最主要的是用于祭神。(参考韦政通:《中国思想史》,长春:吉林出版集团有限责任公司,2009年,第18页;容肇祖:《占卜的源流》,《古史辨》第三册上编,海口:海南出版社,2005年,第158页。)

③ 唐兰在《古文字学导论》中提出的考释古文字的三种科学方法之一“推勘法”,即“将有关辞例与文献词句相印证”。(转引自朱凤瀚:《近百年来的殷墟甲骨文研究》,《历史研究》1997年第1期。)

（包括甲骨刻辞与传世文献之间的歧义）作出解释。做不到这一点，而仅止于强调甲骨刻辞自成一统，这在方法论上是自相矛盾。无法解释的分歧，或是因为文献不足（无从建立歧义之间的连接环节），或者根本就是因为现有训释方案不合理。再以（伐）字为例，目前，甲骨文学界主流的训释方案是：以“用牲之法或祭名”为基本义，以一般的“攻击—征伐”为引申义。而在传世文献中，“伐，击也”却是主流。除非提出这样的假设——先民在从事并关注旨在牟利的战争行为之前，在相当长一段时间（足以发展出一个专指“用牲之法或祭名”的“伐”字）内，乃是出于宗教而非功利目的不断从事征伐活动——否则，我们无法历史地理解上述分歧。然而，传世的《商颂》《商书》等反映早期思想史线索的传世文献，并不支持上述“非功利的宗教战争”假设。按《商颂》文本，战争胜利总被视为巨大的福利[①]。当前流行的甲骨字训释方案，暗含着割裂“战争—功利”与“宗教—人祭”的倾向，根本无法说明非功利的“宗教—人祭”之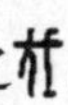，为何会引申出“战争—功利”之“伐”。至于功利性的“攻击—征伐”何竟成为传世“伐”字的基本义，这更是大大超出了上述观点的控制范围。而作为对比，“攻击—征伐→用牲之法或祭名”的引申次序则晓畅自

① 关于这一点，可参考本书附论一所谓“功利性”被概为人的“致福”倾向。

然，根本不会造成上述解释困境①。

考释甲骨文字，我们同样应遵循“甲骨刻辞与传世文献一体解释”这一方法论原则。本节，我们先看一个不成功的解释方案。所谓“不成功”，首先是指：按此释文与释义，甲骨刻辞与传世文献严重失和。此外，本节及下节探讨的释文与释义，均无法解释全部种类的字刻辞，这一点，本文第三节再作涉及。

这一解释方案，灵感来自“某（某方）”“某（某方）”“某（某方）”三种刻辞并存现象。——以上，我们大致推定字基本义为“攻击—征伐”。鉴于“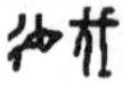某（某方）”“某（某方）”“某（某方）”三种刻辞反复出现，一个直观的推断就是：与义同或义近，故而才会并列或交替使用。如此，字基本义便是“征伐”。郭沫若曾在一段时间内持这种观点，他写道：“《说文》以悳为道德字，说德为‘升也，从彳，悳声’。然金文德字仅陈侯因资敦一例作，余均作德。陈侯敦乃晚周之器，

① 我的意思是，先民先是重点关注“战争—功利”，进而以作为战利品的“人祭”媚悦神灵，这种过渡自然易解。而且，“人祭”中的“砍人牲之头”或“初割”，大致也可以视为一种战争性攻击行为。相反，在不关心“战争—功利”的情况下，以“人祭”媚神举动简直是匪夷所思。当然，逻辑上，这绝非不可能。比如，在人没有想到的情况下，神灵若主动发话并持续要求献上特定种类的人祭，则还是有可能建立一种不依赖“战争—功利”意识的人祭传统的。但问题在于，商代文献（甲骨刻辞与传世诗书）基本不存在神灵主动发话（希伯来传统所谓“启示”）的记载；所谓占卜，都是人先本着自己的生存关注发问，进而再通过推敲卦象或卜兆对所问之事作答——在未收到神灵指示，也无直接功利诉求的情况下，人会主动地反复追问应该向某些神灵献上什么样的人祭？

断无古均用假字，而晚用本字之理，足知许说不足信。又由金文德若悳字观之，则古文直字仅作直若徝，无作直者。小篆从乚，盖⻍形之讹矣。直者正也。‘徝伐’殆犹言征伐。又直音与古特同，则由双声读为‘挞伐’亦可通。”①——作为甲骨文研究的代表性人物，郭沫若在对甲骨文字作上述考释时，显然充分考虑了某些传世成说如《说文解字》中的观点。不过，他在此否定了依附《说文解字》将徝释为“德”的思路。否定的依据乃是细腻的字形辨析。虽是否定，但郭沫若的做法却仍然遵循着“甲骨刻辞与传世文献一体解释”这一常规。当然，他所提供的细腻的字形分析，使我们意识到了古文字研究相比于一般文本阅读的特色所在：字形分析在很大程度上是把单字处理为一个小型文本。在一些情况下，这有助于拓展文本分析的细腻度与深刻度；但弊端在于，这种分析常常和语句、篇章、文献丛所构成的宏观语境相脱节，字形的每个部分究竟代表什么亦往往莫衷一是。郭沫若关于古“德”字的上述分析当然有其主见，但严格追究起来，这主见却并非基于字形分析的谨严推论。实际上，不同的甲骨文学者，基于自己的形义分析，给出的徝字释义不下七、八种之多②。

---

① 参考郭沫若：《征伐》，《郭沫若全集》第二卷之《卜辞通纂》，北京：科学出版社，1982 年，第 436 页。郭沫若这个分析影响深远，陈梦家在列举“记征伐”的动词时，不假思索地便把这个字包括在内。参见陈梦家：《殷虚卜辞综述》，第 279 页。

② 参考郑开：《德礼之间：前诸子时期的思想史》，第 47～51 页。

甲骨字与金文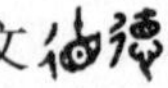毕竟字形相似。字形分析若还值得尊重的话，我们就不应该否定甲骨字为原始“德”字。郭沫若后来似乎开始正视这一点，其《先秦天道观之进展》明确表示：“德字照字面看是从从心”①。郑开教授指出，这是“已倾向于认为‘徝’乃古‘德’字”②。——不可否认，从“—徝—征伐”当然可以引申出一系列表示行为属性或个人品格的义项。但是，“德”的内涵如果是直接由此而来，那么，“尚武”以致“残酷”的条目，势必压倒后世流行的“节制”意识。但“德”字在中国思想史上第一次大放异彩时，其基本义却正是“节制”而非“尚武”与“残酷”。这一点，我们只要稍稍留意一下《周书》（如《康诰》）中的“明德慎罚”“不敢侮鳏寡”等提法，便很难否认。显然，释为“徝”（义即“征伐”），会使得甲骨文与传世文献之间出现难以调和的冲突。

总之，目前甲骨文研究普遍遵循这样一条隐而未宣的方法论原则，我们将其提炼出来表达如下：必须一体地解释甲骨刻辞与传世文献。鉴于这一原则，我们宁愿选择在甲骨刻辞中用例相对较少的“攻击—征伐”义，作为字基本义。在此基础上，一种貌似合理的“与同义”的判断，大大引起了我们的兴趣。然而，“必须一体地解释甲骨刻辞与传世文献”的方法论原则，又促使使我们放弃了这种字“徝—征伐”解释。无论如何，“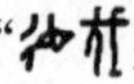某（某方）”“

① 郭沫若：《先秦天道观之进展》，《郭沫若全集》第一卷之《青铜时代》，北京：人民出版社，1982 年，第 336 页。

② 郑开：《德礼之间：前诸子时期的思想史》，第 48 页。

某(某方)”“某(某方)”三例并见,并不足以定论“字基本义=字基本义”。那么,甲骨字的基本义,究竟是什么呢?

二、是巡狩省方?

本文引言曾透露,郑开教授认为字有两条演变线索①。以上,“值”(或“直”)字释文,是其中一条。我们分析指出,若作“值(直)”(义为“征伐”)解,则甲骨字与传世之“德”在意义上将无法有效连接。另一条线索是释为“徝”(或“省”),义为“周行而省视之”即“循(巡)省”或“循(巡)察”,《殷墟刻辞类纂》《甲骨文字诂林》定其释文为“循”。

“值”“徝/循”“德”,含义有别,字形上亦存在差异。郑开教授指出,“原则上讲,古文字学的形义分析并不能证明两个不同字形的字之间的关系,尤其是在它们的字义不同的情况下”②。如此,欲在与“值”或“徝/循”及传世“德”字之间建立关联,唯一的途径就是诉诸思想史叙事。初看起来,思想史考察不如古文字形义分析扎实。不过,考虑到古文字形义分析从一开始便依赖特定的思想史观点,实际上并不存在按铁定程序推理的形义分析。还是必须充分正视那个“一体化”解释原则:我们不可能摆脱早期传世文献所呈现的思想史概念,直接面对甲骨文的释义问题。摆在研究者面前的任务,是提出尽可能协调(有效勾连,而非简单地将二者同质化从而走向另一个

① 郑开:《德礼之间:前诸子时期的思想史》,第61页。
② 郑开:《德礼之间:前诸子时期的思想史》,第63页。

极端)早期文献与甲骨刻辞的解释方案。而说到协调,王襄—闻一多—小仓芳彦—郑开专门拈出传世文献中的“省方或巡狩”制度——基于这一制度背景,他们试图建立甲骨字与传世“德”概念之间的思想史联系①。这是一个令人鼓舞的尝试,但细究之下,却还是存在严重的问题。下面,我们首先简要演示这一思路,进而再结合《商颂》《尚书》呈现其问题。

打眼一看,“徻/循”的“武力征伐”意味似较“徝”为淡。“徻/循”作为一种“循察”活动(传世文献所谓“省方”或“巡狩”),其中内含着特定的“标准”意识。“徻/循”首先是基于特定标准的视察考核,而后再根据考核结果采取相应奖惩措施。武力征伐,作为惩罚手段,乃是基于标准进行考核之后的事。就此而言,甲骨刻辞与并用或交替使用,非但不意味“的基本义(循察)=的基本义(征伐)”,字之外另有字,反而恰恰意味着与两字含义各有侧重。顺此,我们还可以这样推论:“循察()”所依据的“标准”,正相应于传世“德”字所对应的各种条目(“德目”)。当然,“循察”绝不是“非暴力的”。循察者之所以为循察者,一个重要指标正在于:他掌握着施行暴力的权力。故此,甲骨刻辞中的(循察)与(征伐),才会关系密切。字作“徻/循”解的解释力大致如上所述。

---

① 参考郑开:《德礼之间:前诸子时期的思想史》,第 53 ~ 59、61 ~ 64 页。

然而,事情没有这么简单。所谓“循察(省方或巡狩)”制度,已经是以传世“德”概念为基础了。如前所述,“循察”所依据的“标准”,实即特定“德目”。上述解释方案,只不过是把传世文献中的“德”概念与“德政”制度,搬进了甲骨刻辞的时代和语境。至于这概念与这制度的历史起源问题,上述解释方案实际上并未追究。要知道,甲骨刻辞研究之所以备受瞩目,一个重要原因是人们相信它是追本溯源窥视重要概念的原始形态或发生机制的有效渠道。哲学史或思想史研究者愿意追随甲骨文学者之脚踪,动机也正在于此。换而言之,甲骨文研究若仅止于移植众所周知的传统观念用来串联文字释读,则追求思想洞见的哲学史研究者必然对之大失所望。当然,专职的古文字研究者,对此则未必介意①。

再问一遍:将甲骨字释作“徝/循(循察)”,是否有助于解释传世“德”概念的历史发生呢?换言之,假设甲骨刻辞时代的人们尚不拥有“囊括一切正面品行”的“德”概念,那么,仅凭这种“循察”活动,能否历史地形成“囊括一切正面品行”的“德”概念呢?——情况不容乐观。前面指出,“循察”以“施行暴力权”为基础(后盾)。循察者(暴力持有者)当然拥有自己的纠察标准,但问题在于,不同的循察者(暴力持有者)未必持有一致的纠察标准,仅凭以暴力作后盾的循察,未必能形成相对统一的“德”传统或“德目”系统。特别地,循察

① 实际上,有古文字学家曾郑重告诫说:甲骨文、金文中没有思想史。(转引自郑开:《德礼之间:前诸子时期的思想史》,第53页。)

者作为暴力持有者,总会倾向于宣示自己强悍,而以被循察者的驯服为美事①。这样,从以暴力为基础的“循察”机制,如果确实生发出了一种“德”概念或“德目”系统的话,那么,它也势必会以“霸主—臣服”意识为核心。这与传世之“德”的“自我克制—囊括一切正面品行”的基本特征背道而驰。

关于“循察”机制势必强化“霸主—臣服”意识,我们可参考一下《商颂》之《玄鸟》篇:

> 天命玄鸟,降而生商,宅殷土芒芒。
> 古帝命武汤,正域彼四方。
> 方命厥后,奄有九有。
> 商之先后,受命不殆,在武丁孙子。
> 武丁孙子,武王靡不胜。
> 龙旂十乘,大糦是承。
> 邦畿千里,维民所止,肇域彼四海。
> 四海来假,来假祁祁,景员维河。
> 殷受命咸宜,百禄是何。②

① 郭旭东以下说法可资参考:“商王巡守这些地处边夷地区的侯国,除借以观察敌方动静、检查战备状况等军事内涵之外,也包含着对其他部族诸侯或方国对中央王朝顺服与否以及效忠程度的实地考察之意。而这,正是后世巡守一礼的主要意蕴所在。”(郭旭东:《从甲骨文字“省”“徝”看商代的巡守礼》,《中州学刊》2008 年第 2 期。)

② 《商颂》诸篇的文本及解释,参考褚斌杰:《诗经全注》,北京:人民文学出版社,1999 年。

作为一首用于祭祀的史诗，《玄鸟》主要从武功方面颂扬先祖（祖德）。所谓“正域彼四方”“奄有九有”“武王靡不胜”，所表现的都是武力霸主所向披靡的气势。与此相应，“四海来假，来假祁祁，景员维河”，则是被征服者的驯服朝觐姿态。以上两个方面，被视为“殷受命咸宜，百禄是何”的基本标志。用“受命”这样一个高级宗教术语，来形容上述“霸主—臣服”关系，足见“武力征伐”在殷商“功德”意识中的主导地位。《长发》《殷武》之作，同样强劲地延续着这种意识。相形之下，《那》居《商颂》五篇之首，时间上可能最早，它所呈现的“温恭朝夕，执事有恪”（“温恭”“有恪”殊与“武功征伐”不类）的先祖形象，反而在推崇“武功征伐”的意识大行其道之后基本式微（由《玄鸟》《长发》《殷武》对武功的强劲推崇折射出来）。这是“暴力—循察”难以导致“自我克制—囊括一切正面品行”之“德”概念的有力佐证。

可见，释为“省/循（循察）”，与释为“徝（征伐）”一样，均无助于解释传世“德”概念的历史起源。除非若隐若现地假设传世“德”概念已然流行于甲骨刻辞时代，否则我们只能说，作为“循察”的“省/循”与作为“征伐”的“徝”并无二致。而若不采取这一假设，则还是某些甲骨文学者说得直截了当：甲骨刻辞中并无“德”字——“省/循”“徝”均非传世“德”字或其前身，如此释文，的含义不外乎“武力征伐”，而并不蕴含传世“德”概念之胚芽。——但前已提及，字形分析却不能买这个账。学界早有共识：甲骨字与金文“德”字（或

为传世“德”字无疑),在字形上前后相继难以否认。其中,金文字,右下部代表“眼目”,形象甚明。甲骨字,右下部是否代表“眼目”,学界略有争议。例如,武树臣将其释为“以弓缚首”,认为中间圆形象“头”,周边环绕者为“弓”[①]。然观商代青铜器,类似甲骨字此部的眼目造型反复出现[②]。就此而言,此部在甲骨文中不代表“眼目”的可能性极小。此外,金文字右下增加了“心”部,亦不足以割断其与甲骨字的联系。许倬云先生早已指出:“商代的卜辞与西周的金文比较,其区别之一在于:西周金文加了若干新符号,如心部。”[③]这反而意味着字正乃字前身。鉴于字形上的这种亲密联系,目前流行于甲骨文学界的“字非‘德’”判断,便很难让人接受。哲学史研究者盼望抓住甲骨字重见天日的契机,一窥传世“德”概念的历史渊源。合乎哲学史研究者期待的字解释,应当满足以下三个条件:既能读顺甲骨刻辞,又能协调传世文献,同时又提供了独到的思想洞见。本文接下来的两节,将朝这种目标努力。

在本节行将结束之际,我想谈谈为何有必要跨越《周书》,通过甲骨刻辞研究窥探传世“德”概念的历史起

① 武树臣:《寻找最初的德——对先秦德观念形成过程的法文化考察》,《法学研究》2001年第2期。

② 可参考李学勤、艾兰编著:《欧洲所藏中国青铜器遗珠》,北京:文物出版社,1995年。

③ 许倬云:《西周史》,北京:生活·读书·新知三联书店,1994年,第31页。还可参考郑开:《德礼之间:前诸子时期的思想史》,第63页。

源。——殷周之变之前，中国社会究竟有没有《周书》式“德”概念？与问题相关，学界往往认为，《尚书》之《商书》因受西周“敬德”观念影响，而在编辑过程中掺入了“德”字与“德”概念。持这种论点的学者认为，“德”字及“德”概念乃周人的独创①。实际情况果真如此吗？我们知道，在《商书》之《盘庚》篇中，盘庚王在“惟民之承保”意义上使用了“德嘉绩于朕邦”“复我高祖之德”“式敷民德”“非予自荒兹德，惟汝含德”“施实德于民”“汝有积德”“予亦不敢动用非德”等众多“德”字句，《西伯戡黎》中的祖乙则批评纣王“淫戏用自绝”。这些提法表明，殷商社会的有识之士，已经具有了某种“敬德修德以致福”的意识。《周书》之《牧誓》（武王伐纣的誓词）虽未使用“德”字，但其中列举了商纣王的一系列罪名；后来的《周书》篇章，则在“敬德修德以配天命”语境中，不断拿商纣王做反面教材。这无不折射出整个殷周文化圈大致拥有同一套“德目”共识。站在政治家追求“争取民心、同仇敌忾、教化说服”的立场上看，无中生有地引进一个全新的“德”字与“德”概念并非上策，因为陌生的、没有传统文化心理结构基础的新概念不易引起普遍共鸣。“敬德修德”在政权革命之际能够充当正义的旗号，这说明，它在殷周之际已经拥有深广的社会共识基础。殷周之间区别仅在于，在浓重的殷商宗教氛围中（纣王是极端代表），“德”不是意识形态的最高原则。而在周

① 例如，可参考郭沫若：《先秦天道观之进展》，《郭沫若全集》第一卷之《青铜时代》，第335～336页。

邦,特别是经过殷商周政权之变之后,情况则发生了变化,“德”概念一跃而成为意识形态的主导原则。如何理解殷周之变过程中的观念史运动呢?“德”观念与典型的“宗教”意识形态的分野究竟何在呢?有研究者试图从“宗教”角度,论述“德”概念的内核与起源①。但如此一来,商、周二代的精神气质差别,又将从何谈起?而若说周代的“德”意识不同于商代的“宗教”意识,那么,这种“德”意识的历史渊源又究竟何在?关于这些问题,我们正希望古“德”字研究,能给出有价值的提示。

---

① 例如,倪德卫:《儒家之道:中国哲学之探讨》,南京:江苏人民出版社,第二章;王正:《殷商中叶宗教生活之困境及其解决——〈尚书·盘庚篇〉的思想史考察》(结论之前的一部分),陈明主编:《原道》第16辑,北京:首都师范大学出版社,2010年。——其中,王正这样写道:“我认为,‘德’表示的是原始宗教生活中的一个重要状态。我们知道,祭祀是上帝宗教中最重要的一个活动,在这个活动中,要求祭祀者从下面登上祭坛去行礼,在这个由下而上的过程中,要求祭祀者路走得正、眼睛正视前方,而且心灵也要庄重和肃穆,以显示自己与神同在。这个状态,恰恰就是‘德’的状态,所以,‘德’的本义应当就是登上祭坛时的那一庄严而神秘的外在和心理状态,甚至有可能当时的司仪在宣告进行这一步骤时喊的号子就是‘德’。正因如此,‘德’字不仅具有副词词性,还具有动词词性,并且也能引申到名词词性。这样,我们就理出一条‘德’字词义发展的脉络:由表示行动正眼睛直之状态的副词发展至表示登升莅临乃至征伐之动词,进而又发展成为表示道德品质之名词。”——这番推论的笼统之处在于,它没有明示:“登临祭坛时的那一庄严而神秘的外在和心理状态”究竟指怎样一种状态?一般来讲,典型的宗教心态,与人文道德心态,二者之间存在实质性差异。简单在“行动正眼睛直”或“庄重和肃穆”的名义下,将二者直接勾连起来,反而错失了深入检讨“宗教”与“人文”之别的一次机会。

三、“德，得也”深辨

前面提到，《商书》之《盘庚》篇曾在“惟民之承保”意义上使用“德嘉绩于朕邦”“复我高祖之德”“式敷民德”“非予自荒兹德，惟汝含德”“施实德于民”“汝有积德”“予亦不敢动用非德”等“德”字句。——刘起釪基于“作为商代文献，本来不该有‘德’字”这一判断，推测上述“德”字原本分别为“恤”“循”“置”“休”等。刘先生这个“不该有”的判断，一方面是出于“商代金文和甲骨文中未见‘德’字”，另一方面则是考虑到“当时奴隶主专政，只用严峻的刑罚和欺骗性的宗教，根本没有德的概念，无由产生‘德’字”①。这后一方面的考虑非常具有代表性，但其大而化之的偏见性亦非常明显。退一步说，即便商代意识形态的首要原则确实是“严峻的刑罚和欺骗性的宗教”，“德”字与“德”概念也未尝不可作为辅助原则发挥作用（至少可用于“欺骗”）。考虑到传世“德”概念概括指称一切正面品行，很难想象一个王朝可以在没有任何“德”概念的情况下延续几百年之久。就此而言，刘起釪先生颇具代表性的判断有失偏颇。鉴于刘起釪先生强烈持守这种意识形态偏见，我们也就不难理解他为什么不赞成将甲骨字释为“德”了。这里，刘先生所表达的“不应该”感，在我看来，更像是意识形态偏见所造成的

① 顾颉刚、刘起釪：《尚书校释译论》第二册，北京：中华书局，2005年，第962～964页。

解释不畅。实际上,不论替换成什么字,上述“德”字句总的来说都是在强调“正面品行”。——这一节,我们先尝试推敲“德,得也”这一通常被认为是战国时代才兴起的古训,并将推敲所得设定为理解古“德”的基本语境。进而,我们会在这一语境中,择要释读甲骨刻辞中的字。下一节,我们再向更广阔的哲学史或思想史领域推广,并在其中解释《盘庚》篇中的那些“德”字。

总的来说,古文字学家并不看好“德,得也”这条古训(何新是个例外,后详)。最重要的原因是,这条训诂在文献中出现得较晚,按照郑开教授的说法,它“属于战国中晚期以来的文字诂释”①。而且,在这些训释中,“德,得也”明显带有儒家或道家的门派色彩。例如,《礼记·乐记》谓:“礼乐皆得,所谓之有德。德者,得也。”《礼记·乡饮酒礼》谓:“德也者,得于身也,故曰古之学术道者,将以得身也,是故圣人务焉。”这是儒家在礼乐“内化”的意义上谈“得—德”。又如,《庄子·天地》曰:“物得以生谓之德。”《淮南子·齐俗训》曰:“得其天性谓之德。”这是道家在从“有得于道”的角度界定“得—德”②。直接依据这些语句考释西周之前的“德”字与“德”概念,确实不太合适。

我们需要更深一层的推断。考虑到“德”“得”二字在字形上根本谈不上相似,战国中晚期涌现出来的“德,得也”训

① 郑开:《德礼之间:前诸子时期的思想史》,第58页。
② 参考郑开:《德礼之间:前诸子时期的思想史》,第58~59页。

释，在训诂技巧上显然是依据音读把它们拉在一起的。就此而言，仅仅因为“金文里未见德、得互通之例”，便断定“‘德者，得也’的声训也比较晚起”，并进而推断“德”“得”上古音不同①，这恐怕是有失偏颇的。上述传世文献中的语句，顶多只能标定“德”“得”音同或音近现象首次发生的时间下限，而根本无助于断定这种现象“比较晚起”。无论如何，“德”“得”音同或音近，乃是“德，得也”训诂的灵感来源。如果这个现象比较早起，那么，鉴于汉字的表音性②，古“德”与古“得”在意义上的关联，恐怕就真的剪不断了。如此一来，何新的观点就非常值得重视了。何先生这样辨析字：“而在甲骨文中，‘德’与‘得’形不同，义相近，音相通。其差别乃在于，得失尚未可定，有疑问有期求之际，用‘德’。而得已定，确有所获之际，则用得贝之‘得’。德、得相通，此其古义之一也。”关于这一论断，何先生有形义分析为其基础：“‘德’的本字合‘直’与‘行’二字于一体，显然是取直视前方以行走之义。而直视于前方者，又常有所期求也。故罗振玉谓：‘卜辞中德字皆借为得失字’。”③在此基础上，何新先生比较成功地从“行为正直”这个本义，拓展出“德士”“有德”“德政”“德治”等传世文献中的常见用法与义项。所美中不足的是，在这种拓展性解释中，何先生只依

① 郑开：《德礼之间：前诸子时期的思想史》，第58、62页。

② 参考赵诚：《甲骨文字学纲要》，北京：中华书局2005年，第四章。

③ 何新：《辨“德”》，《人文杂志》1983年第4期。亦可参见于省吾主编：《甲古文字诂林》第三册，第2256页。

赖“行为正直”这一为许多学者所强调的字可能义，而作为何氏“辨德”特色所在的“有所期求”却被闲置不顾了。这是一个非常可惜的失误。

实际上，抓住“有所期求”这个义项，解说甲骨字与传世“德”字之间的关联性，反倒更有说头。何新先生说，“而直视于前方者，又常有所期求也”。这个说法总体不错，但作为论证尚有漏洞：“常有所求”反过来意味着“有时并无所求”，字形义分析实际上无法排除“字表示无所期求而直视前方”的可能。而何新先生正是试图从后一种“无所期求的直行”，引申出传世“德”字基本内涵的[①]。然而，这样一个排除了“期求”的抽象的“直行”，却并不符合甲骨刻辞的语境：在甲骨刻辞中，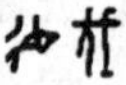后面通常都带有明确的宾语——如“土方”——正可视为为期求对象。鉴于此，我们不妨这样揣摩的造字意象：因为有所期求，故而正视前方，所往行的前方正是目标之所在。这样，字右边的一竖，就不再代表抽象的“直”，而是与下边的眼目一道()，表达“直视所期求者”。如此解释，字便充满了针对谋求目标的欲望。“欲望”驱动着“谋求的过程”，正是这种“过程”性使得(德)区别于(得)，因为：后者恰好表示“谋求

---

① 王正(《殷商中叶宗教生活之困境及其解决——〈尚书·盘庚篇〉的思想史考察》，《原道》第16辑)虽未征引何新观点，但其“由表示行动正眼睛直之状态的副词发展至表示登升莅临乃至征伐之动词，进而又发展成为表示道德品质之名词”说法，基本上却正是何新思路的延续。

的结果”——以手执贝（贝作为一般等价物，代表一切有价值的东西），得在手中（）。鉴于上述辨析，我们建议用更具主动性的“谋求”义项，代替何新先生的“得失未定”状态描述。联系“德，得也”古训，的意思即相当于“去得，去谋求”。

下面，我们结合“得”“获”二字的相关刻辞，进一步坐实上述字释义。

甲骨“得”字一般不带“彳”旁[①]。在甲骨文中，“彳”旁表“行”，此乃学界共识。甲骨“得”字通常不带“彳”旁，故可推测：其在甲骨刻辞中表结果（“获得”），而非表过程（“谋求”）。刻辞文句可以和这一推论相协调，如：

贞往羌得（507）

贞往羌不其得（508）

贞呼妇往有得（2652 正）

贞呼妇往无得（2652 反）[②]

在以上列举的四条刻辞中，“得”字前都有一表“谋求”（过程）的“往”字[③]。在上下文中，释“得”为“获得”（结果），句

① 甲骨“得”字，不带“彳”旁者占绝大多数。对此，读者可自行参考姚孝遂、肖丁主编：《殷墟刻辞类纂》中册，第 709～711 页。

② 取自姚孝遂、肖丁主编：《殷墟刻辞类纂》中册，第 709 页。

③ “往”字释文综合《殷墟刻辞类纂》（姚孝遂、肖丁主编，第 318、319 页），以及《甲骨文字诂林》（丁省吾主编，序列号 0836、0837）。

义甚顺畅。何新先生认为甲骨“德”“得”二字相通,其区别仅在于:前者为将来时(得失尚未可定),后者为完成时(确有所获)。上述观虽然颇其启发性,但从“时态”的角度区分“德”与“得”,严格来讲却并不准确。这里所列四条刻辞均为卜辞——其中既有“得”“有得”,亦有“不其得”“无得”——占卜所追问的乃是未来之事,“得”字在此皆属于“尚未可定之得”(将来时)。把“得”界定为“谋求”的结果,相应地,把“德”界定为“谋求的过程”,则不会遇到这方面问题。

除大量“不其德”(语法上与“不其得”相类)刻辞需专门辨析外,甲骨“德”字一般并不作“获得”(包括“尚未可定”的将来之“得”)解。在“德某方(某)”“德伐某方(某)”类刻辞中,“德”“德伐”只表示“谋求的过程”。至于“谋求的结果”(预期中、将来时),在卜辞中则通过“受有/受又”(来自帝或冥冥之中的祐助)表达。例如:

> …□贞王…方受有(710)
>
> 壬辰卜□贞今□王土方受有…(6354 正)
>
> 癸巳卜□贞今□王土方受有…(6354 正)
>
> …卜□贞今□王□方受有…(6534)
>
> …贞王伐方受有…(6733 反)
>
> …今□王方帝…我又…(6736)

…午卜□贞今□王方帝受我…(6737)[①]

联系前文，我们把“德()”宽泛地释为“谋求”，“德伐某方”亦即“谋求征伐某方国”。而换个角度看，此宽泛意义上的“谋求”之“德”在这里带有助动词意味。而在“伐某方”“德伐某方”的具体语境中，“德某方(谋求某方国)”之助动或泛泛之“德(谋求)”，其实际意味将自然被限定为“征伐”(作为一种特定的“谋求”方式)。这里，“谋求—征伐”是努力的过程，而至于能否“胜利—有所获得”，则取决于是否得到“祐助(有/又)”。

追求与结果分两字表达，这种现象在甲骨刻辞中并不鲜见。例如，甲骨刻辞中的“获”字亦表示“有所得”(作为结果：获胜或掳获)，与之搭配的表“追求”(努力过程)的动词有：逐、征、执、追、狩、擒、射等。可参考以下刻辞：

王其往逐鹿获(10292)

丙申卜□贞我其逐麋获(10346 正)

贞弗其获征土方(6451 正)

---

① 取自姚孝遂、肖丁主编：《殷墟刻辞类纂》中册，第 864 页。——其中：“德”字，《类纂》作“循”；“又”字，《类纂》作“祐”；“…”代表阙文且字数不详；“贞”前之□代表贞人之名(因输入困难，故以□代之)；“王”前之□(亦输入困难，见《甲骨文字诂林》序列号第 1405)，陈梦家释文作“世”义为“时”，姚孝遂指出“此字仍有待于进一步之考索”(参考于省吾主编：《甲骨文字诂林》第二册，第 1364 页)。

甲寅卜…贞戊其获征土方(6452)

己丑卜今出羌有获征七月(6605、6606)

己亥卜争贞令弗其获执亘(6952 正)

戊午卜☐贞雀追亘有获(6947 正)

…狩获擒鹿五十又六(10308)

贞其射鹿获(10320 正)

贞其惟王获射兕一月(10422)①

我们注意到,在有些刻辞中,“弗其获”“其获”“有获”“惟王获”被前置,这反映了卜问者对“结果”的特别重视。以 6451 为例,此句可解读为“卜问:不能获胜吗,我们征土方的话?”当然,大量刻辞并未采取这种倒装语式,例如 10292、6947 正、10308、10320 正。在这些辞例中,“获”表示“逐鹿”“追亘”等追求活动的结果,这一点也是明显的。上述卜辞中的“获”字,作为卜问焦点,大致相当于“德/德伐”类刻辞中的“受又”。相应地,“德/德伐”便对应于过程性动词“逐”“征”“执”“追”“狩”“擒”“射”等实义动词。

但是,我们不应据此类推,“德”犹如“逐”“征”“执”“追”“狩”“擒”“射”这些动词,含义具体而又狭窄。目前甲骨学界的主流观点是释(德)为“循”,义为“循察”。但是,大量存在的“若”“有”刻辞,并不支持这种意义狭窄的释读。

① 取自姚孝遂、肖丁主编:《殷墟刻辞类纂》中册,第 650 ~ 652 页。——“贞”前☐代表贞人之名(输入困难);“…”表示阙文且字数不详(甲骨实物破缺)。

例如:

> 翌日戊若于王(1854)
>
> 祖丁惟若于王(1854)
>
> 贞王若(5533)
>
> 勿有于祖乙(272 反)
>
> 贞有于祖乙(272 反)
>
> 贞有于黄尹(6209)
>
> 乙巳卜亘贞勿有于黄尹(7260)①

在祭祀语境中,“若(善)”“有(祐)”的施予者为神灵,在殷商宗教意识中它们是可敬可畏的,在此释为“循—循察”(上对下)显然不合适。郭沫若的“徝—征伐”解,在此显然亦不对路(难道是要对神灵加以挞伐!)。这些解释均把的“谋求”义,过分狭隘化了。不难指出,若将这里的“若”“有”释为“谋求若(善)”“谋求有(祐)”,则句意顺畅。——甲骨文学者在注意到“有/又”“若”可解作“祐”“善”的同时,亦发现“有/又”“若”可表示“祭祀”(祭祀动作或祭名)②。晁福林

① 取自姚孝遂、肖丁主编:《殷墟刻辞类纂》中册,第 864 ~ 865 页。

② 相关讨论可参考于省吾主编:《甲骨文字诂林》,0333(第一册,第 367 ~ 370 页)、0905(第一册,第 876 ~ 882 页)、3350(第四册,第 3422 ~ 3432 页)。另,还可参考姚孝遂、肖丁主编:《殷墟刻辞类纂》上册,第 240、130、132 页的分类。

亦曾在《夏商西周社会史》,将“侑祭”列为17种商代祭仪之一①。如果采取这种解释,则“有/若”义即“举行侑祭/举行若祭”。但我想强调的是:作为祭仪,“侑祭/若祭”之目的,不外乎向神灵“求福”(如《诗经·楚茨》:“以妥以侑,以介景福”)。就此而言,“善/祐/福”与“求善/求祐/求福”与“祭名”,三者构成了密切关联的语义丛。联系“[帝]受我有(又)”这类刻辞(本节所列第二组甲骨刻辞),将“有/若”解释为“向神灵谋求祐/向神灵谋求善”,似更切近卜辞的意义世界。

何新的颇具启发性但并非完全可接受的论述,实际上是受了罗振玉下述说法的启发:“卜辞中德字皆借为得失字。”②——但罗振玉这个观点并无坚实的依据。按照本文前述辨析,甲骨刻辞中的“德()”字表示“谋求的过程”,而“谋求的结果”(相当于“得”),在卜问中则往往以“受又/受有”代之。哪里有什么“德字皆借为得失字”呢?对比“德()”“得()”刻辞,存在大量“不其”与“不其”语句,想来这大概是罗振玉的依据所在。实际上,大量存在着的“不其”“不其”刻辞皆无阙损③,它们均为各自语境下的省略句。就此而言,我们只能在各自语境下,将“不其”释为“不要去谋求”(至于谋

① 晁福林:《夏商西周社会史》(第二版),第282页。

② 说见罗振玉:《增订殷虚书契考释》,北京:中华书局,2006年,第72页。

③ 参考姚孝遂、肖丁主编:《殷墟甲骨刻辞类纂》中册,第805、711页。

求什么,则由具体卜问事项决定),将“不其”释为“得不到”(至于得不到什么,亦取决于具体的卜问事项)。

到此为止,我们基本坐实了甲骨字表示“谋求过程”的解释。然而,这一成果距离弥合甲骨刻辞与传世文献这一目标,尚有距离。按照本节的解释,为动词;而在传世文献中,“德”为名词或形容词。两者之间能否建立起有效的联系呢?——我们还需努力。

四、德目:谋求与共识

《尚书·洪范》通常被认为能够反映殷商思想之本色,但其中的三个“德”字,却被有的学者(如刘起釪先生)认定“这显然用的是周代文字”①。以上,本文总的主张是,将甲骨字认定为“德”之前身。接下来,问题自然就是:传世殷商文献中的“德”字,会否就是我们所解释的这个甲骨字(或与之一脉相承)?换个问法:从“德/”的“谋求”义出发,我们能否解通这些传世文本的相关段落?——在正式讨论“周德”之前,我们有必要专门处理一下《盘庚》《洪范》两篇中的“德”字。这不仅仅是为丰富历史知识,更是旨在对传世“德”概念的发生机制作生存分析。

我们先从《洪范》“三德”开始。相关文本如下:

---

① 顾颉刚、刘起釪:《尚书校释译论》第三册,北京:中华书局,2005年,第1028页。

> 六，三德：一曰正直，二曰刚克，三曰柔克。平康，正直；彊弗友，刚克；燮友，柔克。沈潜，刚克；高明，柔克。惟辟作福，惟辟作威，惟辟玉食。臣无有作福、作威、玉食。臣之有作福、作威、玉食，其害于而家，凶于而国。人用侧颇僻，民用僭忒。①

刘起釪先生的译文如下：

> 第六章（即第六畴），三种统治方式：一是用正直的方式进行统治，二是用强硬的方式取得胜利，三是用温和的方式取得胜利。对待平正康宁的人，要以正直方式对待；对待倔强不亲附的人，要以强硬方式对待；对待和顺可亲近的人，要以温和方式对待。对下面群众，要以强硬方式统治；对显要贵族，要以温和方式拉拢。只有君王才有权赏赐人们以幸福，只有君王才有权给予人们以惩罚，只有君王才有权享受锦衣玉食的美好生活。臣下无权赐人以幸福、予人以惩罚及享受锦衣玉食的美好生活。倘若臣下擅权给人以幸福、予人以惩罚、享受美好生活，就会危及你的王室，倾覆你的国家，官吏们因而会倾侧不正而走邪路，庶民也会因而犯上作乱。②

① 顾颉刚、刘起釪：《尚书校释译论》第三册，第1172～1173页。
② 顾颉刚、刘起釪：《尚书校释译论》第三册，第1203页。

由于不承认商代有“德”字与“德”概念，刘起釪先生用“统治方式”翻译这里的“德”。在其“讨论”部分，我们从字里行间体会到，刘先生大致是在“道德说教”语境中理解“德”。他说：“这种种手段，是赤裸裸的神权政治加暴力统治，丝毫没有用其他的统治术如道德说教之类作为辅助手段，寻之于我国历史上，只有商代才可能是这样的。因此本文的中心思想，只能是商代奴隶主专政时的统治思想。”①“道德说教”与“自我克制”相辅相成——而《洪范》“三德”赤裸裸地大谈“克（战胜、搞定）”“作威”“作福”，这显然与“德”的“道德说教—自我克制”义大相径庭。

但是，换个角度，也可以认为：我们上面所接触的殷商文本，正在将我们带入更原始的“德”字与“德”概念语境。殷墟字刻辞已经开显了这一语境，我们在前面将其概括为“德，谋求”。刘起釪先生的评论虽然带有强烈的情感色彩，但我们不应因噎废食。其以“专政”为殷商“统治方式（德）”定性，还是符合《洪范》“三德”这段文本实情的（“惟辟作福”之后的文字有定调之功，有助于确定前两句的基本精神）。他的译文因而总体上可以接受。按照这个译文，作为统治方式的“三德”——“正直（以正直的方式对待）”、“刚克（以强硬的方式对待）”、“柔克（以温和的方式对待）”——都是“要臣民循规蹈矩地做专制统治下的好人”②。不难指出，臣民循规蹈矩的

① 顾颉刚、刘起釪：《尚书校释译论》第三册，第1207页。

② 顾颉刚、刘起釪：《尚书校释译论》第三册，第1208页。

服从，乃是统治者的基本追求。统治者的这方面追求，直到《周书》《论语》《中庸》时代，也不曾消亡（只要是统治者，就会有这方面追求）。《洪范》“三德”，乃是殷商统治者“谋求”这种重要目标的方式（经验之谈）。如此来看，这处“德”字，就恰好与甲骨刻辞中的字合上了节拍。《洪范》“三德”即“谋求臣民顺服的三种方式”。

我们知道，甲骨刻辞中的“德（）”为动词。那么，这一处“德”字是名词还是动词呢？显然，作为“三德”之内涵，“正直”“刚克”“柔克”是动作性的，刘起釪译文用“以…方式对待”传达这种动作性。就此而言，甲骨字的动词性在《洪范》“三德”语境中尚存。不过，作为谈论或解说的对象，“三德”的名词词性显而易见。实际上，正是这种谈论与解说，使“德”字由纯粹的动词进而身兼上名词词性。这不难理解。人所谋求的，都是自己看为“利”、看为“好”的目标。围绕相似的“利好”欲求，人凑在一起时不免会相互分享各自的“谋求”经历。而由于在谈论各种“谋求”时，他们均使用同一个“德（）”字（音），久而久之，一些反复出现的、有效的“谋求”方式，就会伴随“德（）”字（音）被从正面反复谈及。起初，这种谈论也许都是讲故事式的，并非刻意的反思。不过，一旦有人想从这些谈论中总结经验教训，提炼有效的谋求方式，那么，他很自然地就会使用“德（）”字（音）指称这些“谋求方式”。这便是“德（）”的名词词性的起源。还可以进一步设想，由于需要对各种“谋求方式”进行区分，名词性

的“德（）”字前还会被加上各种定语，相关的反思性与谈论亦随之走向深入。《洪范》篇中另外两个“德”字——“凡厥庶民无有淫朋，人无有比德”（凡是庶民都不得结成邪党，一切人员不得朋比为奸）、“曰‘予攸好德’，汝则锡之福”（如果有人说“我注意修养好的品德”，你就要赏赐他以好处）①——便属于这种情况。其中，“比德”是贬义词，“好德”则是褒义词。同样作为“谋求”或“谋求方式”，为什么会有褒贬之分呢？对此，可以这么看：任何“谋求”都指向当事人自己看为“利好”的目标，区别在于，有的“谋求方式”损害他人“利好”，有的“谋求方式”则能与他人“利好”共赢——在社会生活中前者慢慢就会带上恶名（“恶德”即“恶的谋求方式”，之所以为恶，盖因为它损人利己；“朋比为奸”的“比”，在这里就是一个臭名昭著的修饰词，“比德”盖即只顾小团集而不顾大集体的利好谋求方式），后者则相应地会带上令名（如这里以“好德”泛指一切“受欢迎的谋求方式”）。至于究竟哪些“德—谋求方式”被认为是善的（带着令名），哪些“德—谋求方式”被认为是恶的（带着臭名），此与社会组织结构、话语权握在谁手里等亦息息相关（《洪范》之“稽疑”章，有助我们了解殷商话语权格局，此不深究）。

到此为止，我们成功地以“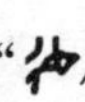/德，谋求”，解通了传世《洪范》全篇中的三处“德”字。最后，我们来看《盘庚》篇中的“德”字。接下来的讨论受益于晁福林先生《先秦时期“德”观

① 顾颉刚、刘起釪：《尚书校释译论》第三册，第1163、1202页。

念的起源及其发展》一文。晁先生指出:"'德''得'相通,在《尚书·盘庚篇》里也多有例证。《盘庚》中'德'字多见,虽然作为道德字来讲也勉强可通,但较为迂曲难明。如果用其本意,作为'获取''得到'之'德(得)'来讲,则却通畅恰当。"① 晁先生虽未明确区分,但其"获取""得到"之说,在一定程度上正相应于本文所做的"过程(谋求)""结果(获得)"划分。下面,我们本着这一区分,逐一考察《盘庚》中的"德"字。

先看《盘庚》第二篇(原下篇)中的一处"德"字,我们先列出刘起釪先生的校本与译文:

> 肆上帝将复我高祖之德,乱越我家,朕及笃敬恭承民命,用永地于新邑。②

> 这是上帝要恢复我们祖宗的业绩到我们这一代王朝,所以我很急于敬奉上帝的这一旨意来拯救民命,以获永远定居于这新的都邑里。③

刘起釪先生用"业绩"这个名词来译此"德"字,看似与我们所谓的"结果"意义上的"得"一致(任何"业绩"都是"得"来的),但按之注释才知他这是改字而释(认定这里的"德"为

① 晁福林:《夏商西周社会史》(第二版),第309页。
② 顾颉刚、刘起釪:《尚书校释译论》第二册,第923页。
③ 顾颉刚、刘起釪:《尚书校释译论》第二册,第952页。

“置”字误写，故而才有“产业”一说）①。前面指出，刘起釪先生根本不相信殷商文献中会有“德”字出现，这是因为他认定了“德”字只能按后世所谓“道德说教”义解。——晁福林先生则站在“德，得也”角度，将此“高祖之德”释为“高祖对于都邑之所得”。但是，我们不要误会他这是以现成“产业”（都邑）为“高祖之德（得）”；在解释过程中，晁先生特别指出，“盘庚迁殷是在行高祖得美好都邑之故事”②。按照这种理解，“高祖之德”构成了行事为人的“模范”，它实际上就是一种带着令名的“谋求方式”。这种“高祖之德”，可视为在家族与政治语境下谈论、提炼“谋求方式”的结晶。联系上下文，这种“高祖之德”的具体内涵就是：“古我前后罔不惟民之承保，后胥感鲜，以不浮于天时。殷降大虐，先王不怀厥攸作，视民利用迁。”（刘起釪译文：“我们的先王没有一个不是只图拯救和保护人民的。先王那样关心着人民，所以很能顺着天时活动。每当老天爷痛切地降下大灾来的时候，我们的先王总是为着人民的利益实行迁徙，从不留恋他们亲手缔造的原有都邑。”）③“视民利用（为着人民的利益）”的提法表明，“高祖（先王）之德”确实旨在谋求“利好”。这种“谋求”之所以带上了令名，乃因它不是狭隘地只顾念自身“利好”，而是能够照顾多数人的“利好”。长久下

① 顾颉刚、刘起釪：《尚书校释译论》第二册，第924～925页。

② 晁福林：《夏商西周社会史》（第二版），第309页。

③ 顾颉刚、刘起釪：《尚书校释译论》第二册，第904、949～950页。

来，这样的“谋求”活动易于赢得民心与支持，而王室家族及其继承人则受益于这种民心向背的支持。在人民与家族的多重议论与肯定中，高祖（先王）谋求利好的特定方式，遂成为令人景仰的“高祖之德”——社群中的德目共识。通常所谓“道德”，正是以这种“德目”为标准①。

概括而言，古“德”演化遵循如下逻辑：动词“谋求”→名词“谋求方式”→分化出褒义、贬义复合词。在商（殷）人自己的敬祖情结中，“高祖之德”当然是个褒义复合词。而此外，《盘庚》（第一篇，原中篇）中也出现了贬义的“德”字复合词：

> 予念我先神后之劳尔先，予丕克羞尔，用怀尔。然。失于政，陈于兹，高后丕乃崇降罪疾，曰：“曷虐朕民！”汝万民乃不生生，暨予一人猷同心，先后丕降与汝罪疾，曰：“曷不暨朕幼孙有比！故有爽德。”自上其罚汝，汝罔能迪。②

刘起釪先生的译文是：

---

① 晁福林先生在坚持“德，得也”的同时，亦承认：《盘庚》篇中“德”字，“作为道德字来讲亦勉强可通”。参见晁福林：《夏商西周社会史》（第二版），第309页。在此，我们不妨申明：“可通”的道理就在于“德（）—谋求方式—德目共识”这个桥梁。

② 顾颉刚、刘起釪：《尚书校释译论》第二册，第911～912页。

我想起我们的先王使用你们的先人,就记挂你们,要养育得你们好好的。是这样的呵。可是由于没处理好,延到现在还住在这有灾难的地方,先王就重重地降下责罚,说道:“你为什么要这样虐待我的人民呢?”若是你们无数人民不肯去孜孜努力求取美好的生活,和我同心迁去,先王便要重重地责罚你们,说道:“你们为什么不和我的幼小的孙儿同心协力,却对他三心二意呢!”上帝决不会饶恕你们的,你们也决没有法子可以避免这个责罚。①

这里,“暨朕幼孙有比”之“比”,不同于《洪范》“比德”之“比”。后者指在下者结党营私,前者则指与王者同心协力。《盘庚》《洪范》都是站在最高统治者立场上讲话,故而与王者同心协力之“比”是褒义,在下者结党营私之“比德”则是贬义。《盘庚》这里的“爽德”亦与前述“同心协力”相反,传统经注解释为“贰德”即“不同心”②。我们注意到,盘庚王在训话中特别强调,迁徙都邑不是为谋求他的一己之私,而是为了万民的“生生”。领导人自信自己决定采取的“谋求福祉的方

---

① 顾颉刚、刘起釪:《尚书校释译论》第二册,第950~951页。

② 参考顾颉刚、刘起釪:《尚书校释译论》第二册,第913页。晁福林先生释“故有爽德”为“就会得到(犯下)错误(‘爽’)”见氏著《夏商西周社会史》(第二版),第309页。晁先生的解释过分拘泥于“德”的“获得、得到”义,这是因为没有想到“谋求(动词)—谋求方式(名词)—褒贬分化”这条语义演化进路。

式”(在此为迁都)是最好的,故而,悖逆这种既定方式的其他“谋求福祉的方式”的主张(在此为拒迁),就会在领导人的权威讲话中被裁定为坏的、恶的,从而涂上贬斥色彩。在行文中,“爽德(贰德)”紧接着“自上其罚汝,汝罔能迪(上帝决不会饶恕你们的,你们也决没有法子可以避免这个责罚)”,贬义色彩不言自喻。

除了名词化的褒、贬义复合词之外,《盘庚》中的个别“德”字则仍然保持着“谋求”的动词性用法。我们来看第二篇(原下篇)中这句话:

> 古我先王将多于前功,适于山用降我凶,德嘉绩于朕邦。①

刘起釪先生的译文如下:

> 在从前的时候,我们的先王要发扬光大前人的功业,迁到高地减免灾害,在我们的都邑里遵循着前人美好的业绩。②

刘起釪先生一以贯之地不承认这里存在“德”字,他认为“‘德’为‘循’字之误”,于是,就有了“遵循着前人美好的业

① 顾颉刚、刘起釪:《尚书校释译论》第二册,第922页。

② 顾颉刚、刘起釪:《尚书校释译论》第二册,第952页。

绩”这一别扭的译文。——晁福林先生则将“用降我凶，德嘉绩于朕邦”，解释为“此举减少了祸患，得到善功于我们的都邑”[①]。晁先生这个解释更为可取，但仍需略作加工。作为历史追述，先王当然已经“得到”了善功。不过，这节文字总的来看却是在表彰先王谋求嘉绩善功的精神与行动。因此，这个“德”字，最好还是翻译为过程性的“谋求”，“德嘉绩于朕邦”整句则可译为“在我们的都邑里谋求美好的业绩”。如此，这个“德”字便与甲骨字同义了。这意味着，在“/德”名词化（作为被谈论的“谋求方式”）的同时，“/德”的动词用法依然存在。实际上，正因为动词性“/德”（谋求）意义重大，人们才会发明各种复合名词不断深化对它的探讨。

郑开教授指出，“训诂意义上的‘德者，得也’也引起或造成了某些混乱，多半是由抽象理解‘德者，得也’所致”[②]。我们赞成这一看法，并想进一步指出：所谓抽象理解“德者，得也”，往往都是没有注意到（或没有突出强调）“德”的“去得—谋求”的过程义。再次强调，此过程性“谋求”，乃是“德”字原始义。名词之“德”，则是出于对“谋求”活动的进一步谈论、反思与提炼，指称特定的谋求方式或当事人的相应品格。其中，带着令名（褒义）的方式或品格，便成为所谓的“德目”。当然，这些谋求方式与相应品格（德目）的一个基本特征就是，它们能导致利好之“得”。“德（）”字的原始语义丛，我

---

① 晁福林：《夏商西周社会史》（第二版），第309页。

② 郑开：《德礼之间：前诸子时期的思想史》，第60页。

们当作如是观。除了前面提到的“高祖之德”外,《盘庚》篇中这类“德”字还包括“非予自荒兹德”“惟汝含德”——按照上下文,“兹德”指“先王任用旧人的传统”,“惟汝含德”义为“只因你们自蚀此德(此任用旧人的传统德目)”①。不难指出,“任用旧人”往往正是“谋求福祉”的有效方式,作为人才的旧人所掌握的正是各种具体的“谋求福祉的有效方式”。

此外,学者早就注意到,“德”字还有“恩惠、恩德”义,如《诗经·硕鼠》谓“莫我肯德”②。《盘庚》篇中此类“德”字有:

> 无总于货宝,生生自庸。式敷民德,永肩一心。③

> 若网在纲,有条而不紊。若农服田力穑,乃亦有秋。汝克黜乃心,施实德于民,至于婚友,丕乃敢大言,汝有积德。④

> 迟任有言曰:‘人惟求旧;器非求旧,惟新。’古我先王暨乃祖乃父胥及逸勤,予敢动用非罚?世选尔劳,予不掩尔善。兹予大享于先王,尔祖其从与享之。作福、作

① 顾颉刚、刘起釪:《尚书校释译论》第二册,第936~939、953页。

② 参考晁福林:《夏商西周社会史》(第二版),第310页;褚斌杰:《诗经全注》,第118~119页。

③ 顾颉刚、刘起釪:《尚书校释译论》第二册,第927页。

④ 顾颉刚、刘起釪:《尚书校释译论》第二册,第939页。

灾,予亦不敢动用非德。①

无有远迩,用罪罚厥死,用德彰厥善。邦之臧,惟汝众;邦之不臧,惟予一人有佚罚。②

刘起釪先生的译文分别为:

你们不要集聚财富,孜孜于增殖家业来养肥自己。要使人民获得些好处,永远洁净你们那颗能够和我一致的心。③

要像网一般地结在绳子上,才可顺了条理而不乱。要像农夫的尽力耕田,才可得到一个好收成。你们若能斥去自己的私心,把真实的好处给予人民,以至于亲戚朋友,那么,你们才可以说一句满意的话,说你们一项积有好处的。④

迟任曾经说过一句话:‘用人是应该专选旧的;不像器具那样,不要旧的,单要新的。’从前我们的先王,和你们的祖父和父亲,就勤劳地同心合力来从事迁徙,我怎敢

① 顾颉刚、刘起釪:《尚书校释译论》第二册,第944页。
② 顾颉刚、刘起釪:《尚书校释译论》第二册,第947页。
③ 顾颉刚、刘起釪:《尚书校释译论》第二册,第952页。
④ 顾颉刚、刘起釪:《尚书校释译论》第二册,第953页。

> 对你们用出非分的刑罚。你们若能世世继续你们的祖父和父的勤劳,我也绝不会掩没你们的好处。现在我大祭先王,你们的祖先也一起受祭。你们的作善而得福或作恶而得灾,都有先王和你们的祖和父来处置你们,我也不敢擅用非分的赏爵。①

> 不论远近的人,我总一例的对待:用刑罚来惩处他们的罪恶,用爵赏来表彰他们的良善。国家若弄得好,是由于你们大家的功劳;国家若弄得不好,只是由于我行使刑法有疏失。②

刘起釪先生用“好处”“爵赏”翻译这里的“德”字,总的来说是取其“恩惠”义。关于这个义项的起源,我们可以从这么看:既然“德(⿰彳直)—谋求方式”之令名、恶名取决于社会共识,那么,赢得令名的“德(⿰彳直)—谋求方式”就一定不会是自私自利的,而是必须同时兼顾其他社会成员的“利好”追求。“德”之“恩惠”义概源于这种兼顾,因为作为掌握资源的统治者,其兼顾他人利好追求的具体方式往往就是颁赐具体名利,这样同时也等于遂了对方的“德(⿰彳直)—谋求”。“式敷民德”这个提法可作为上述推断的一个例证。按照“德”之原始义为动词性“谋求”这一基本观点,“民德”即“民谋求”(主谓结构)。

---

① 顾颉刚、刘起釪:《尚书校释译论》第二册,第954页。

② 顾颉刚、刘起釪:《尚书校释译论》第二册,第954页。

相应地，名词性“民德”即“民之谋求”（偏正结构），既指“谋求的方式”，也涉及“谋求的目标”，两者实际上密不可分。“式敷民德”因而即“敷布（满足）民之所求”。“民之所求”即“民所公认的利好”，盘庚王劝属下“式敷民德”，实际上就是要求他们“布惠于尔民”①，“惠”即民所公认所追求的“利好”。在“民有所求—统治者有所给予”的语境中，“德”便有了“恩惠”义。顺此观之，《诗经·硕鼠》中动词性的“德”（“莫我肯德”），则是“恩惠”意义上的名词之“德”用作动词，即“施行恩惠”（“莫我肯德”即“不肯施恩惠于我”）。②。至于“汝有积德”“予亦不敢动用非德”“用德彰厥善”，这些“德”字无一例外都作名词性的“恩惠”（好处、爵赏）解。

顺着这种“令名”与“施恩惠”义项，我们便不难理解为什么“自我克制”与“囊括一切正面品行”构成《周书》之“德”的基本特征了。

基于字形比较，我们坚持认为，甲骨字与金文以及传世“德”字一脉相承。问题在于，如何解释这种一脉相承？单纯的形义分析无法独当此任，我们必须结合思想史考察相关概念，提出行之有效的解释方案。对甲骨刻辞的分析表明，释为“值（征伐）”或“徝/循（循察）”，不但无法建立甲骨

① 吴汝纶：《尚书故》，转引自顾颉刚、刘起釪：《尚书校释译论》第二册，第930页。

② 参考王力：《汉语语法史》，北京：商务印书馆，1989年，第104页。

字与传世“德”字的承继关系，而且也解不通“若于…”“有于…”这类有求于神灵的卜辞。受何新先生辨析“未得”“已得”之启发，我们建议将字基本义定为过程性“谋求”，以区别于作为结果的“获得”。这个释义既能解通“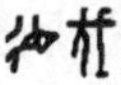某(某方)”“某(某方)”刻辞，同时也可读顺“若于…”“有于…”刻辞。更令人鼓舞的是，“德()，谋求”释义得到了《洪范》《盘庚》这两个早期传世文献的支持。颇有学者认为，这两篇《商书》中的“德”字，乃周代观念与周代文字后来渗入的结果。然分析表明，《洪范》“三德”(讲统治者如何“得人”)明显带有“谋求”意味，而《盘庚》“德嘉绩于朕邦”之“德”，则完全可解释为动词性“谋求”。这是传世“德”字与甲骨字一脉相承的重要证据。与此同时，我们也注意到，《洪范》“三德”作为被谈论的对象，其名词性显而易见。传世“德”字的名词词性的起源，需要专门予以解释。对此，我们的观点是：“谋求”活动利害攸关而构成了人类生活的基本方面，人们在交谈中会自发地讲述(包括转述)“谋求”(动词)故事，进而品评、反思提炼有效的、受欢迎的“谋求方式”(名词)，名词性之“德”与带着令名备受推崇的“德目”遂应运而生。《盘庚》所谓“先王之德”等便属此类。令名、恶名属于群体共识，令名之“德”总体上不会是自私自利的“谋求方式”，而是一定要同时兼顾他人“利好”。传世“德”字的“恩惠”义项，由此亦得到了解释。传世“德”概念的“自我克制”与“囊括一切正面品行”特征，至此便在发生学上获得了通盘的解释。

附论二 《诗经·商颂》"致福"思维与《圣经》中的"苦难"问题

当代学界基本承认《商颂》五篇为商诗①。本文旨在结合《商颂》文本,具体分析"相信"情感与"致福"倾向在《商颂》神灵崇拜中的运作模式。与"化石陈列"式的上古宗教研究相比,本文所关注的"倚赖"或"依赖"情感与"致福"倾向,在今人的生活中依旧灿然可观。这两个要素在《商颂》中的结合模式,甚至依然存活在现代社会的各种小传统(如民间宗教)中。在这个意义上,分析《商颂》神灵崇拜模式,也是在理解我们的当下生存。为了拓展研究的深度,本文还将进一步比较《商颂》模式与《圣经》传统。在指出二者均有"事神致福"意向之后,本文将转而展示"苦难"问题在《圣经》传统中的突出性及其在《商颂》中的缺失,并进而探讨这种差别对于

---

① 参考:陈同生:《〈商颂〉为商诗补证》,《文献》1998 年第 2 期;张启成:《论〈商颂〉为商诗补证》,《贵州文史丛刊》1996 年第 5 期;姚小鸥:《〈商颂〉五篇的分类与作年》,《文献》2002 年第 2 期;陈炜湛:《商代甲骨文金文词汇与〈诗·商颂〉的比较》,《中山大学学报》(社会科学版)2002 年第 1 期。

神灵崇拜的影响。

苦难问题是《圣经》传统中的核心话题之一。随着国内犹太教与基督教学术的发展,这一点已渐渐广为人知。在《圣经·旧约》中,起初的创世与伊甸园叙事,很快就被因偷吃禁果而招致的苦难宣判所终结了。在以后的漫长岁月里,主母不孕、遭受饥荒、被外族奴役、圣殿被毁等,以色列人的苦难经历接连不断。《旧约》中的《约伯记》更是直接以"义人与苦难"为主题,尖锐的冲突与争辩把苦难问题推到了人类理解的极限。按照基督教的说法,《圣经·新约》是对《旧约》的"成全"。而实际这种成全的关键人物耶稣,则曾"被钉于十字架,受死,埋葬,降在阴间"(《使徒信经》)。耶稣曾不止一次地对门徒说过类似的话:"若有人要跟从我,就当舍己,背起他的十字架,来跟从我。"①苦难问题因而也成为《新约》和基督教的关键话话题。但值得注意的是,在《诗经·商颂》所保存下来的五首祭祀诗中,苦难问题毫无地位。那么,《圣经》传统特别强调苦难问题,只是一种民族"特色"吗?《商颂》不突出苦难问题,是因为中国先民拥有一种更"乐天"的宗教观吗?不强调苦难问题的《商颂》宗教,和强调苦难问题的《圣经》传统,二者在神灵崇拜模式上究竟会有什么重要区别呢?苦难问题的缺场对于殷商宗教来说究竟意味着什么?这些,

① 参见《马太福音》16:24。类似的说法,还见于《马太福音》10:38,以及《马可福音》8:34,《路加福音》9:23,14:27。本文引用《圣经》,皆依据"和合本"。

正是本文所关注的问题。

一、人的"福"观念:《商颂》神灵崇拜的操作基础

我们从"神的存在与人的活动不可分"(李泽厚)①,这一断

① 李泽厚在《说巫史传统》(《己卯五说》,北京:中国电影出版社,1999年)一文中指出:在中国的巫史传统中,"人与神的界限始终没有截然划分"(第35页),"神的存在与人的活动不可分,'神'没有独立自足的超越或超验性质"(第42页),"在'巫术礼仪'中,情感因素极为重要"(第42页),"中国则由'巫'而'史',而直接过渡到'礼'(人文)'仁'(人性)的理性化塑建"(第43页),从而使得"由'礼数'所建立的人际世间关系(夫妇、父子、君臣……),却具有神圣性质"(第57页)。李泽厚先生的上述提法,实际上是以他所理解的基督教、希腊哲学为参照的。我们知道,基督教上帝(神)表现出了显著的"超越或超验性质",如《圣经·旧约·出埃及记》33:20记述,耶和华神(上帝)对摩西这样说:"你不能看见我的面,因为人见我的面不能存活。"但是,希伯来传统中上帝(神)的这种"超越或超验性质",是否可以简单界定为"人与神的界限截然划分"呢?从概念上看,"截然划分"可以意味着人神(上帝)之间无法任何交流。而从人的角度看,自己所不了解、不认识、没有相关经验的神(上帝),不可能成为自己崇拜、谈论对象。——实际上,当旧约圣经记载耶和华说"你不能看见我的面,因为人见我的面不能存活"时,这已经是在记载一个人神(上帝)交流的具体经历了。

换个角度看,李泽厚先生所谓的"神的存在与人的活动不可分",道出了一个认识论真谛:人不可能脱离自己的活动而设想神(上帝),实际上,"设想"本身就是一种"人的活动"。不同宗教传统之区别仅仅在于,人是在怎样的活动中体验并谈论神的?此外,李泽厚先生还强调,"在'巫术礼仪'中,情感因素极为重要"。从现象上看,情感是宗教信仰的基本要素,我们很难找到不倚重情感因素的宗教传统,《圣经》传统也不例外。实际上,按照李泽厚的"情感本体"说,情感乃人类生存的基础性要素。就此而言,中国巫史传统与希伯来信仰传统之间的区别并不在于是否重情感,而在于:他们分别推崇哪些情感?所推崇的情感各自引导着怎样的宗教生存模式?这些模式的韧性如何?本文试图依据《诗经·商颂》文本,对殷商宗教进行生存分析,并进而将其与希伯来—基督教的《圣经》传统进行比较。

言出发开始本文对《商颂》的考察。为此,我们需要厘定一下:这里所谓"人的活动"都包括哪些?在李泽厚先生的《说巫史传统》一文中,"人的活动"特指"巫术仪式"。但是,考虑到巫术仪式常常指向仪式之外的目标,这些目标集合起来关联着人的生存的方方面面,我们完全可以这些"目标"为核心,把"人的活动"界定为"谋求实现这些目标"的"人事"。那么,这里所谓的"目标"指什么呢?

大家知道,《说文解字》这样解"礼":"礼者,履也,所以事神致福。"追求"福"可谓是人之生存的基本趋向,故而,"福"就是"人事"所追求的"目标"。《说文解字》所谓"事神致福",同样适切《商颂》。案之文本,《商颂》五篇中存在大量和"福"同义或近义的词语。实际上,对于神灵的信赖和对于特定之福的追求,构成了《商颂》神灵崇拜的基本格局:

> 汤孙奏假,绥我思成。(《那》)
> 既载清酤,赉我思成。(《烈祖》)
> 绥我眉寿,黄耇无疆。(《烈祖》)

《那》与《烈祖》是《商颂》的前两篇。这里所引的三句诗采用的是祈求语态,意在向受祀对象索福——"成"(完备,即福禄齐全)、"眉寿"(长寿)、"黄耇无疆"(长寿无疆)[①]。这些

① 本文对《诗经》词句的解释取自褚斌杰:《诗经全注》,北京:人民文学出版社,1999年。后仅随文标明《商颂》篇名,而不再出注诗文及释文出处。

福就是祀神者的欲望或目的。祭祀者郑重其事地向神灵要求这些福,则反映了当事人对神灵的倚赖之情。《商颂》神灵崇拜的核心特征就是通过特定的祭祀仪式向自己试图倚赖的神灵索福。

如果说"绥我思成""赉我思成"还区分神、我(祭祀者),多少意味着"我(祭祀者)所要求的福不一定能实现"的话,那么,在下面这几句诗中,我(祭祀者)对神灵的信赖则几乎到了亲密无间的程度:

> 以假以享,我受命溥将。
> 自天降康,丰年穰穰。
> 来假来享,降福无疆。(《烈祖》)

前面几句诗中的"绥我""赉我"是我(祭祀者)的主动要求,属于祈使语态。这里的"命""降"则被叙述为受祀之神的主动赐予,而我(祭祀者)则是欣然的承受者。细细体会诗文,似乎还有这样的意味:在我(祭祀者)甚至尚未完全做好准备的情况下,神灵已经站在了我(祭祀者)这一边,源源不断地颁赐祝福。显然,这种语态更能凸显神对我(祭祀者)的善意之厚,及其赐福能力之广大无边,而我(祭祀者)对神灵的信赖亦显得更无保留。

除了直接表达信赖与祈求之外,《商颂》中是否存在一些线索,可以向我们透露祭祀者对神灵的信赖是如何养成的呢? 实际上,只要阅读方式得当,《商颂》在这方面可资发掘的信息还是很多的。例如,《烈祖》中的这三句:“以假以享,我受命溥将。自天降康,丰年穰穰。来假来享,降福无疆。”这三句诗也可以理解为祭祀者以往宗教经验的表达,即在过去的生存中,祭祀者确实体验到了举行祭祀和领受祝福之间的密切联系——今天的祭祀,因而既是祈求也是感恩。实际上,只要存心虔诚,无需太多实际福利,生存者就会产生这种感恩心理。所谓“心诚则灵”便是这种心理发生机制的写照。

我们甚至还可以通过《商颂》文本,追踪上述“虔诚”心态的起源。《那》与《烈祖》祭祀的都是祖先神,这些祖先在世时都是大有功业的英雄人物。对于祖先在世时表现出来的致福能力及相关人格魅力的敬仰,是虔诚地崇拜祖先神灵的现实与历史渊源。《那》这样表彰自己的祖先:

> 自古在昔,先民有作。
> 温恭朝夕,执事有恪。

如果说“作”字更多地是指祖先的创业举动的话,那么,“温恭朝夕,执事有恪”则偏重于赞美祖先的态度与品格。从诗文中不难发现,《那》已然意识到了这些态度与品格的致福能力。对先祖在世功业与品格的敬仰,自然会转化为对先祖“在天之灵”的敬仰,虔诚的祖先崇拜心态由此发端。

我们再看《烈祖》中的一处相关诗句:

嗟嗟烈祖,有秩斯祜。

申赐无疆,及尔斯所。

“有秩斯祜”“申赐无疆”指祖先之灵从天赐下福佑,祖先崇拜故而会自然倾向于向生前建立过大功业的“烈祖”,生前以无能著称的祖先死后被光顾求福的可能性极小。我们只要稍稍注意一下凡《商颂》点名祭祀的祖先都是历史上有大功于殷民族者(如:汤、武丁、相土、契),就更加容易确信这一点了。“祖”前冠一“烈”字,这本身就是在纪念祖先生前的业绩。祖先生前所创立的功业,与祖先死后作为神灵的降赐,都是生者所欲求的福。总之,在世时的“致福”能力,是祖先崇拜的起源与基础①。实际上,除非是出于逆反心理,或是有意识地进行警惕性反思,人自然会崇敬社会上的权威人物。受祭祖先的宗教权威当是直接来自于他们生前通过建功立业的致福能力所确立的社会权威,这种现世的功业权威之所以会转化为宗教权威盖因活着的社会成员希望继续分享他们的致福能力。而“心诚则灵”的思维机制,则有助于崇拜者们不断确认

① 《礼记·祭法》曰:“夫圣王之制祭祀也,法施于民则祀之;以死勤事则祀之;以劳定国则祀之;能御大灾则祀之;能捍大患则祀之。……”陈春会指出:“这里所列的受祭者,都是因征服自然业绩卓著而入选的,并且其时代越早就越是强调对自然的斗争。这说明在古人的思想中,只有那些征服自然,对人类做出了贡献的祖先死后才被人们尊崇和受到隆重祭祀,而那些业绩平庸的祖先,则只得到一般信仰和祭祀。”见张岂之主编:《中国思想学说史》(先秦卷上),桂林:广西师范大学出版社,2007 年,第 151 页。

祖先神灵的致福品格与能力。

简单总结一下：社会成员对于祖先的虔诚崇拜源于祖先在世时的致福能力；崇拜者在虔诚的崇拜之心中所谋求分享的，不外乎祖先神灵的致福能力；崇拜者的虔诚心理，需要通过"分享神灵致福能力"的经历体验不断加以维持。关于《商颂》中的祖先崇拜，我们暂时分析到这里。下面，我们来考察一下《商颂》对天或帝的崇拜情况。

我们知道，殷商宗教中的"天命"观念，在后来的殷周之变中成为角力的焦点。殷人的"天命"观念并不复杂，基本的意思是：商族的王者地位是天或帝所赐，由天或帝提供保障。对此，《商颂·殷武》中有比较生动的表现，如：

> 天命多辟，设都于禹之绩。
> 岁事来辟，勿予祸适，稼穑匪解。

"多辟"指"众诸侯"，"都"即"都邑"，指殷王坐镇的首都。按照《殷武》的说法，众诸侯与王者的设立都是天之所为。正是基于这一信念，《殷武》才会信誓旦旦而不无威胁地要求众诸侯必须年年来朝觐自己（"岁事来辟"），否则他将大打出手施以惩罚（"勿予祸适"）。诸侯若不来朝，殷王真的必能在惩罚性战争中获胜吗？或者，即便有实力获胜，难道战争就不会对殷商自己造成损害吗？显然，这些都不在祭祀者殷王的关注之列。作为祭祀者，殷王沉浸在了"天命所设—必然无往不胜"的宗教信赖意识之中。

再看另一段有关"天命"的诗文：

天命降监，下民有严。
不僭不滥，不敢怠遑。
命于下国，封建厥福。（《殷武》）

这一段承接上一段，其中的"民"指诸侯（辟）、贵族（百姓）之外的普通大众（庶民）[①]。在信赖"天命"的宗教意识中，殷王相信上天直接监察下民，并且通过让下民心生怕意的方式，切实保守其王者地位。在这种虔诚的宗教信念中，殷王自己似乎都能感受到人民在上天监察之下敬慎谨严、不敢越轨、不敢恣意妄为、不敢懈怠偷懒的心态。至于"命于下国，封建厥福"，则显然是站在诸侯阶层的角度，将诸侯国的封建视为一种"天命"之"福"。可见，对于福的谋求是统治阶层，特别是王者崇拜天的基本动力之所在。

那么，殷人对于天（帝）的信赖感又是如何建立起来的呢？《殷武》在提到"天命"之前，特别谈到了这样一段光辉的民族史：

挞彼殷武，奋伐荆楚。
罙入其阻，裒荆之旅。

① "百姓""民""辟"的解释参考顾颉刚、刘起釪：《尚书校释译论》，北京：中华书局2005年，第24、27页（第一册），第1174页（第三册）。

有截其所，汤孙之绪。

维女荆楚，居国南乡。
昔有成汤，自彼氐羌，
莫不敢来享，莫不敢来王。
曰商是常。

这两段的主题是殷武、成汤两位祖先的赫赫武功。按照前面的分析，祖先战功是产生、助长相应的祖先神灵崇拜的重要动力。那么，殷商天命观念与祖先功业亦有关系吗？从《玄鸟》《长发》二诗，我们可以窥测到一些信息。

先来看《玄鸟》：

天命玄鸟，降而生商，宅殷土芒芒。
古帝命武汤，正域彼四方。
方命厥后，奄有九有。
商之先后，受命不殆，在武丁孙子。
武丁孙子，武王靡不胜。
龙旂十乘，大糦是承。
邦畿千里，维民所止，肇域彼四海。
四海来假，来假祁祁。
景元维河，殷受命咸宜，百禄是荷。

“天命玄鸟，降而生商，宅殷土芒芒”讲的是殷商民族的起源史。强调自己民族乃是藉“玄鸟”而起源于“天”或“帝”，意在强调本民族与至上神“天”或“帝”站在同一条战线上。祖先崇拜，按照我们前面的分析，源于对当事人致福能力的推崇。但人所处的自然环境与社会处境，往往是不以人的意志为转移的。崇拜比祖先神灵能力更大的“天”或“帝”，则正是意欲谋求更大的致福能力，以期在复杂、艰难的自然环境与社会处境中更有成效地致福。在上引《玄鸟》一诗中，武汤“正域彼四方”（治理四方疆土），被认为有“帝命”在先；而“商之先后（王）”亦因“受命不殆”，而有了武丁这样梦寐以求的卓越孙子；武丁一朝武功赫赫、疆域广阔、威信及于四海，这些盛大的业绩与福祉，反过来亦进一步加强了“天命”“帝命”的可信度。上述效应相互叠加，到了《玄鸟》作者生活的时代，殷人可说几乎是理所当然地本着“受命者”心态，享受其“百禄是荷”的现成福祉了。关于《商颂》中的“天”“帝”崇拜，我们暂且就解析到这里，《长发》一诗留待本文第三节再作探讨。由以上分析可知，“致福”意识与“神福一致”信念，对于“天”“帝”崇拜的建立于维持，亦具有基础性支撑意义。

最后，我想引用《那》与《烈祖》中的几处诗句，简单考察一下《商颂》宗教崇拜、侍奉祖先神灵的具体方式：

猗与那与！置我鞉鼓。
奏鼓简简，衎我烈祖。
汤孙奏假，绥我思成。
鞉鼓渊渊，嘒嘒管声。

既和且平，依我磬声。
於赫汤孙！穆穆厥声。
庸鼓有斁，万舞有奕。
我有嘉宾，亦不夷怿。
……
顾予蒸尝，汤孙之将。(《那》)

既载清酤，赉我思成。
亦有和羹，既戒且平。
……
顾予蒸尝，汤孙之将。(《烈祖》)

诗文告诉我们，祭祀中使用了音乐、舞蹈、酒食。不难指出，这些都是在世活人所欲求的福。谈到音乐的和谐、嘹亮、庄重、深远、肃穆、盛大（“奏鼓简简”“嘒嘒管声”“既和且平”“鞉鼓渊渊”“穆穆厥声”“庸鼓有斁”），《那》的作者忍不住从活人（旁观者）的角度发出感叹：“於赫汤孙（成汤的后代真是气派啊）！”同样，“猗与那与”“万舞有奕”，则是活人对舞蹈之婀娜、盛美的欣赏与赞叹。而按之诗句文本，这一切（音乐、舞蹈）都是用来“衎我烈祖”的（用乐舞来愉悦祖先神）的。《烈祖》一诗中提到的用于侍奉祖先神灵的“清酤”“和羹”，同样也是活人的欲求与所爱（福）。根据这些观察，我们说，人间之“福”也是《商颂》宗教崇拜、事奉神灵的具体手段。《礼记·中庸》所谓“春秋修其祖庙，设其裳衣，荐其时食”表明，侍奉祖先神灵的手段并不外乎衣、食、住等人所向往之福。所谓“事死如事生，事亡如事存”，则暗示着祖先神灵与在世活人具有相同的对于福的欲求。换言之，神灵（特别是祖先神）世界也服从人间之福的原则。由此可见，“福”观念在殷商宗教中具有基础性地位。

总之，本节的分析希望能给读者造成下述印象：(1)“福”是人的自然欲求，“致福”是《商颂》神灵崇拜的原发性动力。(2)《商颂》之所以崇拜特定的祖先神灵以及帝或天，乃是因为这些祖先在世时表现出了出类拔萃的致福能力，而帝或天则被认为有能力支配人力控制范围之外的自然、社会力量，使其朝有利于崇拜者致福的方向发展。(3)《商颂》崇拜、事奉神灵（特别是祖先神灵）的具体手段，就是把特定的人间福利敬献给神灵。——“相信”情感与“福”观念的上述结合，塑造了殷商神灵崇拜的基本模式。而这样一种神灵崇拜模式能否不断维持下去，则取决于(4)殷人能否在自己的生存中不断获得神灵赐福的体验，虔诚的宗教心理无疑有助于这种体验的生成。

二、希伯来传统中的“苦难”问题

上一节，我们的分析了“福”观念在《商颂》神灵崇拜中的基础性地位。本节首先要指出的是，希伯来传统同样表现出了“致福”的倾向。

按照《圣经》学界的说法，《圣经·旧约·出埃及记》塑造了以色列民族的集体记忆。阅读《出埃及记》，我们能强烈感受到,出埃及的过程乃是以色列民族重建(激活)耶和华信仰的过程。而在此过程中,“福”的作用随处可见。实际上,以色列人出埃及的一个本能的动机,就是摆脱埃及法老的奴役(一种缺乏“福”的状态)①。并且,耶和华神在程度上正是通过他的赐福能力在以色列民族中重新立威的。本节,我们不打算专门探讨以色列人信仰重建的过程与机制②。在此,我想引用一处《旧约·申命记》经文,从耶和华应许而以色列人上心的角度,说明希伯来传统中亦存在着明显的“致福”倾向:

> 这是耶和华你们神所吩咐教训你们的诫命、律例、典章,使你们在所要过去得为业的地上遵行,好叫你和你子子孙孙一生敬畏耶和华你的神,谨守他的一切律例、诫命,就是我所吩咐你的,使你的日子得以长久。以色列啊,你要听,要谨守遵行,使你可以在那流奶与蜜之地得以享福,人数极其增多,正如耶和华你列祖的神所应许你的。
>
> 以色列啊,你要听!耶和华我们神是独一的主。你要尽心、尽性、尽力爱耶和华你的神。我今日所吩咐你的话都要记在心上,也要殷勤教训你的儿女,无论你坐在家

---

① 参考《出埃及记》1~3章。

② 有兴趣的读者可参考拙作:《神迹即能力?——希伯来圣经(〈旧约〉)叙事中的神迹观分析》,傅有德主编:《犹太研究》第10辑,济南:山东大学出版社,2011年。

里,行在路上,躺下,起来,都要谈论;也要系在手上为记号,戴在额上为经文;又要写在你房屋的门框上,并你的城门上。(《申命记》6:1-9。)

《申命记》是摩西带领以色列人出埃及之后,在临终之前再次向以色列人叙述耶和华的诫命,并总结出埃及教训的记录。耶和华神与《商颂》中的天、帝、祖先神有一个明显的差别,即他会主动向以色列人颁布"诫命、律例、典章",后世一般把它们统称为"托拉"或"律法"。按照上述经文,以色列子子孙孙只要遵守这些"诫命、律例、典章",就等于是在切切实实地"敬畏耶和华",而相应的报答就是:"日子得以长久","可以在那流奶与蜜之地得以享福,人数极其增多"。经文指出,这些报答都是"耶和华你列祖的神所应许你的"。耶和华神的"应许"毫不掩饰地指向未来之福,这里的"事神致福"色彩,丝毫不亚于《商颂》。

然而,从比较研究的角度看,《圣经》叙事中最值得注意的却是:出埃及的以色列人及其子子孙孙,并没有很好地遵守耶和华的律法;结果,《圣经·旧约》记录的以色列历史,就成为一部因悖逆耶和华神而不断遭受惩罚的苦难史。在这方面,《旧约·列王记上、下》对许多以色列王的记载,几乎千篇一律遵循着同一个"悖逆—受惩"格式。例如:

这事以后,耶罗波安仍不离开他的恶道,将凡民立为邱坛的祭司;凡愿意的,他都分别为圣,立为邱坛的祭司。

这事叫耶罗波安的家陷在罪里,甚至他的家从地上除灭了。(《列王记上》13:33-34。)

所罗门的儿子罗波安作犹大王。……犹大人行耶和华眼中看为恶的事,犯罪触动他的愤恨,比他们列祖更甚。因为他们在各高冈上,各青翠树下筑坛,立柱像和木偶。国中也有娈童。犹大人效法耶和华在以色列人面前所赶出的外邦人,行一切可憎恶的事。罗波安王第五年,埃及王示撒上来攻取耶路撒冷……(《列王记上》14:21-25。)

犹大王亚撒第二年,耶罗波安的儿子拿答登基作以色列王共二年。拿答行耶和华眼中看为恶的事,行他父亲所行的,犯他父亲使以色列人陷在罪里的那罪。(《列王记上》15:25-26。)

这类例子很多,总之,概括为一句话:以色列人并没有因为拥有耶和华颁布的律法,而过上称心如意的享福生活,相反,他们一再触犯耶和华的律法,从而遭受了无止境的惩罚与苦难。相比之下,《商颂》既未谈及神灵对崇拜者(祭祀者)的惩罚问题,也丝毫没有要渲染苦难问题的意思。

对以色列人来说,更为严峻的问题则是:有时候,人似乎明明是在遵行耶和华的"诫命、律例、典章",结果却同样遭到了耶和华的谴责。例如,《旧约·以赛亚书》1:11-14:

耶和华说：
你们所献的许多祭物与我何益呢？
公绵羊的燔祭和肥畜的脂油，
我已经够了。
公牛的血，羊羔的血，公山羊的血，
我都不喜悦。
你们来朝见我，
谁向你们讨这些，
使你们践踏我的院宇呢？
你们不要再献虚浮的供物。
香品是我所憎恶的；
月朔和安息日，并宣召的大会，
也是我所憎恶的；
作罪孽，又守严肃会，
我也不能容忍。
你们的月朔和节期，我心里恨恶，
我都以为麻烦；
我担当，便不耐烦。

献祭的条例、月朔和安息日、宣召的大会，这些不都是《出埃及记》所订立的律法吗？耶和华神怎么可以“已经够了”“心里恨恶”“便不耐烦”呢？案下文我们知道，耶和华神之所以厌恶这些仪式性敬拜，乃是因为以色列人在基本的人事伦理上行得不好,违背了耶和华所定的另一些律法。如《以赛亚》书1:15说"你们的手都满了杀人的血",1:17暗示他们缺乏"善行",不讲"公平",没能"解救受欺压的,给孤儿伸冤,为寡妇辨屈"。虽然如此,按照"事神致福"的逻辑,耶和华神岂不正应鉴于以色列人的仪式性敬拜(按照条例献祭,守月朔、安息日,举行宣召的大会),而赦免他们在人际伦理上的亏欠吗?仪式性的"事神",不正是为了解除更多的人事劳烦,以省时省力的方式获得更丰盛的"福"么!然而,《旧约》中的耶和华神并不认这个帐。于是,源源不断的惩罚性苦难就接连临到了以色列民族:"你们已经满头疼痛,全心发昏。从脚掌到头顶,没有一处完全的,尽是伤口、青肿与新打的伤痕,都没有收口,没有缠裹,也没有用膏滋润。你们的地土已经荒凉,你们的城邑被火焚毁,你们的田地在你们眼前为外邦人所侵吞。既被外邦人倾覆,就成为荒凉。仅存锡安城('城'原文作'女子'),好像葡萄园的草棚,瓜田的茅屋,被围困的城邑。"(1:5-8)

有意思的是,虽然求福不得反遭惩罚性苦难,以色列人的正统看法却是:"若不是万军之耶和华给我们稍留余种,我们早已像所多玛、蛾摩拉[①]的样子了。"(1:9)这种论调反映了以色列民族之耶和华信仰的顽强性。关于这一点,本文第三节会专门涉及。

---

① 所多玛、蛾摩拉,两座因罪恶而被耶和华从天降硫磺火烧毁的古代城市,参见《旧约·创世纪》第19章。

如果说《以赛亚书》中的以色列人还有把柄（没有履行耶和华神定下的人伦律法）抓在耶和华神的手中故而尚可理解的话，那么，《旧约·约伯记》中的约伯（“义人”的代表）的受苦受难就极其令人费解了。关于约伯，甚至天上的耶和华神也承认，“地上再没有人像他完全正直，敬畏神，远离恶事”（《约伯记》1：8）。然而就是这样一个人，耶和华神却允许他接连惨遭丧失儿女、丧失财产、丧失健康之横祸。约伯所遭受的苦难，可以说是人世间苦难的极致——与人们通常所理解的“福”截然对立。站在“事神致福”的角度，读者甚至都迫不及待想替约伯出一口恶气——要这样的神，究竟有什么用！实际上，约伯自己也一直在反复追问：神的公义究竟何在？但是，正是这同一个约伯，在《约伯记》结尾却慨然陈词：

我知道你万事都能作，
你的旨意不能拦阻。
谁用无知的言语使你的旨意隐藏呢？
我所说的是我不明白的；
这些事太奇妙是我不知道的。
求你听我，我要说话；
我问你，求你指示我。
我从前风闻有你，
现在亲眼看见你。
因此我厌恶自己（“自己”或作“我的言语”），

在尘土和炉灰中懊悔。(42:2-6。)

前已指出,《圣经》传统并非不重视福。然而,耶和华神在已然应许慷慨赐福的情况下,却又允许苦难源源不断地进入其选民的生存。以色列民族热切盼望得尝耶和华神所应许的福,实际状况却是一代又一代地不断经历苦难。《创世纪》的伊甸园叙事实际上也反映了这种体会:无忧无虑的伊甸乐园生活几乎是昙花一现般短暂,亚当、夏娃很快就因偷吃禁果而堕入艰难困苦的后伊甸园时代①。以色列人崇拜耶和华神的历史,同时就是品尝无尽苦难的历史。这一点,可以说,完全超出了《商颂》作者的宗教思维。只要留意一下《商颂》文本,读者就会发现,《商颂》基本上从来不谈苦难问题。《商颂》式神灵崇拜者似乎有意通过夸赞神灵过往的赐福作为来讨好神灵,以求在未来生活中能如愿以偿领受更称心如意的福。总之,苦难问题在《商颂》神灵崇拜模式中是付之阙如的,下一节,我们将深入分析这种欠缺的宗教后果。

---

① 《创世纪》1:14~19:"耶和华神对蛇说:'你既作了这事,就必受咒诅,比一切的牲畜野兽更甚。你必用肚子行走,终身吃土。我又要叫你和女人彼此为仇;你的后裔和女人的后裔也彼此为仇。女人的后裔要伤你的头,你要伤他的脚跟。'又对女人说:'我必多多加增你怀胎的苦楚,你生产儿女必多受苦楚。你必恋慕你丈夫,你丈夫必管辖你。'又对亚当说:'你既听从妻子的话,吃了我所吩咐你不可吃的那树上的果子,地必为你的缘故受咒诅。你必终身劳苦,才能从地里得吃的。地必给你长出荆棘和蒺藜来,你也要吃田间的菜蔬。你必汗流满面才得糊口,直到你归了土;因为你是从土而出的。你本是尘土,仍要归于尘土。'"

三、“神的主权”意识与“神灵崇拜的可持续性”问题

认识上古宗教,不能不涉及所谓的“原始思维”。列维-布留尔的《原始思维》特别引入了“集体表象”这一概念,用以说明“原逻辑的”“神秘的”原始“互渗”思维的稳定性。他指出,任何“互渗”思维都是特定“集体表象”的表现,“它们的存在不取决于每个人……然而它仍是以集体表象的总和为基础的无可怀疑的社会现实,因为它是把自己强加给这些个体中的每一个;它先于个体,并久于个体而存在”①。尽管如此,列维-布留尔也还是注意到了“原始思维”与“集体表象”的可变性。例如,在分析“多重灵魂”观念的时候,他这样写道:“这些②在一定时刻(在祭神仪式、成年礼仪式上,等等)得到更新和加强的与神灵合二为一的感觉,丝毫也不彼此排斥。它们不需要用确定的术语来表现,不需要被深刻感觉,被集体的每个成员感觉。以后,当这些风俗和仪式渐渐成为不可理解从而不再实行的时候,则保留在风俗和神话中的这些互渗就可说是变成了‘多重灵魂’的形式,正如在金斯黎小姐仔细研究过的卡拉巴尔的黑人

---

① (法)列维-布留尔著,丁由译:《原始思维》,北京:商务印书馆,1981年,第5页。

② “这些”,根据上下文,指“部族、图腾、氏族的成员感到自己与其社会集体的神秘统一、与作为其图腾的那个动物或植物种的神秘统一、与梦魂的神秘统一、与丛林灵魂的神秘统一,等等”。((法)列维-布留尔著,丁由译:《原始思维》,第82~83页)

那里发生的情形一样。”①这里，我们特别感兴趣的是其“更新和加强的与神灵合二为一的感觉”“这些风俗和仪式渐渐成为不可理解从而不再实行”提法。

把列维－布留尔的上述提法和“事神致福”的神灵崇拜现象联系起来，我们可以这样说：一旦神灵赐福的体验变得稀少、贫瘠，则相应的神灵崇拜就会渐渐失去生存上的动力。实际上，“苦难”就是“福的缺乏”状态。大而持久的苦难经历，对于一切“事神致福”的神灵崇拜，都构成直接威胁。上一节，我们简要展示了《圣经·旧约》中的苦难现象。我们同时还指出，作为一种神灵崇拜传统，《圣经》并非不重视致福。实际上，正因人有强烈的“致福”愿望，而耶和华神则有明确的“赐福”应许，以色列人的苦难历史才成为一个突出的神学问题。《约伯记》中义人受苦的尖锐矛盾，正是这一神学问题的深刻折射，即作为信仰者，人无法理解自己所经历到的苦难。苦难的现实与致福欲求之间的尖锐对立，会引发强烈的情感反应，促使人在生存意识中疏离耶和华信仰。

值得注意的是，《约伯记》中的约伯恰恰是在极度的苦难境地中，获得了一个与耶和华神相遇的经历——耶和华在大旋风中向约伯宣示自己作为全能者的主权（参考《约伯记》第38－41章）。在对话中与神相遇的经历，并没有立即给约伯带来福，但约伯却在看到并听见大旋风中的神的发言之后，转而心悦诚服地承认：“我是卑贱的”（40:4），“我知道你万事都

① （法）列维－布留尔著，丁由译：《原始思维》，第83页。

能作，你的旨意不能拦阻”(42:2)。约伯在此试图最大限度地将其“致福”思维向耶和华神的主权作妥协。而尽管如此，“致福”与“苦难”之间的紧张关系却依然存在，倾向于顺服的约伯此时这样向耶和华神倾诉道：

> 我所说的是我不明白的；这些事太奇妙是我不知道的。求你听我，我要说话；我问你，求你指示我。（《约伯记》42：3－4。）

“神的主权”意识一旦被自觉纳入神灵崇拜意识之中，就会成为“致福”和“苦难”矛盾之间的缓冲带。这种意识的进驻恰恰不是耶和华“赐福”的结果，而恰恰是约伯在极度“苦难”中的另类宗教体验的结果——耶和华神在异象中向饱受苦难且困惑至极的约伯宣示自己的主权。此时的约伯依然不明白公义的耶和华神为什么要将苦难降给问心无愧的义人，但是在“神的主权”意识的感动下，约伯愿意放弃反抗情绪，作为一个“卑贱”者求耶和华“指示我”。可见，“神的主权”意识的进驻，大大强化了约伯的耶和华信仰的韧性。

实际上，在以色列历史上，耶和华神从来都不是一位单纯满足人类欲求的赐福者。虽然他有赐福的应许，却往往并不按照人的心愿赐福。而是正因为耶和华神实现其应许的方式常常违背人的心愿，所以希伯来传统中才会出现讲述“义人无端受苦”故事的《约伯记》。而《约伯记》中的约伯从开始的争辩到最后在感动中承认耶和华的主权，这种思想演变正可视为神的选民体验并顺服“神的主权”历程的缩影。再次重申,《圣经》传统并非不关心“致福”。然而,随着神的主权意识的进驻,《圣经》关于“福”的理解与谈论,也就完全与《商颂》完全以特定的“福”作为神灵崇拜基础的做法拉开了距离。当然,《约伯记》中约伯最后一番“我不知道”“求你指示我”言论,在很大程度上意味着“神的绝对主权”意识在《旧约》传统中尚未完全确立。《旧约》时代的选民(如约伯)对神的绝对主权的体认,因而在很大程度上并不具有“范式”意义而且因人而异地有赖于诸如大旋风之类的奇事异象为之背书。而且,《约伯记》最后以这样的方式结尾:耶和华神加倍赐给约伯财产,重新赐给约伯同样数量的儿女,叫他的女儿在全地成为最美的,并且叫约伯恢复健康得以长寿,日子满足而死(42:12–16)。如果不做“象征”性解读(即以上述具体福利作为应许中的完满之福的象征)的话,那么,这种结尾势必难免重新助长“义人(诚心崇拜耶和华的人)必然获得称心如意之福(人所理解、设定的具体利好)”的旧思维。

《约伯记》以“义人受苦”问题为中心,把人的“致福”倾向与耶和华神的“主权”之间的矛盾,进行了令人印象深刻的表现。而通过树立大胆向神发问、最终则甘愿顺服神的绝对主权的义人约伯这一榜样,《约伯记》的主旨在于鼓励读者无条件地尊崇耶和华的绝对主权。但《约伯记》最终却又流露出“义人必得称心如意之福”的思维,就此而言,“神的绝对主权”意识在《圣经·旧约》时代尚未从根本上得以确立。后来,《圣经·新约》推崇一位被钉死在十字架上的基督(耶稣），以他作为通向神的唯一道路[①]，并且要求信徒背起自己的十字架跟从他[②]。“十字架”是苦难的标志，基督耶稣的“背起自己的十字架来跟从我”呼召，实际上是在要求门徒“将自己的致福倾向顺服于神的绝对主权”。站在基督教立场上看，《新约》是对《旧约》的成全，这种“成全”完全可以从“树立绝对的神的主权意识”的角度加以理解。不难指出，“将自己的致福倾向顺服于神的绝对主权”的思维范式一旦确立，苦难经历对于信仰的挑战问题也就找到了在时间中不断消化的渠道。

我们再回过头来看《商颂》传统。按照本文第一节的分析，“致福”追求与“得福”体验，是《商颂》宗教模式得以维持的直接原因。在此，我想进一步指出：苦难问题的缺场，与化解苦难挑战之方案的阙如，则是导致殷商宗教模式趋于瓦解的潜在因素。下面，我们结合《商颂·长发》以及《尚书》所呈现的殷周之变这段历史，对此做进一步说明。

与《玄鸟》直接以“天命”开其篇不同，《长发》开篇强调：

> 睿哲维商！长发其祥。

“祥”与“福”属于同一范畴。《长发》开篇的意思是：“睿哲的

---

① 参考《约翰福音》14:6。

② 参考《马太福音》10:38：“不背着他的十字架跟从我的，也不配作我的门徒。”又《马太福音》16:24，以及《马可福音》8:34：“若有人要跟从我，就当舍己，背起他的十字架，来跟从我”。类似的说法还见于《路加福音》9:23，14:27。

商王,其吉祥征兆久有表现。"那么,这"祥"或"福"的具体表现是什么呢?在简介夏王朝情况(作为商族的出场的历史背景)之后,《长发》立即点出:

有娀方将,帝立子生商。

"帝立子生商"可谓追溯历史所感知到的第一个吉祥征兆。这里的思路不难揣摩:民族的神性起源意味着分享了神性的力量——作为最高神"帝"的子嗣,殷商民族的这种神性,必然要在历史中展现为宏大的致福力量。这里并不强调"神的主权",神性力量似乎完全服务于人的致福意向。这是一种以"致福(谋求人所理解的福)"为中心的宗教思维。

接下来的商族史诗进一步展现了"致福(谋求人所理解的福)"意识的中心地位。例如,其对上述"帝立子"的叙述如下:

玄王桓拨!
受小国是达;受大国是达。
率履不越,遂视既发。(《长发》)

这位帝立之子威武奋发,并因为其具有宗教性身世——是"天命玄鸟"(《玄鸟》)所生,而被尊称为"玄王"。帝立之子显得很不一般:"率履不越,遂视既发(守礼而不越轨,且能明辨是非)"表现的是其卓越的致福能力,"受小国是达;受大国是达

(受封为小国,顺利发达;受封为大国,同样顺利发达)"则是其实际获致的功业或福祉。

进而,神圣起源所附带的致福能力,又在玄王的孙子相土身上表现出来:

> 相土烈烈,海外有截。(《长发》)

爷爷为帝立之子,孙子同样神武("相土烈烈")。《长发》告诉我们,相土斩获了许多边远地区并统治之("海外有截")。显然,在祖孙二人身上接连表现出来的强大致福能力,有助于强化民族的神性起源信念("帝立子生商")。本民族的神圣性意识,实际上正是在奉"帝"之名义建功立业的过程中不断加强的。反过来,在这种奉"帝"之名义不断建功立业的过程中,殷商民族也会越来越明确地从"拥有不一般的致福能力"的角度,界定本民族的神圣性。需要强调的是,这其中并无明显的"神的主权"意识。

接下来,民族的神圣性(被等同于拥有不一般的致福能力)继续表现为:

> 帝命不违,至于汤齐。
> 汤降不迟,圣敬日跻。
> 昭假迟迟,上帝是祗,帝命式于九围。(《长发》)

就字面而言,"帝命不违"一句含有一个"命"字,似乎意味着

“神的主权”意识。但由于“帝命”无非就是“式于九围”(上帝命汤作为全天下的典范),实即在人间拥有名副其实的“帝立之子(王者)”地位与福祉,此处“帝命”与殷人的“致福”意向之间的张力遂缩至最小。在奉“帝命”之名义获取天子地位的过程中或许充满了艰辛困苦,但由于《长发》式思维的着眼点在于“神圣”和“致福”之间的一致性,每一次成功都会促使苦难问题退居幕后,“神福一致”的思维因而随着民族的成功历程持续加强。

且看以下两段:

> 受小球大球,为下国缀旒。
> 荷天之休。
> 不竞不絿,不刚不柔。
> 敷政优优,百禄是遒。
>
> 受小共大共,为下国骏龙。
> 荷天之龙。
> 敷奏其勇。
> 不震不动,不戁不竦,百禄是总。(《长发》)

“帝命式于九围”的具体表现即“为下国缀旒”“为下国骏龙”。这两段基本上是从“天之休(庇护)”“天之龙(宠)”,即从“上天赐福”的角度界定汤的“帝(天)子”身份。“帝命”并没有使得“天之休”“天之宠”变得不可理喻,因为“帝命"无非就是"式于九围",即让受眷顾者登上天子(王者)之位,而天子(王者)之位所蕴含的巨大福祉正是人所能设想到的"福"的极致。"不竞(不争)不絿(不屈从)""不刚不柔""敷政优优(施政宽厚)""不震不动(镇定自如)""不戁不竦(不惊恐)"表现的是从容不迫的王者气象,"敷奏其勇(施展勇武)"则是一种所向无敌的气势,这一切都是天(帝)赐之福(或因天赐而具有相应的致福能力)的具体表现。而这些能力所结出的福祉果子实就是"百禄是遒""百禄是总"。可以说,这是众福齐备的完美状态,是"致福"所指向的最高。《长发》论汤以"帝命不违"开始,以人所期望的"众福齐备"境界为终,帝或天丝毫未展现出人意料的主权。相反,"帝命"就是"天休""天宠",它完全符合人对"福"的预期和欲求。

这种相符在殷武王那里达到了高潮:

> 武王载旆,有虔秉钺。
> 如火烈烈,则莫我敢曷。
> 苞有三蘖,莫遂莫达。
> 九有有截。
> 韦顾既伐,昆吾夏桀。(《长发》)

殷武王(汤)伐夏桀,进而又平定了夏桀的三个盟国(韦、顾、昆吾),至此,"帝立子"的身份算是在人间全面实现。联系上下文,武王的威猛武功正是"天之休""天之宠"的进一步展现。“莫我敢曷”“莫遂莫达”所表述出来的斩钉截铁的胜利者姿态，更是将苦难问题完全抛到了九霄云外。“神福一致”思维继续强化。

而在政权全面巩固之后，殷商历史似乎也就进入了平淡期。较之创业阶段慨而又慷的接连胜利，平淡期缺乏重大的“神福一致”事例。更严重的是，在这期间，殷商国力一度衰弱。《长发》作为民族史诗，对于这种平淡乃至衰弱绝口不提，无疑正是因为它有违于作者的“神福一致”信念，作者不知道该如何在祭祀性史诗中叙述这种“缺乏”，才能不伤害“神福一致”之神灵的颜面。

《长发》最后通过追溯成汤时代“荷天之休”的另一个重要事例，结束了全诗：

> 昔在中叶，有震且业。
> 允也天子！
> 降予卿士，实为阿衡，实左右商王。（《长发》）

这里确实涉及了苦难问题：“有震且业”即“有动荡而且危险”。然而，“神福一致”思维同时出现：“允也天子！降予卿士，实为阿衡，实左右商王”，意思是“商王成汤确实为天之子，上天赐予得力的大臣伊尹，使之成为成汤身边的得力辅佐”。苦难顺利地被成功所取代，苦难经历没有其进一步挑战既定的“神福一致”信念，其在《长发》中最终也就没有获得如在《圣经》中那般突出的地位。《长发》是《商颂》宗教模式的典型代表。在这种宗教传统中，人在致福方面的成功被归因于神灵的同在，神灵信仰则通过致福成功的事例而进一步巩固。在这种宗教传统中享有权威的神灵，其品格被认为同人的致福倾向完全一致。总而言之，在《商颂》传统中，那些与人的生存关系密切的神灵，并未表现出冒犯人之意愿（人对特定的福的向往和欲求）的独立主权。

最后，我想对《商颂》宗教和《圣经》信仰做进一步的比较。我们说，"致福"是人的自然倾向。然而，《圣经》却有意忤逆这一自然倾向，而特别突出"苦难"问题，并由之引申出了"神的绝对主权"意识。在人的致福倾向遇到苦难拦阻之际，"神的主权意识"每每就会登上前台，引导《圣经》传统中的生存者在苦难的处境中中体会"神的旨意"，也即体察并接受神自己安排的（而非当事人所设想的）实现其"赐福"应许的具体方式。——在这个过程中，当事人的既定致福倾向以及当事人对福的既定理解就会得以更新，在宗教信仰中则表述为"神的旨意进到了人的理解当中"①。由于存在这样一种理解更新机制，《圣经》的独一神信仰表现出了巨大的韧性。至少，作为一种现象我们可以指出，历史上的以色列人以及后来的基督徒，在经历重大的甚至是惨绝人寰的迫害（早期基督教遭遇罗马帝国迫害，中世纪犹太人被驱入隔都）之际，依然能够传承他们的独一神信仰。同样是作为宗教

① 关于《圣经》传统中的理解力更新问题，读者可参考谢文郁：《拯救概念和人类理解困境》，《东岳论丛》2007 年第 2 期；以及谢文郁：《自由：自主性还是接受性?》，《山东大学学报》（哲学社会科学版）2006 年第 1 期。

现象,《商颂》信誓旦旦地相信本民族为"天命玄鸟"(《玄鸟》)、"帝立子生商"(《长发》)所生,且结合商族历史,对祖先、帝、天的致福、赐福能力极尽赞美之能事。甚至,我们还可以举出《尚书·西伯戡黎》篇中商纣王"我生不有命在天"的喟叹。这些都是《商颂》式宗教生存的实例。然而,这种直截了当的"神福一致"思维,其兴也勃,其亡也忽。随着以殷商统治集团为核心的整个民族的致福能力急剧衰落,这种宗教思维下的生存者就会情不自禁地产生"天既讫我殷命"①的判断。"天既讫我殷命"实际上正是"神福一致"思维对重大、持久的现实苦难的解释,但这种解释终究却是在消解人在生存上对天的信赖。苦难问题就此以一种瓦解宗教信仰的方式显示出来。

实际上,周革殷命之后,周人统治者在这个问题上委实经历了一番挣扎。虽然周人早已迈出了代殷、伐殷的步伐,但对同属商周文化圈的周人来说,"殷商有命在天"的信念同样挥之难去②。与殷人类似,周人同样倾向于将"天命"与"福"

① 《尚书·西伯戡黎》:西伯既戡黎,祖乙恐,奔告于王。曰:"天子!天既讫我殷命。格人元龟,罔敢知吉。非先王不相我后人,惟王淫戏用自绝。故天弃我,不有康食,不虞天性,不迪率典。今我民罔弗欲丧,曰:'天曷不降威?'大命不挚,今王其如台?"祖乙的观点直接与《周书》所推崇的"以德配天"思想相通。不过,"以德配天"从根本上讲乃是以人的生活经验与特定的伦理规范规定"天",就此而言,《周书》中的"天"同样缺乏独立于人之心意的绝对主权。

② 参考《史记·周本纪》,武王伐纣成功之后和周公的一番对话:"维天建殷,其登名民三百六十夫,不显亦不宾灭,以至今。我未定天保,何暇寐?"

直接关联①。按照前面的分析,这实际上是在绑架神的主权。意味深长的是,殷人丧天命(王权)、周人得天命(王权)的事实,在一定程度上激活了周人的"神的主权"意识。按照周人对术语的使用,"天命"依然意味着众福齐备状态(王权除了意味着责任外,更意味着大福),但是,"天子"或"帝子"身份却不再是无条件地生而固有。按照周人的说法,天的同在与否取决于当事人人在德行方面的成就高低,此即学界所谓的"以德配天"。本着"以德配天"原则,殷人失丧政权的苦难经历,就可以解释为"因败德而丧天命"。这样,通过引进"敬德"原则,苦难对于神灵信仰的冲击就暂时得以平息。不过,"敬德"原则的引入也从根本上改变了原有的宗教崇拜模式。本文第一节指出,《商颂》秉持"神福一致"思维,以仪式性"事神",作为"致福"的手段。实际上"事神"也是一种"人事",并且也有"德目"与之相应。按《商颂》文本,事神的具体手段不外乎敬献特定的"酒""食""歌""舞"等,能够按时按规地敬献上相应的"酒""食""歌""舞",便是在宗教事务上"有德"的表现。按照《商颂》式思维,人只要履行这些有限的宗教性德目,神灵就会介入人事,帮助在宗教上的"有德"之人人搞定"致福"中的一切困难。周人的"以德配天"之"德"则

① 我们不应按照所谓的"三代"理想,把商、周时代想象得太过"高尚",以为三代圣王皆罕言利。以周人为例,他们虽然比殷人更强调政治家的责任意识,但并不否认王权乃是一种福祉。比如《尚书·大诰》篇动辄使用"文武图功""文考图功""文王图事""前文人图功"这样的"功利性"字眼儿。

涉及了人类生存的所有方面，而由于人必须全方位地修好这些德才能享受天命之福，它实际上是把“致福”的责任完全放在了人身上。从对神灵的倚赖程度来看，“以德配天”命题的提出意味着《商颂》神灵崇拜的彻底衰落。

《诗经·商颂》与《圣经》皆有强烈的“致福”倾向，并强调对神灵的信赖。不同之处在于，《商颂》立足于“神福一致”思维，视虔诚的神灵崇拜活动（如祭祀）为获致所欲之福的手段。但这种“神福一致”思维无法解释并面对现实生存中的重大苦难。《圣经》传统则自始至终突出苦难问题，人的致福倾向以及神的赐福应许同苦难现实之间的长期紧张，催生了日益明晰的“神的主权”意识。这一意识，进而在《新约》基督耶稣“背起自己的十字架来跟从我”的呼召中，被全面高举。信徒在苦难中尊崇神的主权并体贴神的旨意，结果导致自己的“福”观念不断更新。这种“福”观念不断更新的体验，有效地化解了苦难问题对独一神信仰的冲击。相形之下，《商颂》所代表的神灵崇拜模式，则在重大苦难的冲击下走向衰落。

附论三　礼教的信念机制：《荀子·礼论》生存分析

“礼教”与“学礼”密不可分，《荀子》隆礼势必重学，《劝学》位居《荀子》首篇可谓理所当然。关于《荀子》之“学”，“北京大学《荀子》注释组”曾这样解说：“他认为，人的知识才能并不是天生的，而是‘善假于物’的结果，是通过后天的学习、教育和环境影响而取得的，从而驳斥了‘生而知之’的谬论，强调了教育和学习的重要性。”[①]总的来说，学的基本特征就在于其鲜明的外向性[②]。——然而，面对五彩纷呈的教学资源，外向之学不免遭遇如下问题：学什么？怎么学？

---

① 北京大学《荀子》注释组：《荀子新注》，北京：中华书局，1979 年，第 1 页。此书“原文以清代王先谦《荀子集解》为底本，并吸收了前人和现代人的研究成果，作了校勘”（后记，第 567 页）。本文引用《礼论》以此书为准。

② 王博教授辨析先秦儒家“学”“思”二概念，指出：“在荀子看来，学习的本质是借助于自我以外的事物来扩展、延伸或者提升自己”，“思却只是局限于自我的内部”。参见王博：《中国儒学史·先秦卷》，北京：北京大学出版社，2011 年，第 535 页。

有学者曾将礼教过程划分为三个层次:执礼、知礼、行礼[①]。在平稳时期,这三个层次似乎不难按部就班依次推进[②]。但在礼坏乐崩时代,传统式微而百家争鸣,外向之“学”往往并不看好传统之“礼”。实际上,先秦百家争鸣中不乏挑战传统礼制的声音。甚至,许多学派的为学方式本身,就与“崇礼—学礼”精神背道而驰。在这种情况下,礼教提倡者必须对“学什么”(或“为什么要学这礼”)、“怎么学”问题,作出回应。

目前,在学界关于《荀子》之“学”概念的研究中,《礼论》文本总体上处于缺场状态。而在我看来,贯穿《礼论》前三分之一的,恰恰是“学什么”与“怎么学”的问题意识。对此,荀子提出了一种基于崇礼情感或崇礼信念的学礼模式。而当前学界则侧重于强调《荀子》的“经验”“理性”“功利”特征[③],对《荀子》思想中的“情感”“信念”因素过分轻忽。实际上,一切外向之“学”,最开始都是以“情感认定—信念固执”的方式,

---

① (韩)张静互:《从荀子礼论看“礼教”的三个层次——试论“执礼”“知礼”“行礼”的教育内涵》,《孔子研究》2001 年第 1 期。

② 在进入“知礼”年龄段之前,强大的传统会借家教等方式,在社会成员身上建立“执礼”能力。这种传统与社会、家庭压力,也是年轻成员进而谋求“知礼”的重要动力。“执礼”与“知礼”相辅而行,最终蓄积起有德的生命境界,这种境界被称为“行礼”。

③ 一般来说,读者的这种感觉由《天论》的“明天人之分”提法而起,复因《礼论》“功能论”视角而加强。可参考徐复观:《中国人性论史》,上海:华东师范大学出版社,2005 年,第 137 ~ 140 页;陈来:《回向传统:儒学的哲思》,北京:北京师范大学出版社,2011 年,第 300 ~ 318 页。

指向并锁定其学习对象的。无此指向与锁定,外向之学根本无从启动[①]。在这方面,《荀子·礼论》是一个值得认真对待的标本,本着这点认识,本文尝试对它进行生存分析[②]。在呈

① 当然,对于《荀子》书中的"情感—信念"因素,学界并非毫无认识。例如,王中江先生指出:"在此,荀子实际上是把儒家经典看成是学术和知识既完整又统一的体系,相信天地之间的真理都包含在其中('在天地之间者毕矣'),相信依据和推行经典的真理和原则,天下之事则无不臻于完善。这显然就是'经典权威主义'。"(王中江:《传经与弘道:荀子儒学的重新定位》,中国学网:http://www.confucianism.com.cn/html/A00030013/15738617.html,录于2013年1月18日。)又如,陈文洁特别强调:"尽管荀子对孟子有不少批评,但对传统生活方式,很大程度上采取了一种信念认同的态度";"但正如对一个真正有信仰的人来说,其所有关于信仰的论证都不是出于自我说服的动机,而是服务于传播信仰的目的;对荀子来说,对传统生活方式的信念不但毋需任何理由,而且是给予他论证和论辩动力的重要源泉";"坚持传统的方式,这本身无法用功利主义解释,相反,倒暗示了他固有的价值立场";"荀子类似'传统主义'的立场构成了他展开论辩乃至写作的价值前提和信念基础,在此背景下,他表现出的功利主义倾向,只是他的一种论辩策略";"正因此,不应将《荀子》一书理解为纯粹意义上的思想著作。这部著作具有劝说的性质"。(参见陈文洁:《荀子的辩说》,北京:华夏出版社,2008年,第5~6,15页。)

② 近年来,谢文郁教授不断在汉语学界倡导"生存分析方法",读者可参考其《自由与生存:西方思想史上的自由观追踪》(上海:上海人民出版社,2007年)导言、《基督论:一种生存分析》(许志伟主编:《基督教思想评论》总第九辑,上海:上海人民出版社,2009年)等。——作为一种文本研究方法,"生存分析"与一般所谓"文本分析"或"辨名析理"的区别在于:它力求在与文本互动的过程中面向文本所触及的"生存问题",并在"问题意识"中疏理概念、呈现方案,进而在概念界定、论证技巧、方案设计,乃至问题的提法上与文本进行切磋。此外,为充分尊重文本的原始实在性(可阅读理解性),这种方法不预设"文本本义",而是要求在持续不断的"文本—研究者自己—所有其他读者"的三方互动中,让文本的原始实在性(可阅读理解性)自行展现。——总的来说,这种方法尚处于"在应用中发展"的阶段。"三方互动"的解释学理念可参考本书第一章。

现该文本的问题意识与处理方案的基础上,笔者最后将对这种"礼教的信念机制"发表自己的评论性意见。

一、开篇:功能概论与学礼信念

《荀子·礼论》开篇的第一段文字,通常被称为"礼的起源论"①。不过,这个提法值得商榷。我们且看文本:

> 礼起于何也?曰:人生而有欲,欲而不得,则不能无求,求而无度量分界,则不能不争。争则乱,乱则穷。先王恶其乱也,故制礼义以分之,以养人之欲,给人之求。使欲必不穷于物,物必不屈于欲,两者相持而长,是礼之所起也。

这里,作者确实使用了带有发生意味的"起"字,且以"先王制礼义"作为礼的历史性起点。但是,关于先王"如何制礼义",文中却一字未提。文本从"先王恶其乱也",直接过渡到"故制礼义以分之",接下来便是与"乱"相对的"两者[物、欲]相持而长"态势。"欲、求、争→礼义(度量分界)→养欲、给求、使物欲相持而长",看似在讲述历史发生过程,但实际上则是在概述礼的卓越功能。王博教授认

① 例如夏甄陶:《论荀子的哲学思想》,上海:上海人民出版社1979年,第99页;陈来:《回向传统:儒学的哲思》,第311页;王博:《中国儒学史·先秦卷》,第549页。

为,这段起源论文字,本质上是在讲“礼为什么是必须的”。陈来教授也认为:“荀子论证的重点其实是在于‘人为什么需要礼制’的逻辑论证,而并不是‘礼制是如何起源的’历史论证。”①两位先生的上述看法,我认为是贴近《礼论》作者的用心的。在他们的论述基础上,略作推演(非刚性推论)即可说:礼若是必需的,则学礼就会是必要的。

进言之,所谓“礼制是如何起源的历史论证”,严格来讲是破坏“学礼”意识的。我们注意到,在《礼论》倒数约三分之一处,作者明言:“凡礼……是百王之所同,古今之所一也,未有知其所由来者也。”这里的“知其所由来”,相当于所谓的“历史论证”。作者为什么会直截了当地说“未有知其所由来者也”呢?对此,我们可以这么来看:首先,“知其所由来”不等于简单记叙历史细节,它要求在详细记叙或复现史实的同时,条分缕析地把握其中的应然道理。没有充分的道理支撑的叙述,所复现的只是物理事实,而非充满义理的礼之由来其次,谁能充分的记述与说明礼之“所由来”,谁实际上就具备了“制礼”的能力。如果历史上曾经有人对此作过充分说明,而荀子又确实知道其中详情,则荀子也就具备了制礼的能力。这样一位《礼论》作者,严格来说不是一个学礼者,而至少是一位有资格与制礼者同在的礼制的指手画脚者,也即《中庸》所谓的“议礼”者。这种

① 参考:王博:《中国儒学史·先秦卷》,第549～550页;陈来:《回向传统:儒学的哲思》,第320页。

"制礼者"或"议礼者"的知识与意识一旦通过文本传递出来,势必会对读者的"受教—学礼"意识构成深层次挑战:引诱读者存心越过学礼环节,直接谋求"先王"般的制礼知识与能力。

但作为礼教经典文本,《礼论》的"劝学"意识非常明显。例如,文本中有这样的段落:"故学者,固学为圣人也,非特学为无方之民也";"故高者,礼之积也;大者,礼之广也;高者,礼之隆也;明者,礼之尽也。"而所谓《礼论》开篇的"礼起源论",实际上则是"礼的功能概论"。此概论的一个基本目的,就是激发读者的学礼热情,促使读者初步建立对礼的尊崇之情或至少是某种好感。

当然,作为《礼论》作者,荀子在一定程度上自认为学有所成。这是他敢于论礼的底气所在。就此而言,他是一位教师。但是,我们不应片面夸张这种教师角色。特别地,我们不能把这种"论礼"的教师,与"制礼"的先王相混淆。荀子本人并不以制礼者自居。相反,他尊崇先王。在《礼论》开篇,我们看到,他明确承认礼的发明权在先王。我们知道,在先秦儒学语境中,"先王"是备受尊崇的权威。在荀子这里,先王备受尊崇的地位,与礼的卓越功能直接挂钩。《礼论》开篇的功能概论,不是诉诸历史考察或理论论证,而是直接依附于"先王制礼义"这一饱含感情的准历史命题。换言之,这更多的是在情感上认定(而非在具体内涵上界定)礼有卓越的功能,因而属于"信念"范畴。对先王的尊崇情感①与对礼之卓越功能的笃信,在“先王制礼义”命题中交融为一。就作者的“尊崇”情感而言,他属于先王礼义的学习者(尽管已经学有所成,但他仍然不忘曾经的学生身份,或者他认为自己在学礼、积累上仍然需要百尺竿头更进一步),而非妄议(对传统礼制指手画脚乃至进行批判)者。

至此,我们可以说:《礼论》作者以身作则,在全文开篇,即传递了一种“崇礼—学礼”的情感与意识。尽管作者学有所成,且拥有某种教师名分,但他毫无野心僭居制礼者地位,而是规规矩矩地把礼的发明权归于先王。在尊崇先王的情感中,“先王制礼义”自然蕴含着“礼值得学、应该学、必

---

① “先王”一词带有深刻的情感因素,关于这一点,陆建华《荀子礼学研究》(合肥:安徽大学出版社,2004 年)有所涉及,可参考第 28~29、56~59 页。此外,还可参考陈文洁:《荀子的辩说》,第 79~83 页;以及陈在文中征引的张舜徽:《周秦道论发微·叙录》,北京:中华书局,1982 年,第 18 页。

相反,陈来先生认为:“荀子对于礼义……更重视圣王的作用,这实际上是重视将这里的人类政治经验和政治理性在历史实践中的发现。”此外,他还采用了“圣王所代表的人的理性和能力”这一提法。(陈来:《回向传统:儒学的哲思》,第 311~312 页。)——但我认为,《礼论》中的“先王/圣王”恐怕不能归入上述“历史理性”。一件事情如果是“历史的 + 理性的”,那么,它的“由来”对人来说原则上是完全可知的。但关于“礼”,《礼论》后文明确说“未有知其由来者也”,就此而言,这“礼”不是起源于“历史理性”。相应地,作为这“礼”的非“历史理性”的权威性标志,“先王/圣王”及其情感色彩例亦具有超出“历史理性”的宗教性意味。(关于这一点,还可参考本文第三节前两自然段。)

须学"的信念。我们因而把这种"崇礼—学礼"意识,称为《礼论》的"学礼信念"。当然,离开了这种"尊崇"感,对于这既定之"礼"也可以有某种"学",但那将是另一种模式,《礼论》对之持的强烈批评态度(参考本文第四节)。

二、情感奠基:直观解说—榜样诱导—攻乎异端

上节指出,"先王"一词的情感色彩,乃是"功能概论—学礼信念"进驻读者心灵的幕后推手。然而,读者未必像荀子那样尊崇先王。而且,即便尊崇,也未必会像荀子那样相信先王是"这些礼义"的制定者。例如,在荀子之前,墨学已经大行于世;墨家同样有尊崇古圣先贤的意识,但他们却激烈批评儒家礼义①。与此相关,在借"先王"名义提出"崇尚这礼"的信念之后,《礼论》马上就会涉及"儒墨之分"问题。由此反推,在百家争鸣的大背景下,读者在仅仅读完《礼论》的开篇概论之后,许多人恐怕只能是将信将疑。作为儒家礼教的提倡者,荀子有必要进一步巩固(树立)读者的"崇(这)礼—学(这)礼"信念。这就需要对前述功能概论,做进一步的辩护或维护。

我们来看全篇第二段:

---

① 《淮南子·要略》:"墨子学儒者之业,受孔子之术,以为其礼烦扰而不说,厚葬靡财而贫民,(久)服伤生而害事,故背周道而用夏政。"还可参考陆建华:《荀子礼学研究》,第18页。

> 故礼者,养也。刍豢稻粱,五味调香,所以养口也;椒兰芬苾,所以养鼻也;雕琢刻镂黼黻文章,所以养目也;钟鼓管磬琴瑟竽笙,所以养耳也;疏房檖貌越席床笫几筵,所以养体也。故礼者,养也。

第一处"故礼者,养也",是对"功能概论"的精辟总结。结语中略去了"先王"一环,意味着荀子打算直接面对读者心中可能存在的疑团——礼的功能真的是"养",而不是别的什么(如"限制束缚")吗?上引文字试图以最直观的方式,对此进行回护性说明:看看吧,礼所涉及并负责安排的刍豢稻粱等等物事,哪一件不和口、鼻、目、耳、身之欲息息相关?仅凭这些丰富的现象,我们还不该认为"礼者,养也"吗?!

当然,就论证力度或分析深度而言,上述提法只能算点到为止。甚至,儒学内部若有人持"义、利二分"思维[①]与之较真儿,《礼论》作者仅凭这段文字也将无法招架。但凡事总有个展开过程。在读者尚未确立学礼信念之前,作者即便摆出再多的论证或分析,读者也未必有热情跟着往下走。点到为止的说明虽然粗浅,但不见得唤不起读者的兴趣与好感。换个

---

① 例如,《孟子·梁惠王上》中"王何必曰利,亦有仁义而已矣"的提法就会给人造成这种"二分"印象(并且,这似乎也是孔、孟留给时人的重要印象之一,即只知道迂腐地讲仁义而不擅长在实际利益上捞好处),尽管接下来的"上下交征利而国危矣"等提法实际上蕴含了"义利不二"之意。陈文洁对"王何必曰利,亦有仁义而已矣"的解读,很能代表这种流行的"义利二分"印象,可参考氏著:《荀子的辩说》,第48页。

角度看,激发兴趣与好感的理由越是粗浅(直观),被激发起来的兴趣与好感就越近乎无条件的信念。这是直观解说的一个优点。

反而言之,辩护的思路越具体,相应的挑战就可以提得越尖锐。实际上,上述现象列举式回护已经足以招致相关挑战了。按照上述直观解说,“养”似乎无非就是“满足欲求”。但综观礼义具体规范,对欲求的限制随处可见。欲求的本性是贪得无厌(参考《礼论》开篇),但礼义的“度量分界”既不允许“僭越”(超规格享受),也不鼓励过分“瘠薄”(为节省享受的资源而违规降低规格)。打眼一看,礼义的度量分界,很多时候恰恰正是在剥夺对欲的“养”。考虑到“礼义”的本质特征就是“度量分界”(参考《礼论》开篇),如此之“礼义”又怎么谈得上是在“养欲”呢?粗浅的直观解说,就此遇上了同样直观的挑战。

《礼论》对此是有备而来,第三段专门予以回应:

> 君子既得其养,又好其别。曷谓别?曰:贵贱有等,长幼有差,贫富轻重皆有称者也。故天子大路越席,所以养体也;侧载睪芷,所以养鼻也;前有错衡,所以养目也;和鸾之声,步中武、象,趋中韶、护,所以养耳也;龙旗九斿,所以养信也;寝兕、持虎、蛟韅、丝末、弥龙,所以养威也;故大路之马必信至教顺然后乘之,所以养安也。孰知夫出死要节之所以养生也!孰知夫出费用之所以养财也!孰知夫恭敬辞让之所以养安也!孰知夫礼义文理之

> 所以养情也!故人苟生之为见,若者必死;苟利之为见,若者必害;苟怠惰偷儒之为安,若者必威;苟情悦之为乐,若者必灭。故人一之于礼义,则两得之矣;一之于情性,则两丧之矣。故儒者将使人两得之者也,墨者将使人两丧之者也,是儒墨之分也。

我们从"榜样诱导""攻乎异端"一正一反两个方面解析这段文字,从这个角度看,《礼论》的这两种做法,皆意在进一步树立"崇礼—学礼"信念。

我们注意到,继"先王"之后,这里又搬出了"君子"这一头衔。"君子既得其养,又好其别"——"别",即"度量分界"。作为人,欲求得以满足,总是快乐之事。在这一点上,君子与普通人(包括境界低下之民)无异。但这里同时强调,"君子"还有另一个重要特征,那就是"好其别":对度量分界抱有喜好之情。——在儒学语境中,"君子如何如何"语式,具有特殊感染力。案之《论语》,孔子曾大量使用这种语式,如:"君子食无求饱,居无求安……"(《学而》);"君子不器"(《为政》);"君子欲讷于言,而敏于行"(《里仁》);"君子耻其言而过其行"(《宪问》);等等。在上下文中,"君子"代表令人肃然起敬、心向往之的人格榜样①,而"如何如何"则是特定的品格规范。通过调动

① 参考朱熹《论语集注》"人不知而不愠,不亦君子乎"条下:"君子,成德之名。"见[宋]朱熹撰:《四书章句集注》,第47页。关于《论语》中的"君子",还可参考王博:《中国儒学史·先秦卷》,第555页。

听众的敬重情感,“君子如何如何”旨在潜移默化地将“应该如何如何”的理念植入听众心间。《礼论》所谓“君子既得其养,又好其别”,同样追求这种表达效果。在这个表达式中,作者的权威性(作为学有所成的教师)与君子(作为人格榜样)一词的感染力,共同诱导着读者树立“好其别”的崇尚礼义志向。此志向所指向的生存境界乃是学礼的高阶目标。

稍事解释何谓“别”之后,作者专门叙述了一下“天子之养”。直观地看,这其中当然有“养”的成分。但进一步考察却会发现:第一,这种“养”似乎只是“天子专利”,如此供养天子,对其他社会成员毋宁意味着“剥削”①;第二,天子本人反而可能觉得,其中礼数过于繁琐,处处充满限制(“度量分界”),故并不痛快(某些欲求得不到满足)。就此两点而言,“礼者,养也”似乎是一个充满虚伪的命题。对于读者可能会产生的上述反应,荀子其实是有心理准备的。我甚至觉得,他在这里多少有点引蛇出洞的意思,因为紧接着,荀子即斩钉截铁地抛出了一系列“孰知夫……”与“苟……必……”句,大棒挥舞,硬生生地将读者那些甚至尚未出口的挑战性思路砸得如鸟兽散。从实际“教—学”(荀子《礼论》可视为教案)效果角度看,这种硬碰硬的姿态很有意义。底气十足的行文暗示着:教师所传授的立场观点那可是有真才实学支撑的,千万别轻视小觑!受此气场感染,读者或将油然而生“受教—拜读”

① 例如,墨家站在“利”的立场,认为礼乐是“亏夺民衣食之财”(《墨子·非乐上》;参考王博:《中国儒学史·先秦卷》,第555页。)

之心态,后面的长篇大论遂相对容易进入读者心田。这种“受教—拜读”的心态,实为师生之间“教—学”活动的情感基础,无论如何学生不可能从自己蔑视的教师那里受教。

四个“孰知夫”加四个“苟”字句,本质上仍是在复述《礼论》开篇的基本思路:在社会生活中,“养”与“别”,相辅相成不可分割。不过,这里有了更具体的内容,涉及了诸如贵贱差等的儒家礼义基本原则。《礼论》所谓“度量分界”,其所指非常明确,那就是儒家所传承的传统礼义即本文有时所谓的“这礼”。本段对墨家主张的全盘否定,更加显明了这一点。本来,墨家刻苦己身,看起来显然不属于“一之于情性”之辈。但是,《礼论》全以“儒家礼义”作为划分“礼义”“情性”的唯一标准。墨家因为主张在儒家传统礼义之外谋求自认为更合理的度量分界方案,《礼论》作者遂毫不留情地将其判定为“一之于情性”的典型。从中,我们看到了一种“唯独这礼义”的强烈信念①。这是最激烈的“攻乎异端”之举。《礼论》在此不是以事实和逻辑进行论证,而是直斥唱反调者“无知”(“孰知夫……!”),末了再贴上一个极难听的“一之于情性”标签。——这里暂时不打

① 陈文洁评论说:“不过,当荀子说‘墨者将使人两丧之’时,其实在暗示,他不止站在现实功用的立场上反对墨家,礼乐的超功利价值也构成了他‘距墨’的重要动机。”(见陈文洁:《荀子的辩说》,第47~48页。)——陈文洁一再二分“实用(功利)”“礼义(文)”,试图以此强调“礼乐超功利价值”(还可参考陈书第6页),这虽然有助于凸显荀子的“情感—信念”因素,但同时却也低估了“功能论”思路的统摄力。在笔者看来,《礼论》在“情感—信念”中所认定的,乃是唯独这礼具有完满的“养”的功能。

算批评荀子的“独断论”倾向,而是希望读者充分注意“情感”因素在这种论述中的浓烈程度。这里的攻乎异端是一种旨在维护“崇礼—学礼”信念的情感表达式。

到目前为止,“情感—信念”表达一直是《礼论》行文的基调,荀子特别注重激发读者的“崇礼—学礼”与“受教—拜读”心态。此或可称为“礼教的情感奠基环节”。有所不足的是,这里的“榜样诱导—攻乎异端”皆是在“直观解说”层次上展开,未能深入根本地论说“礼者,养也”。接下来的“礼有三本”说,则会依托礼的宗教维度从根本处谈起。

三、“礼有三本”:依托宗教感立论

陈来先生曾将荀子礼论与霍布斯社会契约论相提并论,他指出,荀子政治哲学有两条线索:“情性说”代表自然欲望原理,“礼义说”代表自然理性原理①。这一比较研究不乏精彩之处,但我想指出的是:荀子(《礼论》)与霍布斯,在思维模式上存在根本差异。社会契约论作为一套独立的理性运思,原则上完全允许推出反传统的政治方案(只要逻辑上讲得通);而在荀子的自然欲望和自然理性之间,则横亘着“未有知其所由来”的制礼者“先王”(参考《礼论》开篇及倒数约三分之一处)。这个备受尊崇(甚至是绝对尊崇)的“先王”,已然决定了“唯独这种礼义”可取。这样,作为自然理性的“心知”,从一开始便被剥夺了自行制礼或随自己喜好评议这礼的权利。

---

① 陈来:《回向传统:儒学的哲思》,第318~319页。

陈来先生似有意淡化“先王”的特指性,而泛泛地说荀子“惧怕失去礼制”貌似这“礼制”可以是任何“合理秩序”,既可能是过去已有的旧制度,也可能是将要生成的新秩序①。但考虑到荀子心目中的“制礼义”的“先王”只是“特定的先王”(而非泛泛的“人类理性的代言者”),荀子所惧怕失去的显然就是这种先王所制定的特定的“礼义”。——与此相关,荀子所谓的“法后王”也并非是在“以后薄先”(后王在先王的基础上继续运用其“自然理性”,“后王之礼”因而比“先王之礼”更进步)。不得不再次引用《礼论》倒数约三分之一处的那番话:“凡礼……是百王之所同,古今之所一也,未有知其所由来者也。”这番信念表达在强调礼义起源不可知悉的同时,也明确宣示:古今百王一脉相承,后王之礼本质上就是先王之礼。后王之礼与先王之礼的区别仅在于,后王之礼粲然可见,先王之迹则因其久远而模糊难征。鉴于这种模糊难征及二者之间的一致性,欲学先王之礼,只能从后王而学②。

---

① 参考陈来:《回向传统:儒学的哲思》,第312、319~320页。

② 参考北京大学《荀子》注释组:《荀子新注》,第546页“后王”“先王”二词条索引。——不过,该书第524~525页认为:“法后王”反映了荀子的“历史不断发展”“厚今薄古”思想(参考“后王”名词解释),而“称颂先王”“与万世同久”思想则是一种“形而上学唯心史观”(参考“先王”名词解释)。在这个问题上,荀子果真自相矛盾以至于此?相形之下,该书第525页谓:“但在《荀子》一书的若干旧注中,把荀况的‘法后王’同孟轲的‘法先王’说成是一回事”。——在我看来,这“旧说”,反倒更近于《荀子》实情。郭沫若先生的相关论述可资参考,见氏著:《荀子的批判》,《十批判书》,第215~216页。此外,还可参考黄海烈:《荀子“法王说”及其对战国诸子的攻驳》,《齐鲁学刊》2010年第4期。

再次强调,"情感—信念"乃"礼教—学礼"的基础。没有这个基础,"教—学"关系就无从确立。而唯有在此基础上,学者才有兴趣和动力聆听教师对礼义的具体解说。——但具体解说亦有可能予挑战者以把柄。为了不弄巧成拙,具体解说最好最大限度地顺承情感认定。而为了做到这一点,"礼有三本说"进而依附礼的宗教维度立论。宗教的情感性,以及在这类情感中所涉及的问题的宏大性与根本性,有助于强化读者的"崇礼—学礼"信念。

我们来《礼论》第四、五两段:

> 礼有三本:天地者,生之本也;先祖者,类之本也;君师者,治之本也。无天地,恶生?无先祖,恶出?无君师,恶治?三者偏亡,焉无安人。故礼,上事天,下事地,尊先祖而隆君师,是礼之本也。
>
> 故王者天太祖,诸侯不敢坏,大夫士有常宗,所以别贵始。贵始,得之本也。郊止乎天子,而社止于诸侯,道及士大夫,所以别尊者事尊,卑者事卑,宜大者巨,宜小者小也。故有天下者事七世,有一国者事五世,有五乘之地者事三世,有三乘之地者事二世,持手而食者,不得立宗庙,所以别积厚者流泽广,积薄者流泽狭也。

我们注意到,第五段所讨论的,都是些宗教祭祀之礼。作为对比,《论语》论礼虽然也涉及"禘""告朔""社"等祭礼(《八佾》),但总体上却主要是从日常政治和个人修身角度言"礼"[①]。例如,关于至深至伟的禘礼,"或问禘之说",孔子曰:"不知也。知其说者之于天下也其如示诸斯(掌)乎!"(《八佾》)。由于缺乏进一步解说,这句"知其说者之于天下也其如示诸斯乎",看起来更像是临场应变的周旋之语。传统解释一般认为,此"不知也"乃针对鲁国习惯性僭越此礼而发(或曰"为鲁君讳")[②],而并无进一步开掘禘礼的宗教性这一议题的意向。实际上,除了刚才所引的那段语录之外,关于这至深至伟的禘礼,《论语》中就只剩下了一句话(也是孔子语录):"禘自既灌而往者,吾不欲观之矣"(《八佾》)——仍然得在谴责乱伦坏礼的世风。可见,孔子或《论语》编者显然觉得,抛开对最高级的宗教性禘礼的义理解说,礼可以照论不不误。读《论语》,我们会有这种感觉:政治与修身上的"人事人为"意识,大大削弱了孔子或《论语》编者深掘宗教性祭礼之深意的兴趣。——荀子《礼论》之"礼有三本说",则与此形成了鲜明的反差。

按照逻辑,如果"禘"礼真的那么伟大,那么,任何有深度的"礼论"都不应该对它避而不谈。而且,越是重要的东西,越应该被突出起来,作为统领性要素。荀子《礼论》正是这么做的。下面,我们从两个方面具体分析之:

首先,礼之三本涉及三种对象:天地、先祖、君师。其中,天

---

① 参考王博:《中国儒学史·先秦卷》第二章第二节《礼:以为政和修身为中心》。

② 参考程树德撰,程俊英、蒋见元点校:《论语集释》,第173~174页;[宋]朱熹撰:《四书章句集注》,第64页;杨伯峻:《论语译注》,北京:中华书局,1980年,第27页。

地与先祖属于典型的宗教对象,君师则指称现实政治中的领导阶层(尤其是最高领导)。天地、先祖对于人类生存具有原始重要性:天地是生存的空间,先祖是生命的渊源,离开它们,人的生存根本无从谈起。君师的宗教性相对较弱。不过,作为社会秩序维护者,君师缺场意味着乱作一团(“争—乱—穷”),社会群体与个人生存同样无从谈起[①]。上述“无从谈起”的感觉,作者用“恶生”“恶出”“恶治”表现之,这正是天地、先祖、君师的宗教性之所在。这种宗教感一旦被注意到,自然就会进一步浮现出如下问题:作为人,该如何打理与这些至关重要的宗教对象的关系?——《礼论》第四段结尾说:“故礼,上事天,下事地,尊先祖而隆君师,是礼之本也。”这是先声夺人、舍我其谁地将“礼”定位为沟通人与天地、先祖、君师的中介。这番论述实际上是在收编或改编传统宗教情感[②],以资进一步夯实读者的

① 在名分上,“君师”与“先王”(作为制礼者,而礼又是“未有知其所由来者”)一脉相承,“君师”就是“先王”的当代继承者。我们还可以从“君师”作为颇具宗教性的“未有知其所由来者”的“先王”的继承者角度,理解“君师”的宗教性。

② 我们不能因为荀子主张“明天人之分”(《天论》),便简单忽视或否认这里存在着收编或改编传统宗教情感这一文本事实。实际上,收编(而非绝口不提)本身就是一个值得关注的现象,而收编方案是否稳固,进一步又会引申出什么问题,同样值得深入研究。郭沫若、杜国庠、梅珍生对此有所触及。郭提出“儒家的一项惰性的特征”,“人民的信仰”说,杜曾点出《礼论》部分文字与《天论》“严分天人的主张”不大调和,梅则强调“礼的宇宙之道的超越性”。可参考:郭沫若:《十批判书》,第201页;杜国庠:《杜国庠文集》,北京:人民出版社,1962年,第200~201页;梅珍生:《晚周礼的文质论》,武汉:湖北人民出版社,2004年,第253~254页。

"崇礼—学礼"信念。此可视为"礼者,养也"的宗教哲学解说。

其次,宗教性还通过敬畏或禁止表现出来。例如,第五段开始与结尾分别提到:"王者天太祖,诸侯不敢坏""持手而食者,不得立宗庙"。先看"不敢"句。这句话的背景概为:现实中的诸侯尽管常以其势力冒犯王权,但在"王者天太祖"这件事上却轻易不敢造次。这种现象可以解释为:诸侯们深知(深信)"王者天太祖"确实有"事天"之功效,在这方面造次等于逆天。就此而言,诸侯们的"不敢"属于宗教性"敬畏",他们害怕在"王者天太祖"的礼上得罪天。——前已提及,《论语》对宗教议题采取了冷处理的态度,而儒家的宗教感至荀子时代亦并不火热。《礼论》提出"王者天太祖,诸侯不敢坏"这个现象,有助于读者在当时环境中捉摸宗教感之于人类生存的实在性。《礼论》作者信誓旦旦的气场,加上诸侯们"不敢"的事实,在一定程度上可以促使宗教感麻木者转而正视宗教事务的实在性。就论说方式而言,这是在通过收编或改编传统宗教情感诱导读者,而非冰冷严峻的刚性论证。与此类似,文中雷厉风行的禁止之辞如"止""不得"等,亦可以从诱导读者正视"宗教感"的实在性的角度加以理解。

总之,《礼论》第四、五两段试图从宗教维度解说"礼者,养也",为此它尝试激活、利用读者身上残存着的传统宗教感。这样一来,"崇礼—学礼"信念便可以在宗教论域继续发酵,宗教性的"礼有三本"说遂可以开启了一个具体理解礼义的大思路。至于这个大思路能否引导学者将"在情感与信念中认定的礼的绝对完善性”充分解析出来，则是一个颇值得深思的问题。本文最后一节将专门反思这个问题。下一节，我们先来展示基于“情感—信念”的礼教之学的具体机制。

四、“大一”意识与“有方”之学

我们快马加鞭来看《礼论》的第六、七两段：

> 大飨，尚玄尊，俎生鱼，先大羹，贵饮食之本也。飨，尚玄尊而用酒醴，先黍稷而饭稻粱；祭，齐大羹而饱庶馐，贵本而亲用也。贵本之谓文，亲用之谓理，两者合而成文，以归大一，夫是之谓大隆。故尊之尚玄酒也，俎之尚生鱼也，豆之先大羹也，一也。利爵之不醮也，成事之俎不尝也，三臭之不食也，一也。大昏之未发齐也，太庙之未入尸也，始卒之未小敛也，一也。大路之素末也，郊之麻絻也，丧服之先散麻也，一也。三年之丧，哭之不反也，清庙之歌，一唱而三叹也，县一钟，尚拊、膈，朱弦而通越也，一也。
>
> 凡礼，始乎棁，成乎文，终乎悦校。故至备，情文俱尽；其次，情文代胜；其下，复情以归大一也。天地以合，日月以明，四时以序，星辰以行，江河以流，万物以昌；好恶以节，喜怒以当，以为下则顺，以为上则明，万变不乱。贰之则丧也。礼岂不至矣哉！立隆以为极，而天下莫能损益。本末相顺，终始相应，至文以有别，至察以有说。

天下从之者治,不从者乱,从之者安,不从者危,从之者存,不从者亡。小人不能测也。

关于为学中的"一"和"多",孔子和子贡曾有如下对话:"子曰:'赐也,女以予为多学而识之者与?'对曰:'然,非与?'曰:'非也。予一以贯之。'"(《论语·卫灵公》;此外,《论语·里仁》亦有"吾道一以贯之"语)——"多学而识之",这已经很了不起了。子贡在对话之初正是这么看的。但孔子却不希望学生只了解自己"多"的一面,故而特别强调自己是"一以贯之"。孔子论为学既然已经重视"一以贯之",则上述《礼论》引文中所谓的"大一""一也",便不能简单视为道家思想的渗透。我们可以这样追问:儒家或礼教之"学",为什么要强调"一"?

回到《礼论》文本,我们看到第七段不厌其烦地列举了"天地""日月""四时""星辰""江河""万物""上下""万变"。人作为需要"养"的生存者,必须恰当地处置自己所遭遇的物与事以便获取"养"。"万"的意思是"无穷多",意味着人(人类社会)在生存中总会遇到陌生物事。"为学"如果永远只是见闻一件方识得一桩("多学而识之"),那么,学者将永远没有足够的学力去经营好生活。"一以贯之"则类似于"举一反三",强调的是触类旁通的能力。一个学派或一种学问只要有这种通贯之"一",那么,学成之人自然就会具备"万变不乱"的处事能力。《礼论》第六、七两段两次谈到的"大一",在我看来,正是指这种"通贯之一"。而且,《礼论》作者还独断地宣告:唯有它所推崇提倡的这礼(儒家所传承的传统礼制)才具备这种通贯的能力,“天下从之者治,不从者乱,从之者安,不从者危,从之者存,不从者亡”。

当然,就“论”而言,更重要的还在于要切实地说明:何为礼(那唯独之礼)之“大一”?这“大一”如何与人的生存相干?关于前一个问题,《礼论》第六段提出“两者(本、用)合而成文,以归大一”,试图从“合”与“归”的角度提示礼的统“一”性。接下来五个“一也”,则是通过列举不同礼节的相似之处,佐证礼确实具有内在一贯性。至于后一个问题,即“大一”与人的生存有什么关系,则可以这么看:外在礼节需要人本着恰当的理解来践行——若理解、践行得当,则行礼者便可“以归大一”;鉴于“礼者,养也”,“大一”之境自然蕴含着“圆满的养”,标示着理想的生存境界。《礼论》第七段开始处曰“凡礼,始乎棁,成乎文,终乎悦校”,可以理解为:践礼者被礼的进程所带动,最终进入了完善的礼的“大一”之境①。

但是,《礼论》关于“礼”有“大一”的论述,经得起推敲吗?从概念辨析角度看,《礼论》第六段可谓漏洞多多。名辩派挑战者可以从太多角度发起攻击,比如(我们代为揣测,读者请

① 传统注释一般将“终乎悦校”的“校”字解释为“‘佼’,快意,称心”(北京大学《荀子》注释组:《荀子新注》,第314页)。不过,受王博教授“先秦经学”课(讲解上博楚简《子羔》篇孔子诗论部分之“《关雎》之改”的“改”字)之启发,我倒倾向于认为:“终乎悦校”的“校”,可依原字解作“校改”“校正”,也即通过学礼与践行,当事人的愉悦模式(“悦”)发生了结构性改正(“校”)。这种解释更富“进程带动—进入境界”的意味。

勿见笑):(1)“生鱼”是生的,“大羹”是熟的,何为“饮食之本”似乎缺乏统一标准;(2)“黍稷”既与“玄尊”“大羹”同为“本”,“大飨”为何舍之不用?礼数在设计上似乎偶然而又随意;(3)“不醮(不喝尽)”与“不尝”存在质的区别,而且,“不醮”“不尝”主语为“尸”,而“三臭之不食”主语为“劝食者”,这是不是“不一”?(4)“大昏未发齐(还没有去迎亲)”时毕竟还有新郎官这半个主角在,就主角在场而言,它与“太庙未入尸”“始卒未小敛”不一;(5)“素末(丝织的车帘)”布置在车上,而“麻絻(麻布帽)”“散麻(麻带)”则佩戴在行礼者身上,这能算同类物事吗?(6)最后一个“一也”之所以一,是因它们都有某种“三——一”形式吗?这些“三——一”真有内在关联吗?(7)至于第七段“凡礼,始乎棁,成乎文,终乎悦校”——讲究“始—成—终”三部曲形式的“礼”似乎可以杜撰出很多套,凭什么说只有儒家这套才能“复情以归大一”?——在先秦时代,名辩家咬文嚼字的劲头,较之以上揣摩绝对有过之而无不及对此,荀子应该心中有数①。第七段最后一句,“小人不能测也”,或可视为荀子针对此类可能挑战的自卫之举。而这,实际上又是在打“君子如何如何/小人如何如何”的感情牌了(参考本文第二节)。

为进一步对抗“小人”之学,《礼论》第八段,着手谈论“怎

① 参考:郭沫若:《十批判书》之《名辩思潮的批判》之九《荀子》一节;王博:《中国儒学史·先秦卷》,第八章第一节《辩者与儒者》;陈文洁:《荀子的辩说》第2章2.2.3《斥辩者》。

么学”这个问题：

> 礼之理诚深矣，“坚白”“同异”之察入焉而溺；其理诚大矣，擅作典制辟陋之说入焉而丧；其理诚高矣，暴慢恣睢轻俗以为高之属入焉而队。故绳墨诚陈矣，则不可欺以曲直；衡诚县矣，则不可欺以轻重；规矩诚设矣，则不可欺以方圆；君子审于礼，则不可欺以诈伪。故绳者，直之至；衡者，平之至；规矩者，方圆之至；礼者人道之极也。然而不法礼，不足礼，谓之无方之民；法礼，足礼，谓之有方之士。礼之中焉能思索，谓之能虑；礼之中焉能勿易，谓之能固。能虑，能固，加好之者焉，斯圣人矣。故天者，高之极也；地者，下之极也；无穷者，广之极也；圣人者，道之极也。故学者，固学为圣人也，非特学为无方之民也。

“‘坚白’‘同异’之察”，代表先秦“名家”的拿手好戏。他们以严苛的概念辨析，检讨现有之一切学问。面对这种有板有眼的严苛挑战，荀子断然予以釜底抽薪式报复：直接贬斥概念辨析—咬文嚼字的为学方法，宣判其根本无能通达“礼之理”。在礼教提倡者的“唯独这礼”的意识中，对于“这礼”的挑战越是有板有眼，就越会被视为冥顽不化——在理解上尚未入门，在为学方法上南辕北辙。显然，这是情感支持下的信念推演。——与情感相应的是态度。礼教要求学礼者在崇敬的基础上接受并理解，而挑战者则坚持从自己的立场出发检讨是非。前者存心尊礼,后者则自视甚高。面对儒家或传统礼制,后者显然未能采取谦虚受教的态度。作为儒家礼教的倡导者,荀子严厉地批评他们为"擅作典制辟陋之说""暴慢恣睢轻俗以为高之属",即只知高举自己的错误理解与学说,全然缺乏从那唯独之礼受教的谦虚态度。

《礼论》第三段曾提出一系列"孰知夫"与"苟"字句观察。这些观察意味着,在学礼功成圆满之前,"情性"牵引无时不在。考虑到"情性"持续在起作用,缺少了崇礼与受教的态度,作为智力活动的"为学"势必难免走向反礼。换言之,学者若不能在态度和方法上切实高举这礼("一于礼"),结果就只能在自己的判断中一次又一次地挑礼的不是。站在"礼教—唯独这礼"角度看,这种学者正在丧失从礼受教的机会。而反过来看,只要态度合理、方法正确,学有所成将只不过是个时间早晚的问题。《礼论》第八段批评"坚白同异之察""擅作典制辟陋之说""暴慢恣睢轻俗以为高之属",其目的正是要警示错误的态度与错误的为学方法。那么,正确的态度与正确的为学方法,应该是什么呢?

态度问题其实就是"情感—信念"问题。前面指出,《礼论》开篇即开始倡导"崇礼—学礼"信念,进而又"直观解说—榜样诱导—攻乎异端"以巩固这种"情感—信念"。现在,再次遇到"情感—信念"问题,作者便再一次为"崇礼—学礼"信念打气。第八段中间部分——"故绳墨诚陈矣……礼者人道之极也"——可以从进一步强化信念的角度来理解。这段文字篇幅虽然较长,但除了宣告就是类比。类比不是严格意义上的论证,而是一种修辞,它服务于信念宣告与信念表达。由此可见,《礼论》的基本态度就是:正确的学礼方法,必须以信念为基础。那么,“基于信念的学”究竟是怎样一种“学”呢?

第八段接下来将“无方之民”和“有方之士”相对举,贬抑前者而褒扬后者。“法礼,足礼”是对“有方之士”的基本界定。据此,正确学法的第一步(或第一条原则)就是:不管理解程度如何,先按礼数照做再说。“照做”属于行动范畴,然而,它具有认识论意义。这是因为,一旦照做(不管他理解多少),当事人就在生存上进入了“礼”的世界。比如,他进而会在人际交往中运用礼节,并因这种运用而被反礼者攻击,被无礼者占便宜,被礼教中人赞扬,等等①。——进而,第二步(或第二条原则):在照做并承受相关反应的同时,具体而微地体察礼的“养也”功能。这里,“礼之中焉能思索,谓之能虑”的言外之意是:其他态度、方法、模式看上去也是在“学—思索—虑”,但就其无法通达“礼之大一/礼之理”(在崇礼—学礼信念中被认定为唯一的正道)却在“反礼”而言,这些“学—思索—虑”本质上是低能的,根本不配称为“能虑”。这背后存在这样一个隐而未宣的逻辑:“学”的原始动机是要“学好

① “北京大学《荀子》注释组”将“礼之中焉”释为“在礼的范围内”,而非“礼进入学者心中(而被认识理解)”。这与本文上述解读是相合的。(参考北京大学《荀子》注释组:《荀子新注》,第315页。)按照笔者对《礼论》的阅讯,“礼的理解”属于“能虑”范畴。

儿—进入真理①”,达不到这个目的“学法”根本算不得“学”。《礼论》所提倡的正确的为学方法,要求学习者先在行动上进入礼的世界,进而再在相关经历中具体体察礼的“养也”功能。——当然,学者的“能虑”(具体体察)未必尽善尽美。特别地,学者一般未臻圣境,某些经历(如被反礼者攻击、因守礼而吃亏等)难免给他造成诸如“这礼不切实际”的念头。但站在“礼教—唯独这礼”立场上看,出现这类念头,恰恰意味着该学者的理解力有待提开。而在苦不堪言的经历中,当事人很难自己想到“理解水平有待提高”,因为他现在的直接感受是“受伤”,而非“受养”。他的践礼行动亦将因此而打退堂鼓。于是,正确的学礼方法的第三步(或第三条原则)便是:“能勿易”。这是一种意志力的坚持,我们一般称为“毅力”。特别强调,“毅力坚持”不依赖于“认识—理解”(此时,“认识—理解”正在打退堂鼓),而乃是对“崇礼—学礼”这种“情感—信念”的强力帮补。

以上三步(或三条原则)联合起来,便是一种“‘情感—信念’在先,不断坚持在践礼的各种遭遇中,体察礼的功能与境界”的“礼教—学礼”模式。在这种模式中,负面经历不再构成学礼者指摘礼的凭据,反而成为提升当事人“认识—理解”

① 我们对“进入真理”这个提法稍加解释。关于“养”“好”“善”,我们无不可以追问“什么是真正的养/好/善”。就此“真正的”而言,其中均蕴含着真理问题。《礼论》将“君子”与“小人”、“士”与“民”、“坚白同异之察”与“能虑”、“擅作典制僻陋之说、暴慢恣睢轻俗以为高”与“能虑,能固,加好之者”相对举,一言以蔽之,也可以说成是“真理”与“谬妄”的对比。

水平的契机。暂受伤害的学礼—践礼者稍后一旦体察到了"伤害"经历的好处("养"),自然就会在相应方面走出意志坚持的艰辛感,转而进入知行一致的心悦诚服境界。所谓"加好之者",可作如是解①。"加好之"的完满结局就是,对一切因践礼而来的"伤害",都有了相应的"认识—理解",都能心悦诚服地承受。"礼者,养也"在这样的践礼—学礼者那里,得到了具体而圆满的理解。第八段中的"斯圣人也",指的正是这种功成圆满的学礼者。

以上是对礼教之学的理想设想,现在的问题是:这种基于"情感—信念"的学礼方式,真能使学者不断走出"情性"束缚吗?

五、"情感—信念"机制与宗教因素的独立性问题

关于"学",我们曾在引言中提出"学什么""怎么学"这两个问题。本着这两个问题,我们详细解析了《礼论》的前八段文本(约占《礼论》总篇幅三分之一)。在一个礼崩乐坏的时代,我们看到,荀子《礼论》试图通过一种"情感—信念"机制,回应以上两问。值得一提的是:现代中国较之传统时代虽已发生翻天覆地的变化,但基于"情感—信念"的"礼教—学礼"机制,却仍在诸如中小学德育中发挥着重要作用。就此而言,

① 北京大学《荀子》注释组的解释是:"在礼上能达到最完善的地步的"。(见北京大学《荀子》注释组:《荀子新注》,第315页。)这个解释过于笼统。本文视"能虑"、"能固"、"加好之"为"学礼"的3个步骤或3条原则,认为每一步或每一条都在关注特定的学习方法问题。

这种机制并未过时。有鉴于此,本文最后一节打算越过"分析—呈现"的学术史钩沉界限,尝试对这种"礼教—学礼"机制提出自己的批判性意见。

引言中,为了对"学什么"这个问题略加解释,我们曾在括号中使用了"为什么要学这礼"这一提法。但严格来讲,礼教并不鼓励,乃至并不允许这后一种发问。之所以这么说,理由如下:首先,礼教预设学者(尤其是初学者)境界低下(受"情性"牵引)——正因为此,他们才需要学礼。其次,境界低下(受"情性"牵引)不止是一个"知而不行"问题,"'认识—理解'水平低下"才是境界低下的真正病根。《礼论》第三段的四个"孰知夫……"、四个"苟…之为…,若者必…"表明,《荀子》确实注意到了"知识—理解"问题的根本性。实际上,向一个因"知识—理解"水平底下而处于"将信将疑"乃至"反礼"立场的人论证"为什么要学这礼",不可能达到预期效果。站在"礼教"立场上看,这样的人需先去充分地"学礼",而后才能具体而微地认识—理解"这礼的完善性"。而一旦有了这种"认识—理解","为什么要学这礼"自然也就不再是个问题。在"学礼"功成之前质疑并追问"为什么要学这礼",只会动摇学习者的"崇礼—学礼"信念。实际上,"为什么要学这礼"是百家争鸣中异己门派的对儒家之礼的怀疑性发问,其中暗含着"反礼"的意向。《礼论》第三段毫不客气地攻乎异端,第八段则对异端的为学之道予以全盘否定,可见作者显然无法对这种"反礼"追问容忍太久。越是严肃地纠缠于"为什么要学这礼",就越难进入实质性的"学礼"环节。《礼论》不想钻进这个圈套。

《礼论》希望学者尽早确立其“崇礼—学礼”信念,为此它对不礼者许以重利。我们知道,孔、孟的教导多少给人留下了一种“义利二分—唯取德义”的印象(尽管实际情况未必如此),《礼论》开篇则以“养欲”概述礼的完善性。这是一个颇令人心动的功能论视角。“养欲”的功利性大大拉近了礼与学礼之人日常生存经验的距离。而虽然如此,在“礼教”之初,《礼论》并不采取“证明”的进路;相反,它试图以“先王制礼义”的提法,直接树立读者的“崇礼—学礼”信念。我们指出,“先王制礼义”并非历史考证,因为《礼论》在倒数三分之一处明确说“未有知其(礼)所由来者也”。这说明,作者恰恰希望割断读者的“历史—经验—论证”思绪,而仅仅基于“先王”令人崇敬的情感色彩,建立、夯实读者的“崇礼—学礼”信念。再次强调,关于礼的起源的历史考证进路,在礼教中严格来说是走不通的。这是因为:制礼的“先王”实质上是“圣王”,而聆听相关考证的《礼论》读者作为未臻圣境的初学者,哪有本事通过这种引论性的考证通达圣王的制礼能力呢?(如果通过引论就能通达圣王的制礼能力,接下来具体的学礼过程岂不就成了多此一举!)就此而言,“先王—圣王”在初学者与施教者那里的恰当用法,就只能是:仅代表一种情感上的憧憬与崇敬,而与初学者对于礼及制礼的具体“知识—理解”迥然有别。

我们继续追踪“崇礼—学礼”信念的情感性。这种信念既然不是特定的“知识—理解”(比如,历史考证),它在初学者这里就不受“知识—理解”的具体限制。不受具体“知识—理解”限制的“崇敬—憧憬”情感,所指向的乃是一种“绝对而抽象的完善性”。“故礼者,养也”(《礼论》第二段末)这个“养”字,看起来属于经验范畴,实际上却是作为抽象的“共名”在起作用。按照本文第二节的解读,在这句诉诸“共名”的抽角定论之前,《礼论》的“养人之欲”功能概论之后给出的都是最粗浅、最直观的举例,斩钉截铁的“故礼者,养也”则是举例之后对礼的功能的重新概括。不管读者具体理解了多少、认同了多少,作者认定并宣告这种功能概论的心意则完全已决。“故”字在此是饱含情感的信念表达,而非基于充分的经验证据的严格推论。这种情感上的气势一直贯穿到《礼论》第三段末。——其中,“故儒者将使人两得之者也,墨者将使人两丧之者也”中的两个“将”字,亦值得细细玩味。浅近地看,墨家“节用”“节葬”“非乐”等主张,似乎《礼论》第一段的“使欲必不穷于物,物必不屈于欲”境界距离更接近,但《礼论》却动用两个截然对立的“将”字句——“将使人两得之”对“将使人两丧之”——挑战这种眼界。“将”字指向“未来”,在“崇礼”情感中颇有“走着瞧”的意味,这使我们联想到了《礼论》第一段中“两者相持而长”的“长”字。“长”在时间中进行,同样涉及“未来”问题。未来尚未实现,到时究竟是“长”还是“穷”,现在只能在情感中期望。《礼论》以“将使人两得之”提法对抗墨家对儒家之礼的挑战(并将过种挑战定性为“将使人两丧之”),实际上旨在引导读者在情感中进一步认定儒家之礼的绝对完善性。

现在的问题是:在情感中认定的绝对完善性,如何落实到人的实际生存中呢?在“礼教—学礼”语境中,这个问题转化为:究竟怎么学,才能通达礼的绝对完善性呢?

回到所谓的“功能论视角”。较之“义利二分—唯取德义”,“功能论视角”显然有自己的特色。这种特色,会否造成某种先入为主的偏见或障蔽呢?就“礼的完满功能”首先是一种“情感认定”而言,它不是一种具体理解上的偏见或障蔽。特别地,本文第四节曾指出:在这种情感认定中,当事人对由践礼而来的“伤害”,多了一份耐心体察的韧性。情感中认定的完善性,正是在这种耐心与韧性中,不断进入“践礼—学礼”者的“认识—理解”的。——作为对比,墨家也强调“养”,但其对“养”的界定,局限在直接的供养之物上。基于对这些具体、直接的供养之物的珍视,墨家建构起了以俭省儒家礼仪为核心旨趣的“养的方案”。一切有违这种俭省方案的理念与实践,均被其视为“养”的对立面而痛加贬斥。墨家之所以反对儒家之礼,正是因为他们对儒家之礼“浪费供养之物”痛心疾首。而反过来看,《礼论》第三段之批评墨者“一之于情性”,正可以从墨家高举不完善的“知识—理解”(执着于直接的供养之物)这个角度来理解。

那么,《礼论》的“情感—体察”或“信念—体察”机制,真能避免高举不完善的“知识—理解”吗?对此,我们需进一步考察上述“信念”机制在“学礼”过程中的实际运作。本文第三节曾指出,礼的宗教维度是学礼者在“情感—信念”中所认定的“绝对完善性”,向具体“认识—理解”落实的桥梁。在

《礼论》第四段,作者列举了人类生存所不可或缺的三个根本性要素“天地”“先祖”“君师”。鉴于其根本重要性,处理好人与此三者的关系,人类之“养”就会源源不断。“礼之三本”即“事天地”“事先祖”“隆君师”,即礼能够使人恰当地处理好与这三者的关系,就此而言,“三本”可谓礼的绝对完善性的宗教性根基。但是,问题也就此产生了:这里,毕竟有三组关系,何者更根本?抑或三者平起平坐?与这个问题相关,《礼论》的“信念”机制存在致命的软肋。

我们来看《礼论》第五段给出的“所以别尊者事尊,卑者事卑,宜大者巨,宜小者小”这一匹配原则。“尊者事尊”的最高表现是“王者天太祖”“郊止乎天子”,指的是“王者以太祖配天进行祭祀”“唯独天子有资格祭天”。这种匹配按身份地位依次降格,比如“社止乎诸侯”(诸侯及诸侯以上地位者方有资格祭地),“持手而食者不得立宗庙”(底层劳动者没有资格为先祖立宗庙)①。关于这种匹配制度的根据,《礼论》第五段有这样的解释:“所以别积厚者流泽广,积薄者流泽狭也。”但问题在于:居高位的活人,其祖上真的必然“积厚”?居下位的活人,其祖上必真的“积薄”?——这种推论,实际上是在按照世俗权位分配宗教权利,其实质性后果是宗教因素被彻底世俗化。而考虑到现实政治的不完美性(而且实际居高位者及其祖上也不一定真有厚积),上述世俗化匹配显然并非

① 参考梁启雄:《荀子简释》,北京:中华书局,1983 年,第 256 ~ 257 页。

打理前述三组宗教性关系的恰当方案。不管事实上是"积厚"还是"积薄",后人只要在现实中占据了政治高位,上述匹配制度就会为其先人戴上一顶"积厚"的冠冕。这明显是"以成败论英雄",使宗教性礼仪沦为现实等级的附丽,严格来讲,这是在消解礼的宗教性。如此一来,宗教性的"礼有三本"说,就成了虚晃的一枪①。对于学者"学礼",这会造成什么影响呢?

荀子喜以"积"字论"学"②。《礼论》"礼有三本"说之后紧接着"大一"论,而"三本"的宗教性一旦消解,则"三本—大一"论就只不过是"认识—理解"的"大思路"。起初,大思路似乎可以有不同的具体走向。但这只是一种空洞的可能性。"积"字要求学者从所能想到的几种可能思路中,选取一种(在他看来,最令人心悦诚服者),将其落实为具体而微的"认识—理解"系统。总的来说,这是在既定视角下,积累经验、理顺矛盾的过程。被选中的思路,内在地范导着整个过程。然而,回到"情性牵引—境界低下"这个初始问题,未臻圣境的

① 杨太新明确指出:"礼三本说是对祭祀天神、地示、先祖仪式和隆君尊师礼节的人文诠释。荀子重人事而轻鬼神,努力使历史遗留下来的神道仪节具有人道内容。"(见杨太新:《荀子的人文精神及其影响》,《浙江社会科学》1998 年第 5 期。)此外,徐复观先生从《荀子·天论》"明于天人之分"提法出发,认为"周初所孕育的人文精神,到了荀子而完全成熟","而超人文的精神则完全隐退了"。(见徐复观:《中国人性论史》,第 140 页。)——作为一种宏观考察,这些评论可接受。

② 例如《礼论》:"积厚者流泽广,积薄者流泽狭";"高者,礼之积也";又如《劝学》:"积土成山,风雨兴焉……";等等。

学者怎么可能拥有或踏上绝对正确的范导性思路呢?而实际采取的范导性思路中的任何缺陷,都将在接下来的"学"中,不断造成错谬的"积"。套用荀子的话说,这是更隐蔽的"一之于情性"。

与此相关,我们来看看"君师"概念及其"学有所成"意识。"君师"与"未有知其所由来"的"制礼义"的"先王—圣王"不同,前者有一个从较低境界开始学礼以至学有所成的过程。而此"学有所成"意识亦当有别于"制礼者"意识(参考本文第一节末),它实际上是学者的一种"自信"。对此,我们可以这么看:"学"毕竟要由学礼者亲自去;学者如果没有对特定思路产生确信感,即便直面学习对象(书本、礼仪、演示),也不会收获任何确定的"认识—理解";可见,没有"确信感"就无法"为学",而"自信",恰恰是"确信感"的一个来源;"学有所成"意识则是学者"自信"的最高形式。实际上,《礼论》充满了隐而未宣的"学有所成"意识,这是作者荀子的学术自信所在。荀子作文的基本目的就在于,把那些令他自信的大大小小思路,公之于众以教后学。在这种学有所成的自信感中,原本在情感中认定的礼的绝对完善性,遂与这些或大或小的理解思路直接挂钩。现在的问题是:自信感真是在理解上通达了礼的完善性的可靠标志?——关于这个问题,徐复观先生有一段论述,值得我们重视。他说:"在荀子的立场,认为心可以决定向善,也可以决定不向善。这即是他说的'有中理','有不中理'。所以心的主宰性,对于行为的道德而言,并不是可以信赖的。心的主宰性是由其认识能力而来;心的主宰性之不可信赖,即是心的认知能力之不可信赖。”①就此而言,心中的自信感,并非通达礼的完善性的可靠标志。

一两页之后,徐先生又写道:“荀子对于知的过程,似乎是这样的:求道→心虚壹而静→心知道→微。心求道,是心求得一个标准(衡);心有了标准,然后能虚壹而静。心能虚壹而静,才能知道。”②“求道”位于“虚壹而静”之先,这是怎样一种“求道”呢,它属于“知识—理解”范畴吗?考虑到“知识—理解”(“心知道”)是“虚壹而静”之后的事,这“求道”恐怕只能属于“情感认定”,而尚未落实为具体的内容规定。这样一来,介于“情感认定”(“求道”)、“知识—理解”(“知道”)之间的“虚壹而静”,便可谓是“理想或恰当的认知姿态”。那么,学者如何才能使自己进入并保持这种姿态呢?考虑到在进入这种恰当姿态之前,正确的“知识—理解”无从获得,当事人显然无法凭借正确的“知识—理解”进入这种姿态。若欲凭借对“虚壹而静”的特定理解进入这种姿态,则当事人对“虚壹而静”姿态的错误理解(或相关“知识—理解”的缺陷),势必将趁势作为一种底色性缺陷,贯穿其认识、理解的全过程。那么,礼教语境下的学礼者,究竟还有没有其他办法,使自己进入并保持“恰当的认知姿态(虚壹而静)”呢?那又会是怎样一种“恰当的认知姿态(虚壹而静)”?

“礼有三本”所涉及的宗教维度,或许蕴含着一步活棋。

---

① 徐复观:《中国人性论史》,第148页。

② 徐复观:《中国人性论史》,第150页。

我们多次指出,这个宗教性维度,介于"崇礼—学礼"信念与具体的"认识—理解"之间。但前面也已经指出,这个宗教性维度在荀子《礼论》中,基本上已沦为名存实亡的附丽,并不具备独立发挥作用的地位。这样,学礼者势必就只能在自己的"自信感"中,寻求对礼的完善性的具体"认识—理解"。如此一来,负面的"情性"因素在此过程中,就会以一种"学有所成"的面貌,从根本上牵制着学者"认识—理解"的更新与升级。荀子《礼论》对此估计不足,这是其"礼教之学"的根本盲点①。

我们作进一步的设想:礼的宗教性维度,如果从一开始就对认知姿态提出了专门的要求,那么,"礼教之学"又会是怎样一种学法呢?这是一个复杂的问题,因为牵涉不同的宗教对象或宗教模式(也即宗教因素会对认知姿态提出什么样的要求),所以需要专门而深入的分析。不过,总的来说,我们可以有这样的指望:独立自主(而非作为附丽)的宗教意识一旦成为"学"的结构性要素,则学者就有可能在为学过程中实实在在地接受宗教对象的帮助。宗教性援助的有效介入,是学

① 谢文郁教授的评论值得重视:"容易指出,当荀子批评孟子忽略人的本性中的一己之私时,自己不知不觉也陷入了一己之私中。荀子的性恶论对孟子的批评是中肯而深刻的。但是,他没有认识到,'一己之私'是一条普遍原则,不仅适用于其他人,也适用于说话者自己。也就是说,荀子以及他的所有学生,和其他人一样,都不能摆脱这一原则的制约。不幸的是,荀子和他的学生都没有认识到这一点。"参见谢文郁:《建构和解构:儒耶在张力中互动》,罗秉祥、谢文郁主编《耶儒对谈:问题在哪里?》(下),桂林:广西师范大学出版社,2010 年,第 540 页。

习者走出"情性"捆绑的一大可能契机。儒家之礼既然保留了对"天地""先祖""君师"的宗教性礼仪,在"礼教—学礼"设计中切实激活这种宗教维度,似乎并非断不可取的异想天开。然而,这需更多、更扎实的宗教哲学分析。

在一个礼崩乐坏百家争鸣的时代,《礼论》对外向之学难免会遇到的"学什么""怎么学"问题显然是有感觉的。与"义利二分"思维不同,《礼论》言礼许以重利,所谓"礼者,养也"。出于对"养"的谋求,学者应该学"这礼"。作为对"学什么"问题的回答,上述功能论命题并非基于历史考证或经验证明。《礼论》先曰"先王制礼义",后曰"未有知其所由来者",这实际上是在情感认定的意义上提倡一种"崇礼—学礼"信念。这一提倡,特别依赖"先王"一词令人尊崇的情感色彩。稍后的"直观解说—榜样诱导—攻乎异端",亦旨在强化上述情感认定与信念。与此同时,"怎么学"问题亦开始浮现。

在"情感—信念"中认定的"礼的功能",乃是一种"绝对而抽象的完善性",学礼者需要通过具体的"认识—理解",将这种完善性落实到自己的生存中。"礼有三本"说带有一定的宗教性,充当着"情感—认定"与"认识—理解"的中介。在此基础上,"大一"意识与"有方之学",则力求具体而微地通达礼的完善境界。但问题在于,在《礼论》解说下,"三本"的宗教性名存实亡,最终只不过是沦为现实政治权威与学者自信感的附丽。这样的宗教性,无法肩负起沟通情感认定与具体理解之重任,因为在现实政治权威及未臻圣境的学者的自信感中,“情性”牵引无处不在,具体的“认识—理解”不可能不走向歧途。——作为一种尝试,本文最后提议:重新激活儒家之礼的宗教性维度,赋予其独立的地位,使之成为“礼教之学”的实质性构成要素。这条路究竟能走多远,则有待于进一步的宗教哲学探讨。

后记　遗憾与致谢

本书是笔者博士论文的精华萃取与有限拓展，以目前的样貌匆匆面世，最积极的意义就是笔者终于可以暂无牵挂地转向其他研究课题了。如果没有儒家文明协同创新中心后期资助项目的最后通牒，我肯定还会强迫自己带着"倦意"继续在这个课题上蹉跎岁月，但拿不准究竟是致力于让它"更历史"还是使它"更思想(更哲学)"？感谢2016年度后期资助项目的评审专家们认可了这部在当时明显更为粗糙的书稿，你们的认可将笔者从带着"倦意"的自我强迫中解放了出来(如果当时知道会催得这么紧，我未必会下定决心提出申请，而在获准立项之后直到最近一个多月之前，我仍然觉得自己应该而且完全可以对全书进行彻底的重写)——确实到了该走向下一个"堡垒"的时候了。

自2006年以山东大学物理学系学士(2005年)身份考入山东大学哲学与社会发展学院攻读硕士以来，我已经断断续续研究《大学》《中庸》近10年了。而在此之前，约从大学二年级开始，我就已经在每个星期六参加颜炳罡教授的"《四书》诵读班"了。之所以选择《大学》《中庸》作为自己的硕士进而博士论文的主要研究对象,一个直接原因就是这是我当时最熟悉的中国哲学经典。我要感谢颜老师的经典诵读班为我打下的这个基础。此外,我硕士阶段能忝列刘大钧先生门下,这完全超出了我自己的预期。按理说我应该在象数易学方面多下功夫才是,然而,作为一名刚刚从物理学专业叛逃出来的文科生,我希望自己能够研究更“文”的东西——象数易学在我粗浅的认识中则被定位为“中国的数学物理学”。刘先生有足够宽阔的心胸,加之他旗下基地的全称为“易学与古代中国哲学研究中心”,我遂获准以《大学》作为主要研究对象撰写自己的硕士毕业论文。读硕士的三年期间以及读博士的三年期间,我深度参与了谢文郁教授在山东大学开设的几乎所有课程(常常是同一个课名,在不同的学年研读不同的西方哲学与宗教哲学经典),谢老师“从问题到问题”的思想史(哲学史)研究路数,深刻地改变了我此前持有的“吞云吐雾—若有所感—拢不成块儿”的读书方式。西方哲学(包括西方宗教哲学)史可以这样做,中国哲学史是不是也可以这样研究呢?具体而言,我能否分别找出主导《大学》的问题意识与主导《中庸》的问题意识,并像谢文郁老师讲西方哲学史(例如前苏格拉底时期的本源论哲学史)那样,清理出一个从《大学》到《中庸》的历史逻辑呢?在撰写硕士论文的时候,我已经看到了大致的方向;攻读博士期间,我遂在谢文郁老师的直接指导下,进一步落实上述设想。

从一朝弃理从文直到今天,我觉得自己有幸走了一条效率相对较高的路,为此我要首先感谢颜炳罡、刘大钧、谢文郁三位老师的栽培与宽容。与此同时，在傅有德、傅永军、刘新利、赵杰、陈坚、黄启祥、王新春、沈顺福、李尚信等老师那里，除领教专业的学识之外，我还曾获得过他们“深沉”的欣赏——在“得失寸心知”的自我感觉之外，前辈们的鼓励进一步激发了我的学术自信（有一句话叫“艺高人胆大”，只有“艺高”的老师才敢纵容学生的“勇气”）。后来，我去北京大学中国哲学史教研室做博士后时才体会到，外在的失意多么容易导致一种英雄气短的“常戚戚”心境。好在我从山东大学带出来的学术自信，总算没有在这所极具“势位富厚”的中国最高学府里消耗殆尽，为此我真的应该好好感谢我在山东大学的师长们。当然了，从最高学府全身而退（这还要感谢王学典教授及其领导的山东大学儒学高等研究院和《文史哲》编辑部对我的接纳）之后，曾经的酸楚就转化成为一种“见过了世面”的坦荡。记得陈明老师曾回忆说，当年他在山东大学读硕士的时候，总觉得“天塌下来会有高个子顶着”，等到去了北京才慢慢发现“自己才是高个子”。看来，人需要有外在的际遇方能更深刻地认识自己，所以，我必须深深地感谢我的合作导师王博教授为我争取到了去北京大学做博士后的机会，同时一并感谢曾对我的研究提出过坦诚的表扬或批评的郑开、张学智、杨立华等教授。此外，我曾经加塞在孟庆楠、程苏东两位老大哥的博士后出站答辩之后接受中期考核，作为答辩委员会主席的中国社会科学院王葆玹先生在肯定我“思路清晰”的同时，在傍晚去会餐的路上跟我说：“你为什么不做考据？”“考据没什么难的，就像破案一样。”“考据能对一半就不错了。”——在我正深受北大中哲史教研室文史功底的深重压力之际，这些话犹如空谷的回音一般让人感到安慰。我还要感谢韩国首尔大学的郭沂教授和中国人民大学的梁涛教授，他们不以我血气方刚的学术评论为忤：郭教授曾在邮件中予我以真诚的鼓励，梁教授则在慷慨地接见之后复又不辞劳苦出席我的博士后出站答辩——我希望自己也能成为一名有大胸怀的学人。

与在北大哲学系承受“文史功底”压力相同步，我的《大学》《中庸》研究为我在国际中国哲学界赢得了一点荣誉。大约在2013年5月，我从第18届国际中国哲学会主席余纪元教授来信（电邮）中得知，拙作《〈大学〉〈中庸〉研究：七家批判与方法反思》荣获“两年一度的傅伟勋—国际中国哲学会亚洲哲学研究论文竞赛奖”，并在余教授督促下于最后时刻办好了去Buffalo参会并受奖的护照和签证。事实证明，这次受奖和参会之旅的收获非常丰盛，直接奠定了我接触国际中国哲学界的基础。感恩这个奖项的设立以及评审专家们对于拙作的认可，更感谢国际中国哲学会为我打开了一扇通往世界的窗户。

感谢陈明、吴飞、刘小枫、周小玲、杨海文、王钧林、李尚信、康香阁，以及人大复印资料中心等学界、刊界的先生们对于笔者和本研究项目的支持。华侨大学的杨少涵教授多年来专攻《中庸》学文献与义理，他曾审读肯定本书第二、五两章，这让笔者觉得“吾道不孤”，并进一步确信“盖亦非野狐禅”。

在此我要向他致以同道的谢意！本书在立项出版之际，又蒙本院文献学资深专家杜泽逊教授不弃，为之删定最终书名，本人由衷地感谢！

此外，我还要感谢我的同学和同辈的学人朋友们。我们彼此既是竞争者，也是相互砥砺者，更是有着相似气质与追求的情感上的相互支持者。

我要特别感谢我的妻子田芳多年来的支持与陪伴。她最终选择读博士并从事教学科研工作，可谓遂了我的心愿。

最后，我要特别向我的祖辈与父辈致敬。我自小学四年级至初一，曾在姥爷、姥娘家寄居二年（姥娘每天早起为我做饭）。在我印象中，姥爷田树东是田家村有名的“清谈”人物，异于俗人，说话文绉绉，深得当地雅人、俗人共同佩服。因为这段寄居经历，加之姥爷的清名，我后来接连不断地“考学”成功，在我母亲的娘家村一带已传为美谈。我的爷爷邹渭和奶奶季云娥均为“完全小学”毕业，在当时的当地农村竟然也算小有文化。似乎正是这种文化上的优越感，造就了我爷爷崇尚文化、支持孩子接受教育（哪怕因此不能在生产队上为家庭挣工分）的心理结构，并通过我的父辈（他们的名字与恩情故事容后再叙）往下传承。因为这点家族情怀，本书的出版显得更有意义——我期待着将书递到前辈们手中的时刻！

二〇一七年于暮春初夏的济南